LIVING
ITALIAN
SKILL BUILDER

OTHER TITLES FROM LIVING LANGUAGE®

Complete Basic Courses: Whether you're just starting out or want a thorough review, the *Complete Basic Course* is the perfect choice. Developed by U.S. government experts, the building-block approach used here begins with simple words and phrases and progresses to more complex expressions. Just listen and repeat after the native speakers. English translations are provided in the coursebook. The lessons keep grammar to a minimum, but there's a full summary for easy reference. Includes three hours of recorded lessons in the target language, a coursebook, and a 15,000- to 20,000-word two-way dictionary. The dictionary includes thousands of phrases and idiomatic expressions to show how words are used in conversation.

Available in French, German, Italian, Japanese, Portuguese, Russian, Spanish, and English for Spanish speakers. Books available separately.

Advanced Courses: Learn to speak like a native with this advanced course. Four hours of recordings feature conversations in the target language; the coursebook provides lessons with translations, notes on grammar and culture, exercises, verb charts, and a grammar summary. Available in French and Spanish. Books available separately.

Ultimate Courses: Created for serious language learners, the *Ultimate* course is the equivalent of two years of college-level study. With refreshingly up-to-date conversations and vocabulary in each lesson, the *Ultimate* courses teach grammar, reading, writing, and culture along with conversational skills. The eight hours of recordings are separated into two sets. Listen to the first four recordings (Learn at Home) in the target language as you follow along in the manual. Then, with the second set of recordings (Learn on the Go), which are in both English and the target language, reinforce and build on the lessons in the first set of recordings. With these recordings, you're hearing conversations and speaking without the book—exactly as you would in real-life situations. Learn in the car, at the gym, or anywhere it's convenient.

Available in French, German, Italian, Japanese, Russian, Spanish, and English for Spanish speakers. Books available separately.

Adult/Child Activity Kits: Easy and fun, this activity kit for beginners introduces children ages 4–8 to a new language with 16 songs, games, and activities, centered around mealtime or car trips. Each *Adult/Child Activity Kit* includes a 60-minute bilingual cassette, a 48-page illustrated activity book that doubles as a scrapbook, and a full page of color stickers. Also included are tips on how to vary the activities for repeated use, making this a program parents and their children will turn to again and again.

Available in French, Italian, and Spanish.

Calendars: This amusing and informative day-by-day desk calendar introduces foreign phrases, cultural tidbits, and trivia. Each page includes the pronunciation and English translation of a French, Italian, Spanish, or Yiddish word or phrase. These calendars are ideal for beginners, as well as those who would like to brush up on the fun stuff! They make a perfect gift for students and teachers, co-workers, and family members with a love for foreign languages.

At bookstores everywhere, or call 1-800-733-3000. You can also reach us on the Web at www.livinglanguage.com or e-mail us at livinglanguage@randomhouse.com.

LIVING LANGUAGE®
ITALIAN VERBS
SKILL BUILDER

Conversation Manual by
Renata Rosso

Verb Charts by
Vieri Samek-Lodovici, Ph.D.
Universität Konstanz

Originally published as *Italian 2*

LIVING LANGUAGE, A RANDOM HOUSE COMPANY
NEW YORK

Published by Living Language, A Random House Company, 201 East 50th Street, New York, New York 10022. Member of the Crown Publishing Group.

Random House, Inc. New York, Toronto, London, Sydney, Auckland

www.livinglanguage.com

Living Language is a registered trademark of Random House, Inc.

Printed in the United States of America

Library of Congress Cataloging-in-Publication Data is available upon request.

ISBN 0-609-80427-8

10 9 8 7 6 5 4 3 2 1

1999 Updated Edition

Living Language⁸ publications are available at special discounts for bulk purchases for sales promotions or premiums, as well as for fund-raising or educational use. Special editions can be created in large quantities for special needs. For more information, contact the Special Sales Manager, Living Language, 201 East 50th Street, New York, NY 10022.

ACKNOWLEDGMENTS

Thanks to the staff at Living Language: Lisa Alpert, Ana Suffredini, Christopher Warnasch, Christopher Medellín, Andrea Rosen, Germaine Ma, Eric Sommer, and Helen Tang.

CONTENTS

Index

Introduction

Welcome to *Living Language® Skill Builder: Italian Verbs*. If you have already mastered the basics of Italian grammar and usage in school, while traveling abroad, or with other Living Language courses, then *Italian Verbs Skill Builder* is right for you. This intermediate-advanced program features an enjoyable conversational approach to learning one of the most troublesome aspects of any language—verbs and their conjugations. The complete program consists of this text and four hours of recordings. However, if you are already comfortable with your Italian pronunciation, this manual may be used on its own.

Living Language Skill Builder: Italian Verbs focuses on more than 150 of the most useful Italian verbs. The recordings introduce more than 75 essential verbs in a conversational context. With dialogues, explanations, and exercises that let you check your progress, you will master the verb forms quickly and easily and learn new vocabulary and idiomatic expressions along the way. This *Italian Verbs Skill Builder* manual includes the complete 40 lessons featured on the recordings, verb charts with the full conjugations of more than 150 verbs, and a reference section that includes a pronunciation chart, a guide to conjugating regular verbs, a comprehensive survey of Italian grammar, and a glossary of grammatical terms. After studying with *Living Language Skill Builder: Italian Verbs* for only half an hour a day, you'll be speaking with confidence and ease in six weeks!

COURSE MATERIAL

THE MANUAL

The manual is divided into a Reference Section, Verb Charts, and a Conversation Manual. It is comprised of the following components:

Pronunciation Chart: This chart serves as a quick reference guide to the pronunciation of Italian consonants and vowels.

Glossary of Grammatical Terms: To ensure that you have no difficulty with the terminology used in the program, the glossary provides an easy explanation of the most important grammatical terms and their Italian translations. If you come across an unfamiliar term, the definition can easily be found in this section.

Grammar Summary: The grammar summary provides information on aspects of Italian grammar that are not related to verbs, such as articles, nouns, pronouns, and adjectives.

Tense Formation Guide: This guide shows you the endings and formation rules in any tense or mood. It provides the key to conjugating thousands of regular verbs on your own.

Verb Charts: More than 150 of the most common verbs, including those introduced throughout the course, are fully conjugated in the verb charts. In addition they feature words and expressions related to the verbs. These charts offer the opportunity to focus on a particular verb in detail.

Conversation Manual: The conversation manual provides a guided tour of Italian verbs and their usage in everyday conversation. The 40 lessons give in-depth explanations while offering conversational practice and correspond to the lessons on the recordings that accompany this textbook.

Index: Every verb used in the program is listed alphabetically and translated. The entries beginning with the letter *C* refer to the chart where the verb is fully conjugated; the entries beginning with the letter *M* refer to the lessons in which the verb is featured. The verb index is particularly helpful when reviewing specific verbs.

THE RECORDINGS

This manual accompanies four 60-minute cassettes. Because the recordings are in English and Italian, you can study anywhere, anytime—at home and on the go. An English narrator leads you through the program, while native Italian speakers demonstrate the relevant forms. This manual contains the complete transcript of the recordings, allowing you to read along if you wish. All English text appears in regular type; Italian phrases to be repeated appear in **boldface** type; and Italian phrases for listening only appear in *italic* type. The ☞ symbol indicates the expected response to a question.

Each of the 40 lessons is divided into three sections. Section A begins with an English introduction to the verb or verb group and an explanation of the tense or mood the lesson focuses on. Native Italian speakers conjugate a model verb that illustrates the key points of the explanation, and sample sentences show you the verb in several different contexts. To practice, simply repeat the phrases and sentences after the native speakers during the pauses provided.

Section B features the verbs "in action" in the form of a dialogue. You will first hear the entire dialogue in Italian only, at normal conversational speed. All you have to do is listen in and you'll improve your comprehension. You will then hear the dialogue a second time, repeated phrase by phrase, with English translations and pauses for you to repeat after the native speakers.

The interactive exercises in section C will help you integrate what you've learned by asking you to generate Italian sentences on your own. You will transform sentences (e.g., from the present to the past tense), answer questions, and occasionally translate from English into Italian. You will hear the correct answer after you respond.

The interactive approach of the recordings and textbook will help you master the essentials of Italian verbs and improve your fluency. With *Living Language Skill Builder: Italian Verbs,* you will learn to understand, speak, and even think in Italian.

Reference Section

PRONUNCIATION CHART

VOWELS

Italian Spelling	Approximate Sound in English	Phonetic Symbol	Example (Phonetic Transcription)
a	f<u>a</u>ther	ah	*banana* (bah-NAH-nah)
e	m<u>e</u>t	eh	*breve* (BREH-veh)
i	mach<u>i</u>ne	ee	*vino* (VEE-noh)
o	h<u>o</u>pe	oh	*moto* (MOH-toh)
u	r<u>u</u>le	oo	*fumo* (FOO-moh)

VOWEL COMBINATIONS

Diphthongs A diphthong is a double vowel combination that produces a single sound. Here is a list of common diphthongs and their pronunciation:

Italian Spelling	Approximate Sound in English	Phonetic Symbol	Example (Phonetic Transcription)
ai	r<u>i</u>pe	ahy	*daino* (DAHY-noh)
au	n<u>ow</u>	ow	*auto* (OW-toh)
ei	m<u>ay</u>	ay	*sei* (SAY-ee) (stressed) *seicento* (say-CHEN-toh) (unstressed)
eu	—	ehoo	*neutro* (NEHOO-troh)
ia	<u>y</u>arn	yah	*italiano* (ee-tahl-YAH-noh)
ie	<u>y</u>et	yeh	*miele* (MYEH-leh)
io	<u>y</u>odel	yoh	*campione* (kahm-PYOH-neh)
iu	<u>y</u>ou	yoo	*fiume* (FYOO-meh)
oi	s<u>oy</u>	oy	*poi* (poy)
ua	<u>w</u>and	wah	*quando* (KWAHN-doh)

ue	<u>wet</u>	weh	*questo* (KWEH-stoh)
uo	<u>war</u>	woh	*suono* (SWOH-noh)
ui	<u>sweet</u>	wee	*guido* (GWEE-doh)

Words that begin, incorporate, or end in *cia, cie, cio, ciu, gia, gie, gio, giu, scia, scie, scio,* or *sciu* are pronounced as follows: if the *i* is stressed, the two vowels are pronounced separately as in *farmacia* (fahr-mah-CHEE-ah), *bugia* (boo-GEE-ah), *scia* (SHEE-ah). If the *i* is not stressed, follow this chart for pronunciation:

Italian Spelling	Phonetic Symbol	Example (Phonetic Transcription)
cia	chah	*ciambella* (<u>chah</u>m-BEHL-lah)
cie	cheh	*cielo* (<u>CHEH</u>-loh)
cio	choh	*cioccolata* (<u>choh</u>-koh-LAH-tah)
ciu	choo	*ciuffo* (<u>CHOOF</u>-foh)
gia	jah	*giacca* (<u>JAHK</u>-kah)
gie	jeh	*ciliegie* (chee-LYEH-<u>jeh</u>)
gio	joh	*giovane* (<u>JOH</u>-vah-neh)
giu	joo	*giusto* (<u>JOO</u>-stoh)
scia	shah	*fasciare* (fah-<u>SHAH</u>-reh)
scie	sheh	*scienza* (<u>SHEHN</u>-tsah)
scio	shoh	*sciopero* (<u>SHOH</u>-peh-roh)
sciu	shoo	*sciupare* (<u>shoo</u>-PAH-reh)

Hiatus A hiatus is a double vowel combination whose sounds are pronounced separately, rather than elided:

Italian Spelling	Example (Phonetic Transcription)
ae	*maestro* (mah-<u>EH</u>-stroh)
au	*paura* (pah-<u>OO</u>-rah)
ea	*reato* (reh-<u>AH</u>-toh)
ia	*bugia* (boo-<u>JEE</u>-ah)
oa	*boato* (boh-<u>AH</u>-toh)
oe	*poeta* (poh-<u>EH</u>tah)
ue	*bue* (B<u>OO</u>-eh)

Identical Vowels Any same two vowels must be pronounced separately, with the stress on the first vowel:

Italian Spelling	Example (Phonetic Transcription)
ee	*idee* (ee-DEH-eh)
ii	*addii* (ahd-DEE-ee)
oo	*zoo* (DZOH-oh)

Triphthongs A triphthong is a combination of three vowels:

Italian Spelling	Example (Phonetic Transcription)
aia	*baia* (BAH-yah)
aio	*saio* (SAH-yoh)
iei	*miei* (mee-AY)
uio	*buio* (BOO-yoh)
uoi	*buoi* (boo-OY)

CONSONANTS

Italian Spelling	Approximate Sound in English
b/d/f/k/l/m/n/p/q/t/v	similar to English

Italian Spelling	Approximate Sound in English	Phonetic Symbol	Example (Phonetic Transcription)
c (before *e/i*)	chin	ch	*cena* (CHEH-nah)
			cibo (CHEE-boh)
c (before *a/o/u*)	catch	k	*caffè* (kahf-FEH)
			conto (KOHN-toh)
			cupola (KOO-poh-lah)
ch (with *e/i*)	can	k	*amiche* (ah-MEE-keh)
			chilo (KEE-loh)
g (before *e/i*)	jelly	j	*gente* (JEHN-teh)
			gita (JEE-tah)
g (before a/o/u)	gold	g	*gala* (GAH-lah)
			gondola (GOHN-doh-lah)
			gusto (GOO-stoh)

gh	get	g	*spaghetti* (spah-<u>GET</u>-tee)
			ghiotto (<u>GYOHT</u>-toh)
	ghost	gh	*funghi* (FOON-ghee)
gl (plus vowel followed by consonant)	globe	gl	*globo* (<u>GLOH</u>-boh)
			negligente (neh-glee-JEHN-teh)
gli	scallion	lyee	*gli* (lyee)
glia		lyah	*famiglia* (fah-MEE-lyah)
glie		lyeh	*moglie* (MOH-lyeh)
glio		lyoh	*aglio* (AH-lyoh)
gn	canyon	ny	*Bologna* (Boh-LOH-nyah)
h	silent	—	*hotel* (oh-TEHL)
r	trilled	r	*rumore* (roo-MOH-reh)
s (generally)	set	s	*pasta* (PAH-stah)
s (between two vowels and before b/d/ g/l/m/n/v/r)	zero	z	*rosa* (ROH-zah)
			sbaglio (<u>Z</u>BAH-lyah)
sc (before *e/i*)	fish	sh	*pesce* PEH-<u>sh</u>eh)
			sci (<u>shee</u>)
sc (before *a/o/u*)	scout	sk	*scala* (<u>SK</u>AH-lah)
			disco (DEE-skoh)
sch (with *e/i*)	sky	sk	*pesche* (PEH-skeh)
			fischi (FEE-skee)
z (generally like *ts*)	pits	ts	*zucchero* (<u>TS</u>OOK-keh-roh)
			grazie (GRAH-tsyeh)
z (sometimes like *dz*)	toads	dz	*zingaro* (<u>DZ</u>EEN-gah-roh)
			zanzara (<u>d</u>zahn-<u>DZ</u>AH-rah)

GLOSSARY OF
GRAMMATICAL TERMS

active voice—*forma attiva*: a verbal form in which the agent of an action is expressed as the grammatical subject; e.g., *Tutti leggono questo libro.* (Everyone is reading this book.)

adjective—*aggettivo*: a word that describes a noun; e.g., *grande* (large).

adverb—*avverbio*: a word that describes verbs, adjectives, or other adverbs; e.g., *rapidamente* (quickly).

agreement—*accordo*: the modification of a word according to the person, gender, or number of another word which it describes or to which it relates; e.g., *il ragazzo alto* (m.), *la ragazza alta* (f.).

auxiliary verb—*verbo ausiliare*: a helping verb used with another verb to express some facet of tense or mood.

compound—*composito*: when used in reference to verbal forms, it indicates a tense composed of two parts: an auxiliary and a main verb.

conditional—*condizionale*: the mood used for hypothetical statements and questions (depending on a possible condition or circumstance); e.g., *Mangerei se . . .* (I would eat if . . .)

conjugation—*coniugazione:* the modification of a verb according to person and tense or mood.

conjunction—*congiunzione*: a word that connects words and phrases; e.g., *e* (and), *ma* (but), etc.

definite article—*articolo determinativo*: a word linked to a noun; generally used to indicate the noun is a specific instance of a general category. In Italian, the definite articles (meaning "the") are: *il, lo, i, gli, la, le, l'*.

demonstrative—*dimostrativo*: a word used to indicate the position of a noun in relation to the speaker. Demonstrative adjectives are used together with a noun (*Mi piace questa città.*—I like this city.), and demonstrative pronouns replace the noun (*Mi piace questa.*—I like this one.).

direct object—*oggetto diretto*: the person or thing undergoing the action of a verb. For example, in the sentence "I wrote a letter to John," the direct object is a "letter."

ending—*desinenza:* a suffix added to the stem that indicates gender, number, tense, mood, or part of speech.

gender—*genero*: grammatical category for nouns, generally unrelated to physical gender and often determined by word ending. Italian has two genders—masculine and feminine—which refer to both animate and inanimate nouns, e.g., *il libro* (m.), *la città* (f.).

gerund—*gerundio:* in Italian, an invariable verbal form that always appears in dependent clauses and expresses an action taking place simultaneously with that of the main verb. Used to form the present and past progressive; e.g., *sto scherzando* (I'm joking), *stavo scherzando* (I was joking).

imperative—*imperativo*: the command form; e.g., *Fai attenzione!* (Pay attention!).

imperfect—*imperfetto*: the past tense used to describe ongoing or habitual actions or states without a specified time frame; often referred to as the descriptive past tense.

impersonal verb—*verbi impersonali:* a verb lacking a real subject; always used in the third person. In English, the subject of impersonal verbs is usually "it." Impersonal verbs are often used to indicate natural phenomena, such as weather, climate, or time (*Fa freddo in inverno.*—It's cold in winter.), as well as in various set expressions such as *Occorre che* ... (It's necessary that ...), *È vero che* ... (It's true that ...), etc.

indefinite article—*articolo indeterminativo*: a word linked to a noun; used when referring to a noun or class of nouns in a general way. In Italian the indefinite articles (meaning "a, an") are: *un, uno, una.*

indicative—*indicativo:* the mood used for factual or objective statements and questions.

indirect object—*oggetto indiretto*: the ultimate recipient of the action of a verb; often introduced by a preposition. For example, in the sentence "I wrote a letter to John," the indirect object is "John."

infinitive—*infinito*: the basic, uninflected form of a verb found in the dictionary, i.e., before the person, number, tense, or mood have been specified; e.g., *parlare* (to speak).

intransitive—*intransitivo:* a verb that is unable to take a direct object.

inversion—*inversione:* reversing the order of subject and verb, often used in question formation.

mood—*modo:* a reflection of the speaker's attitude toward what is expressed by the verb. The major moods in Italian are the Indicative, Subjunctive, and Imperative.

noun—*nome*: a word referring to a person, place, thing, or abstract idea; e.g., *città* (city), *amore* (love), etc.

number—*numero*: the distinction between singular and plural.

participle—*participio:* a verbal form that often has the function of an adjective or adverb but may have the verbal features of tense and voice; often used in the formation of compound tenses, e.g., present and past participles: *passante/passato* (passing/passed).

passive voice—*forma passiva:* a verbal form in which the recipient of the action is expressed as the grammatical subject; e.g., *Questo libro è letto da tutti.* (This book is read by everyone.).

person—*persona:* the grammatical category that distinguishes between the speaker (first person—I, we), the person spoken to (second person—you), and the people and things spoken about (third person—he, she, it, they). It is often used in reference to pronouns and verbs.

pluperfect—*trapassato prossimo:* this tense is used to describe an event that occurred prior to another event or moment in the past; also known as the past perfect.

possessive—*possessivo:* indicating ownership; e.g., *mio* (my) is a possessive adjective.

predicate—*predicato:* the part of a clause that expresses the state of the subject; it usually contains the verb with or without objects and complements.

preposition—*preposizione:* a word used to express spatial, temporal, or other relationships; e.g., *a* (to), *su* (on), etc.

present perfect—*passato prossimo:* the past tense used to describe actions that began and were completed in the past, usually at a single moment or during a specific period; useful for narration of events.

pronoun—*pronome:* a word that replaces a noun; e.g., io (I), *lo* (him/it), *questo* (this).

reflexive verb—*verbo riflessivo:* a verb conjugated with a pronoun in addition to the subject. Reflexive verbs can express an action that reflects back to the subject (*Mi* lavo la faccia.—I am washing my face.) or that is reciprocal (*Ci siamo incontrati ieri.*—We met each other yesterday.)

simple—*semplice*: one-word verbal form conjugated by adding endings to a stem.

stem—*radice*: in conjugation, the part of a verb used as the base to which endings are added. The stem used to form most simple tenses of Italian regular verbs is derived by simply dropping the infinitive ending (*-are, -ire, -ere*); e.g., *parlare* → *parl-* → *io parlo*.

subject—*soggetto:* the agent of an action or the entity experiencing the state described by a verb. For example, in the sentence "I wrote a letter to John," the subject is "I."

subjunctive—*congiuntivo*: the mood used for nonfactual or subjective statements or questions.

tense—*tempo:* the time of an action or state, i.e., past, present, future.

transitive—*transitivo:* a verb that is able to, but need not, take a direct object.

verb—*verbo*: a word expressing an action or state; e.g., *scrivere* (to write).

GRAMMAR SUMMARY

1. SUBJECT PRONOUNS

SINGULAR		PLURAL	
io	I	noi	we
tu	you (fam.)	voi	you (fam. or polite)
lui, lei	he, she	loro	they
Lei	you (polite)	Loro	you (very formal)

2. DISJUNCTIVE PRONOUNS

SINGULAR		PLURAL	
me	me	noi	us
te	you (fam.)	voi	you (fam. or polite)
lui	him	loro	them
lei	her		
Lei	you (polite)	Loro	you (very formal)

3. REFLEXIVE PRONOUNS

SINGULAR		PLURAL	
mi	myself	ci	ourselves
ti	yourself (fam.)	vi	yourselves (fam. or polite)
si	him/her/it/oneself	si	themselves
Si	yourself (polite)	Si	yourselves (very formal)

4. DIRECT OBJECT PRONOUNS

	SINGULAR		PLURAL
mi	me	*ci*	us
ti	you (fam.)	*vi*	you (fam. or polite)
lo	him, it (m.)	*li*	them (m.)
la	her, it (f.)	*le*	them (f.)
La	you (polite)	*Li*	you (very formal m.)
		Le	you (very formal f.)

5. INDIRECT OBJECT PRONOUNS

	SINGULAR		PLURAL
mi	to me	*ci*	to us
ti	to you (fam.)	*vi*	to you (fam. or polite)
gli	to him, it (m.)	*loro/gli* *	to them
le	to her, it (f.)		
Le	to you (polite)	*loro/gli* *	to you (very formal)

6. DOUBLE OBJECT PRONOUNS

IND. OBJ.	+LO	+LA	+LI	+LE	+NE
mi	*me lo*	*me la*	*me li*	*me le*	*me ne*
ti	*te lo*	*te la*	*te li*	*te le*	*te ne*
gli/le/Le	*glielo*	*gliela*	*glieli*	*gliele*	*gliene*
ci	*ce lo*	*ce la*	*ce li*	*ce le*	*ce ne*
vi	*ve lo*	*ve la*	*ve li*	*ve le*	*ve ne*
gli	*glielo*	*gliela*	*glieli*	*gliele*	*gliene*
loro	*lo...loro*	*la...loro*	*li...loro*	*le...loro*	*ne...loro*

*The indirect object pronoun *loro* generally follows the verb. It is commonly replaced in conversation by *gli*, which precedes the verb.

19

7. PLURAL OF NOUNS AND ADJECTIVES

	SINGULAR	PLURAL
MASCULINE	-o	-i
MASC./FEM.	-e	-i
FEMININE	-a	-e

8. INDEFINITE ARTICLES

	MASCULINE	FEMININE
before a consonant	un	una
before s+consonant or z	uno	una
before a vowel	un	un'

9. DEFINITE ARTICLES

	SINGULAR	PLURAL
MASCULINE:		
before consonants	il	i
before s+consonant or z	lo	gli
before vowels	l'	gli
FEMININE:		
before consonants	la	le
before vowels	l'	le

10. PREPOSITIONS + DEFINITE ARTICLES

PREP.	+LO	+L'	+GLI	+IL	+I	+LA	+LE
di	dello	dell'	degli	del	dei	della	delle
a	allo	all'	agli	al	ai	alla	alle
da	dallo	dall'	dagli	dal	dai	dalla	dalle
in	nello	nell'	negli	nel	nei	nella	nelle
su	sullo	sull'	sugli	sul	sui	sulla	sulle
con				col	coi		

11. POSSESSIVE ADJECTIVES

	MASCULINE SINGULAR	MASCULINE PLURAL	FEMININE SINGULAR	FEMININE PLURAL
my	il mio	i miei	la mia	le mie
your (fam.)	il tuo	i tuoi	la tua	le tue
his, her, its	il suo	i suoi	la sua	le sue
your (polite)	il Suo	i Suoi	la Sua	le Sue
our	il nostro	i nostri	la nostra	le nostre
your (fam. or polite)	il vostro	i vostri	la vostra	le vostre
their	il loro	i loro	la loro	le loro
your (very form.)	il Loro	i Loro	la Loro	le Loro

12. THE DEMONSTRATIVE ADJECTIVE "THIS"

	MASCULINE	FEMININE
singular	questo	questa
singular before vowel	quest'	quest'
plural	questi	queste

13. THE DEMONSTRATIVE ADJECTIVE "THAT"

	SINGULAR	PLURAL
MASCULINE:		
before consonants	quel	quei
before s+consonant or z	quello	quegli
before vowels	quell'	quegli
FEMININE:		
before consonants	quella	quelle
before vowels	quell'	quelle

14. DEMONSTRATIVE PRONOUNS

	SINGULAR	PLURAL
MASCULINE	*questo*	*questi*
	quello	*quelli*
FEMININE	*questa*	*queste*
	quella	*quelle*

15. COMPARATIVES

more . . . than	*più . . . di/che*
less . . . than	*meno . . . di/che*
as . . . as	*così . . . come*
as much . . . as	*tanto . . . quanto*

16. IRREGULAR COMPARATIVES AND SUPERLATIVES

ADJECTIVE	COMPARATIVE	RELATIVE SUPERLATIVE	ABSOLUTE SUPERLATIVE
buono	*migliore*	*il migliore*	*ottimo*
(good)	(better)	(the best)	(very good)
cattivo	*peggiore*	*il peggiore*	*pessimo*
(bad)	(worse)	(the worst)	(very bad)
grande	*maggiore*	*il maggiore*	*massimo*
(big)	(bigger, greater)	(the biggest, the greatest)	(very big, great)
piccolo	*minore*	*il minore*	*minimo*
(small)	(smaller)	(smallest)	(very small)

17. THE IRREGULAR ADJECTIVE: *BELLO* (BEAUTIFUL)

	SINGULAR	PLURAL
MASCULINE:		
before consonants	*bel*	*bei*
before *s*+consonant or *z*	*bello*	*begli*
before vowels	*bell'*	*begli*
FEMININE:		
before consonants	*bella*	*belle*
before vowels	*bell'*	*belle*

When *bello* follows a noun for emphasis, it has the following four forms:

	SINGULAR	PLURAL
MASCULINE	*bello*	*belli*
FEMININE	*bella*	*belle*

18. THE ADJECTIVE: *BUONO* (GOOD)

When *buono* follows the noun it modifies, it has the following four forms:

	SINGULAR	PLURAL
MASCULINE	*buono*	*buoni*
FEMININE	*buona*	*buone*

When it precedes the noun it modifies, the singular forms of *buono* resemble those of the indefinite articles and follow the same rules:

MASCULINE	FEMININE
before most nouns: *buon*	before nouns beginning with a consonant: *buona*
before nouns beginning with s+consonant or z: *buona*	before nouns beginning with a vowel: *buon'*

19. THE ADJECTIVE: *GRANDE* (BIG)

Grande may precede or follow the noun it modifies. When it follows the noun, it has two forms: *grande* (m., f. singular) and *grandi* (m., f. plural). When it precedes the noun, however, there are several possibilities:

	SINGULAR	PLURAL
before all nouns beginning with a consonant	*gran* or *grandi*	*grandi*
before all nouns beginning with a vowel	*grand'* or *grande*	*grandi*

20. RELATIVE PRONOUNS

RELATIVE PRONOUN	RULES OF USAGE
che	invariable, replaces subject or direct object, never used with a preposition
cui	invariable, replaces object of a preposition
il quale, la quale, i quali, le quali	may replace subject, direct object, or object of a preposition (in which case both preposition and definite article must be used); agrees with person, animal, or thing to which it refers.

21. ABBREVIATIONS OF TITLES

TRANSLATION	ABBREVIATION	TITLE
Mr.	*sig.*	*signore*
Mrs.	*sig.a*	*signora*
Miss	*sig.na*	*signorina*
Prof. (m.)	*prof.*	*professore*
Prof. (f.)	*prof.essa*	*professoressa*
Dr. (m.)	*dott.*	*dottore*
Dr. (f.)	*dott.essa*	*dottoressa*
engineer	*ing.*	*ingegnere*
lawyer	*avv.*	*avvocato*

22. DOUBLE NEGATIVES

no more, no longer	*non ... più*
not yet	*non ... ancora*
not at all	*non ... affatto*
nothing	*non ... niente/nulla*
noone, nothing	*non ... nessuno*
never	*non ... mai*
neither ... nor	*non ... nè ... nè*

The following charts provide the endings for regular verbs ending in *-are, -ere*, and *-ire*. The endings for each tense are by person and number, according to the following schema:

io	*noi*
tu	*voi*
lui / lei / Lei	*loro / Loro*

The simple tenses (in the left-hand column) are formed by adding the appropriate personal endings to the verb stem. The infinitive stem, used to form most tenses, is derived by simply dropping the *-are, -ere,* or *-ire* infinitive ending. The stem used in the formation of the future and conditional tenses is obtained by dropping the final *-e* from the infinitive in all three verb groups (and for *-are* verbs, the *-a-* in the ending changes to *-e-*). The stem used in the formation of the imperfect tense is obtained by dropping the final *-re* from the infinitive in all three verb groups.

The compound tenses (in the right-hand column) are formed with the auxiliary verb, *avere* or *essere*, conjugated in the appropriate tense and the past participle of the main verb. While most verbs take *avere* as their auxiliary, certain verbs—including all pronominal verbs and many intransitive verbs expressing movement or change of state—take *essere*. Remember that the past participle of verbs conjugated with *essere* generally agrees with the subject of the verb.

Regular Verbs Ending in -*ARE*

	io	noi
	tu	voi
lui / lei / Lei		loro / Loro

Indicative

Present
-o	-iamo
-i	-ate
-a	-ano

Present Perfect
ho/sono + p.p.	abbiamo/siamo + p.p.
hai/sei + p.p.	avete/siete + p.p.
ha/è + p.p.	hanno/sono + p.p.

Imperfect
-vo	-vamo
-vi	-vate
-va	-vano

Past Perfect
avevo/ero + p.p.	avevamo/eravamo + p.p.
avevi/eri + p.p.	avevate/eravate + p.p.
aveva/era + p.p.	avevano/erano + p.p.

Absolute Past
-ai	-ammo
-asti	-aste
-ò	-arono

Preterite Perfect
ebbi/fui + p.p.	avemmo/fummo + p.p.
avesti/fosti + p.p.	aveste/foste + p.p.
ebbe/fu + p.p.	ebbero/furono + p.p.

Future
-ò	-emo
-ai	-ete
-à	-anno

Future Perfect
avrò/sarò + p.p.	avremo/saremo + p.p.
avrai/sarai + p.p.	avrete/sarete + p.p.
avrà/sarà + p.p.	avranno/saranno + p.p.

Subjunctive

Present
-i	-iamo
-i	-iate
-i	-ino

Past
abbia/sia + p.p.	abbiamo/siamo + p.p.
abbia/sia + p.p.	abbiate/siate + p.p.
abbia/sia + p.p.	abbiano/siano + p.p.

Imperfect
-assi	-assimo
-assi	-aste
-asse	-assero

Past Perfect
avessi/fossi + p.p.	avessimo/fossimo + p.p.
avessi/fossi + p.p.	aveste/foste + p.p.
avesse/fosse + p.p.	avessero/fossero + p.p.

Conditional

Present
-ei	-emmo
-esti	-este
-ebbe	-ebbero

Past
avrei/sarei + p.p.	avremmo/saremmo + p.p.
avresti/saresti + p.p.	avreste/sareste + p.p.
avrebbe/sarebbe + p.p.	avrebbero/sarebbero + p.p.

Imperative
—	-iamo
-a	-ate
-i	-ino

Participles

Present
-ante

Past
-ato

Gerund
-ando

27

Regular Verbs Ending in *-ERE*

io	noi
tu	voi
lui / lei / Lei	loro / Loro

Indicative

Present

-o	-iamo
-i	-ete
-e	-ono

Present Perfect

ho/sono + p.p.	abbiamo/siamo + p.p.
hai/sei + p.p.	avete/siete + p.p.
ha/è + p.p.	hanno/sono + p.p.

Imperfect

-vo	-vamo
-vi	-vate
-va	-vano

Past Perfect

avevo/ero + p.p.	avevamo/eravamo + p.p.
avevi/eri + p.p.	avevate/eravate + p.p.
aveva/era + p.p.	avevano/erano + p.p.

Absolute Past

-ei (-etti)	-emmo
-esti	-este
-è (-ette)	-erono (-ettero)

Preterite Perfect

ebbi/fui + p.p.	avemmo/fummo + p.p.
avesti/fosti + p.p.	aveste/foste + p.p.
ebbe/fu + p.p.	ebbero/furono + p.p.

Future

-ò	-emo
-ai	-ete
-à	-anno

Future Perfect

avrò/sarò + p.p.	avremo/saremo + p.p.
avrai/sarai + p.p.	avrete/sarete + p.p.
avrà/sarà + p.p.	avranno/saranno + p.p.

Subjunctive

Present

-a	-iamo
-a	-iate
-a	-ano

Past

abbia/sia + p.p.	abbiamo/siamo + p.p.
abbia/sia + p.p.	abbiate/siate + p.p.
abbia/sia + p.p.	abbiano/siano + p.p.

Imperfect

-essi	-essimo
-essi	-este
-esse	-essero

Past Perfect

avessi/fossi + p.p.	avessimo/fossimo + p.p.
avessi/fossi + p.p.	aveste/foste + p.p.
avesse/fosse + p.p.	avessero/fossero + p.p.

Conditional

Present

-ei	-emmo
-esti	-este
-ebbe	-ebbero

Past

avrei/sarei + p.p.	avremmo/saremmo + p.p.
avresti/saresti + p.p.	avreste/sareste + p.p.
avrebbe/sarebbe + p.p.	avrebbero/sarebbero + p.p.

Imperative

—	-iamo
-i	-ete
-a	-ano

Participles

Present
-ente

Past
-uto

Gerund
-endo

Regular Verbs Ending in *-IRE*

io	noi
tu	voi
lui / lei / Lei	loro / Loro

Indicative

Present
-o/-isco	-iamo
-i/-isci	-ite
-e/-isce	-ono/-iscono

Present Perfect
ho/sono + p.p.	abbiamo/siamo + p.p.
hai/sei + p.p.	avete/siete + p.p.
ha/è + p.p.	hanno/sono + p.p.

Imperfect
-vo	-vamo
-vi	-vate
-va	-vano

Past Perfect
avevo/ero + p.p.	avevamo/eravamo + p.p.
avevi/eri + p.p.	avevate/eravate + p.p.
aveva/era + p.p.	avevano/erano + p.p.

Absolute Past
-ii	-immo
-isti	-iste
-ì	-irono

Preterite Perfect
ebbi/fui + p.p.	avemmo/fummo + p.p.
avesti/fosti + p.p.	aveste/foste + p.p.
ebbe/fu + p.p.	ebbero/furono + p.p.

Future
-ò	-emo
-ai	-ete
-à	-anno

Future Perfect
avrò/sarò + p.p.	avremo/saremo + p.p.
avrai/sarai + p.p.	avrete/sarete + p.p.
avrà/sarà + p.p.	avranno/saranno + p.p.

Subjunctive

Present
-a/-isca	-iamo
-a/-isca	-iate
-a/-isca	-ano/-iscano

Past
abbia/sia + p.p.	abbiamo/siamo + p.p.
abbia/sia + p.p.	abbiate/siate + p.p.
abbia/sia + p.p.	abbiano/siano + p.p.

Imperfect
-issi	-issimo
-issi	-iste
-isse	-issero

Past Perfect
avessi/fossi + p.p.	avessimo/fossimo + p.p.
avessi/fossi + p.p.	aveste/foste + p.p.
avesse/fosse + p.p.	avessero/fossero + p.p.

Conditional

Present
-ei	-emmo
-esti	-este
-ebbe	-ebbero

Past
avrei/sarei + p.p.	avremmo/saremmo + p.p.
avresti/saresti + p.p.	avreste/sareste + p.p.
avrebbe/sarebbe + p.p.	avrebbero/sarebbero + p.p.

Imperative
—	-iamo
-i	-ite
-a	-ano

Participles

Present
-ente

Past
-ito

Gerund
-endo

Verb Charts

1 abitare to inhabit, to live, to reside

Regular
Transitive

	io	noi
	tu	voi
	lui/lei	loro

Indicative

Present
abito	abitiamo
abiti	abitate
abita	abitano

Present Perfect
ho abitato	abbiamo abitato
hai abitato	avete abitato
ha abitato	hanno abitato

Imperfect
abitavo	abitavamo
abitavi	abitavate
abitava	abitavano

Past Perfect
avevo abitato	avevamo abitato
avevi abitato	avevate abitato
aveva abitato	avevano abitato

Absolute Past
abitai	abitammo
abitasti	abitaste
abitò	abitarono

Preterite Perfect
ebbi abitato	avemmo abitato
avesti abitato	aveste abitato
ebbe abitato	ebbero abitato

Future
abiterò	abiteremo
abiterai	abiterete
abiterà	abiteranno

Future Perfect
avrò abitato	avremo abitato
avrai abitato	avrete abitato
avrà abitato	avranno abitato

Subjunctive

Present
abiti	abitiamo
abiti	abitiate
abiti	abitino

Past
abbia abitato	abbiamo abitato
abbia abitato	abbiate abitato
abbia abitato	abbiano abitato

Imperfect
abitassi	abitassimo
abitassi	abitaste
abitasse	abitassero

Past Perfect
avessi abitato	avessimo abitato
avessi abitato	aveste abitato
avesse abitato	avessero abitato

Conditional

Present
abiterei	abiteremmo
abiteresti	abitereste
abiterebbe	abiterebbero

Past
avrei abitato	avremmo abitato
avresti abitato	avreste abitato
avrebbe abitato	avrebbero abitato

Imperative
—	abitiamo!
abita!	abitate!
abiti!	abitino!

Participles
Present
abitante
Past
abitato

Gerund
abitando

Related Words

abitazione	*house*	abitante	*inhabitant, resident*
abitabile	*inhabitable*		

2 accompagnare to accompany, to escort

Regular
Transitive

	io	noi
	tu	voi
	lui/lei	loro

Indicative

Present
accompagno	accompagniamo
accompagni	accompagnate
accompagna	accompagnano

Present Perfect
ho accompagnato	abbiamo accompagnato
hai accompagnato	avete accompagnato
ha accompagnato	hanno accompagnato

Imperfect
accompagnavo	accompagnavamo
accompagnavi	accompagnavate
accompagnava	accompagnavano

Past Perfect
avevo accompagnato	avevamo accompagnato
avevi accompagnato	avevate accompagnato
aveva accompagnato	avevano accompagnato

Absolute Past
accompagnai	accompagnammo
accompagnasti	accompagnaste
accompagnò	accompagnarono

Preterite Perfect
ebbi accompagnato	avemmo accompagnato
avesti accompagnato	aveste accompagnato
ebbe accompagnato	ebbero accompagnato

Future
accompagnerò	accompagneremo
accompagnerai	accompagnerete
accompagnerà	accompagneranno

Future Perfect
avrò accompagnato	avremo accompagnato
avrai accompagnato	avrete accompagnato
avrà accompagnato	avranno accompagnato

Subjunctive

Present
accompagni	accompagniamo
accompagni	accompagniate
accompagni	accompagnino

Past
abbia accompagnato	abbiamo accompagnato
abbia accompagnato	abbiate accompagnato
abbia accompagnato	abbiano accompagnato

Imperfect
accompagnassi	accompagnassimo
accompagnassi	accompagnaste
accompagnasse	accompagnassero

Past Perfect
avessi accompagnato	avessimo accompagnato
avessi accompagnato	aveste accompagnato
avesse accompagnato	avessero accompagnato

Conditional

Present
accompagnerei	accompagneremmo
accompagneresti	accompagnereste
accompagnerebbe	accompagnerebbero

Past
avrei accompagnato	avremmo accompagnato
avresti accompagnato	avreste accompagnato
avrebbe accompagnato	avrebbero accompagnato

Imperative
—	accompagniamo!
accompagna!	accompagnate!
accompagni!	accompagnino!

Participles
Present
accompagnante
Past
accompagnato

Gerund
accompagnando

Related Words
accompagnarsi	to keep company	accompagnatore	companion
accompagnamento	accompaniment		

34

3 aiutare to help, to aid

Regular

Transitive

	io	noi
	tu	voi
	lui/lei	loro

Indicative

Present		Present Perfect	
aiuto	aiutiamo	ho aiutato	abbiamo aiutato
aiuti	aiutate	hai aiutato	avete aiutato
aiuta	aiutano	ha aiutato	hanno aiutato

Imperfect		Past Perfect	
aiutavo	aiutavamo	avevo aiutato	avevamo aiutato
aiutavi	aiutavate	avevi aiutato	avevate aiutato
aiutava	aiutavano	aveva aiutato	avevano aiutato

Absolute Past		Preterite Perfect	
aiutai	aiutammo	ebbi aiutato	avemmo aiutato
aiutasti	aiutaste	avesti aiutato	aveste aiutato
aiutò	aiutarono	ebbe aiutato	ebbero aiutato

Future		Future Perfect	
aiuterò	aiuteremo	avrò aiutato	avremo aiutato
aiuterai	aiuterete	avrai aiutato	avrete aiutato
aiuterà	aiuteranno	avrà aiutato	avranno aiutato

Subjunctive

Present		Past	
aiuti	aiutiamo	abbia aiutato	abbiamo aiutato
aiuti	aiutiate	abbia aiutato	abbiate aiutato
aiuti	aiutino	abbia aiutato	abbiano aiutato

Imperfect		Past Perfect	
aiutassi	aiutassimo	avessi aiutato	avessimo aiutato
aiutassi	aiutaste	avessi aiutato	aveste aiutato
aiutasse	aiutassero	avesse aiutato	avessero aiutato

Conditional

Present		Past	
aiuterei	aiuteremmo	avrei aiutato	avremmo aiutato
aiuteresti	aiutereste	avresti aiutato	avreste aiutato
aiuterebbe	aiuterebbero	avrebbe aiutato	avrebbero aiutato

Imperative

—	aiutiamo!
aiuta!	aiutate!
aiuti!	aiutino!

Participles

Present
aiutante

Past
aiutato

Gerund

aiutando

Related Words

aiutarsi	to help oneself/ each other	aiutante	assistant, helper
		aiuto	aid, assistance
aiutato	aided, assisted	Aiuto	Help!

4 **allarmare** to alarm

Regular
Transitive

	io	noi
	tu	voi
	lui/lei	loro

Indicative

Present		Present Perfect	
allarmo	allarmiamo	ho allarmato	abbiamo allarmato
allarmi	allarmate	hai allarmato	avete allarmato
allarma	allarmano	ha allarmato	hanno allarmato

Imperfect		Past Perfect	
allarmavo	allarmavamo	avevo allarmato	avevamo allarmato
allarmavi	allarmavate	avevi allarmato	avevate allarmato
allarmava	allarmavano	aveva allarmato	avevano allarmato

Absolute Past		Preterite Perfect	
allarmai	allarmammo	ebbi allarmato	avemmo allarmato
allarmasti	allarmaste	avesti allarmato	aveste allarmato
allarmò	allarmarono	ebbe allarmato	ebbero allarmato

Future		Future Perfect	
allarmerò	allarmeremo	avrò allarmato	avremo allarmato
allarmerai	allarmerete	avrai allarmato	avrete allarmato
allarmerà	allarmeranno	avrà allarmato	avranno allarmato

Subjunctive

Present		Past	
allarmi	allarmiamo	abbia allarmato	abbiamo allarmato
allarmi	allarmiate	abbia allarmato	abbiate allarmato
allarmi	allarmino	abbia allarmato	abbiano allarmato

Imperfect		Past Perfect	
allarmassi	allarmassimo	avessi allarmato	avessimo allarmato
allarmassi	allarmaste	avessi allarmato	aveste allarmato
allarmasse	allarmassero	avesse allarmato	avessero allarmato

Conditional

Present		Past	
allarmerei	allarmeremmo	avrei allarmato	avremmo allarmato
allarmeresti	allarmereste	avresti allarmato	avreste allarmato
allarmerebbe	allarmerebbero	avrebbe allarmato	avrebbero allarmato

Imperative | Participles | Gerund

		Present	
—	allarmiamo!	allarmante	allarmando
allarma!	allarmate!		
allarmi!	allarmino!	Past	
		allarmato	

Related Words

allarme	*alarm*

36

5 alzarsi to stand up, to wake up

Regular
Reflexive

	io	noi
	tu	voi
	lui/lei	loro

Indicative

Present
mi alzo	ci alziamo
ti alzi	vi alzate
si alza	si alzano

Present Perfect
mi sono alzato(a)	ci siamo alzati(e)
ti sei alzato(a)	vi siete alzati(e)
si è alzato(a)	si sono alzati(e)

Imperfect
mi alzavo	ci alzavamo
ti alzavi	vi alzavate
si alzava	si alzavano

Past Perfect
mi ero alzato(a)	ci eravamo alzati(e)
ti eri alzato(a)	vi eravate alzati(e)
si era alzato(a)	si erano alzati(e)

Absolute Past
mi alzai	ci alzammo
ti alzasti	vi alzaste
si alzò	si alzarono

Preterite Perfect
mi fui alzato(a)	ci fummo alzati(e)
ti fosti alzato(a)	vi foste alzati(e)
si fu alzato(a)	si furono alzati(e)

Future
mi alzerò	ci alzeremo
ti alzerai	vi alzerete
si alzerà	si alzeranno

Future Perfect
mi sarò alzato(a)	ci saremo alzati(e)
ti sarai alzato(a)	vi sarete alzati(e)
si sarà alzato(a)	si saranno alzati(e)

Subjunctive

Present
mi alzi	ci alziamo
ti alzi	vi alziate
si alzi	si alzino

Past
mi sia alzato(a)	ci siamo alzati(e)
ti sia alzato(a)	vi siate alzati(e)
si sia alzato(a)	si siano alzati(e)

Imperfect
mi alzassi	ci alzassimo
ti alzassi	vi alzaste
si alzasse	si alzassero

Past Perfect
mi fossi alzato(a)	ci fossimo alzati(e)
ti fossi alzato(a)	vi foste alzati(e)
si fosse alzato(a)	si fossero alzati(e)

Conditional

Present
mi alzerei	ci alzeremmo
ti alzeresti	vi alzereste
si alzerebbe	si alzerebbero

Past
mi sarei alzato(a)	ci saremmo alzati(e)
ti saresti alzato(a)	vi sareste alzati(e)
si sarebbe alzato(a)	si sarebbero alzati(e)

Imperative
—	alziamoci!
alzati!	alzatevi!
si alzi!	si alzino!

Participles
Present
alzantesi
Past
alzatosi

Gerund
alzandosi

Related Words
alzare	*to raise, to lift*
alzata	*rising, elevation*

6 **amare** to love

Regular
Transitive

	io	noi
	tu	voi
	lui/lei	loro

Indicative

Present
amo	amiamo
ami	amate
ama	amano

Present Perfect
ho amato	abbiamo amato
hai amato	avete amato
ha amato	hanno amato

Imperfect
amavo	amavamo
amavi	amavate
amava	amavano

Past Perfect
avevo amato	avevamo amato
avevi amato	avevate amato
aveva amato	avevano amato

Absolute Past
amai	amammo
amasti	amaste
amò	amarono

Preterite Perfect
ebbi amato	avemmo amato
avesti amato	aveste amato
ebbe amato	ebbero amato

Future
amerò	ameremo
amerai	amerete
amerà	ameranno

Future Perfect
avrò amato	avremo amato
avrai amato	avrete amato
avrà amato	avranno amato

Subjunctive

Present
ami	amiamo
ami	amiate
ami	amino

Past
abbia amato	abbiamo amato
abbia amato	abbiate amato
abbia amato	abbiano amato

Imperfect
amassi	amassimo
amassi	amaste
amasse	amassero

Past Perfect
avessi amato	avessimo amato
avessi amato	aveste amato
avesse amato	avessero amato

Conditional

Present
amerei	ameremmo
ameresti	amereste
amerebbe	amerebbero

Past
avrei amato	avremmo amato
avresti amato	avreste amato
avrebbe amato	avrebbero amato

Imperative
—	amiamo!
ama!	amate!
ami!	amino!

Participles
Present
amante
Past
amato

Gerund
amando

Related Words
amore	*love*	amarsi	*to love oneself, each other*
amabile	*lovable*		

7 andare to go

Irregular
Intransitive

	io	noi
	tu	voi
	lui/lei	loro

Indicative

Present

vado	andiamo
vai *or* va'	andate
và	vanno

Present Perfect

sono andato(a)	siamo andati(e)
sei andato(a)	siete andati(e)
è andato(a)	sono andati(e)

Imperfect

andavo	andavamo
andavi	andavate
andava	andavano

Past Perfect

ero andato(a)	eravamo andati(e)
eri andato(a)	eravate andati(e)
era andato(a)	erano andati(e)

Absolute Past

andai	andammo
andasti	andaste
andò	andarono

Preterite Perfect

fui andato(a)	fummo andati(e)
fosti andato(a)	foste andati(e)
fu andato(a)	furono andati(e)

Future

andrò	andremo
andrai	andrete
andrà	andranno

Future Perfect

sarò andato(a)	saremo andati(e)
sarai andato(a)	sarete andati(e)
sarà andato(a)	saranno andati(e)

Subjunctive

Present

vada	andiamo
vada	andiate
vada	vadano

Past

sia andato(a)	siamo andati(e)
sia andato(a)	siate andati(e)
sia andato(a)	siano andati(e)

Imperfect

andassi	andassimo
andassi	andaste
andasse	andassero

Past Perfect

fossi andato(a)	fossimo andati(e)
fossi andato(a)	foste andati(e)
fosse andato(a)	fossero andati(e)

Conditional

Present

andrei	andremmo
andresti	andreste
andrebbe	andrebbero

Past

sarei andato(a)	saremmo andati(e)
saresti andato(a)	sareste andati(e)
sarebbe andato(a)	sarebbero andati(e)

Imperative

—	andiamo!
vai!	andate!
vada!	vadano!

Participles

Present
andante

Past
andato

Gerund

andando

Related Words

andatura	*gait, pace*	andata e ritorno	*round trip*

8 aprire to open, to unlock

Irregular
Transitive

	io	noi
	tu	voi
	lui/lei	loro

Indicative

Present

apro	apriamo
apri	aprite
apre	aprono

Present Perfect

ho aperto	abbiamo aperto
hai aperto	avete aperto
ha aperto	hanno aperto

Imperfect

aprivo	aprivamo
aprivi	aprivate
apriva	aprivano

Past Perfect

avevo aperto	avevamo aperto
avevi aperto	avevate aperto
aveva aperto	avevano aperto

Absolute Past

aprii/apersi	aprimmo
apristi/apristi	apriste
aprì/aperse	aprirono/apersero

Preterite Perfect

ebbi aperto	avemmo aperto
avesti aperto	aveste aperto
ebbe aperto	ebbero aperto

Future

aprirò	apriremo
aprirai	aprirete
aprirà	apriranno

Future Perfect

avrò aperto	avremo aperto
avrai aperto	avrete aperto
avrà aperto	avranno aperto

Subjunctive

Present

apra	apriamo
apra	apriate
apra	aprano

Past

abbia aperto	abbiamo aperto
abbia aperto	abbiate aperto
abbia aperto	abbiano aperto

Imperfect

aprissi	aprissimo
aprissi	apriste
aprisse	aprissero

Past Perfect

avessi aperto	avessimo aperto
avessi aperto	aveste aperto
avesse aperto	avessero aperto

Conditional

Present

aprirei	apriremmo
apriresti	aprireste
aprirebbe	aprirebbero

Past

avrei aperto	avremmo aperto
avresti aperto	avreste aperto
avrebbe aperto	avrebbero aperto

Imperative

—	apriamo!
apri!	aprite!
apra!	aprano!

Participles

Present
aprendo
Past
aperto

Gerund

aprendo

Related Words

aprirsi	to be opened, to expand	apriscatola	can opener
aprimento	opening		

9 **arrivare** to arrive

Regular
Intransitive

io	noi
tu	voi
lui/lei	loro

Indicative

Present
arrivo	arriviamo
arrivi	arrivate
arriva	arrivano

Present Perfect
sono arrivato(a)	siamo arrivati(e)
sei arrivato(a)	siete arrivati(e)
è arrivato(a)	sono arrivati(e)

Imperfect
arrivavo	arrivavamo
arrivavi	arrivavate
arrivava	arrivavano

Past Perfect
ero arrivato(a)	eravamo arrivati(e)
eri arrivato(a)	eravate arrivati(e)
era arrivato(a)	erano arrivati(e)

Absolute Past
arrivai	arrivammo
arrivasti	arrivaste
arrivò	arrivarono

Preterite Perfect
fui arrivato(a)	fummo arrivati(e)
fosti arrivato(a)	foste arrivati(e)
fu arrivato(a)	furono arrivati(e)

Future
arriverò	arriveremo
arriverai	arriverete
arriverà	arriveranno

Future Perfect
sarò arrivato(a)	saremo arrivati(e)
sarai arrivato(a)	sarete arrivati(e)
sarà arrivato(a)	saranno arrivati(e)

Subjunctive

Present
arrivi	arriviamo
arrivi	arriviate
arrivi	arrivino

Past
sia arrivato(a)	siamo arrivati(e)
sia arrivato(a)	siate arrivati(e)
sia arrivato(a)	siano arrivati(e)

Imperfect
arrivassi	arrivassimo
arrivassi	arrivaste
arrivasse	arrivassero

Past Perfect
fossi arrivato(a)	fossimo arrivati(e)
fossi arrivato(a)	foste arrivati(e)
fosse arrivato(a)	fossero arrivati(e)

Conditional

Present
arriverei	arriveremmo
arriveresti	arrivereste
arriverebbe	arriverebbero

Past
sarei arrivato(a)	saremmo arrivati(e)
saresti arrivato(a)	sareste arrivati(e)
sarebbe arrivato(a)	sarebbero arrivati(e)

Imperative
—	arriviamo!
arriva!	arrivate!
arrivi!	arrivino!

Participles
Present
—
Past
arrivato

Gerund
arrivando

Related Words

arrivo	*arrival*	arrivato	*successful*
arrivista	*social climber*	arrivederla/ci	*good-bye (polite/informal)*

10 ascoltare to listen

Regular
Transitive

	io	noi
	tu	voi
	lui/lei	loro

Indicative

Present		Present Perfect	
ascolto	ascoltiamo	ho ascoltato	abbiamo ascoltato
ascolti	ascoltate	hai ascoltato	avete ascoltato
ascolta	ascoltano	ha ascoltato	hanno ascoltato

Imperfect		Past Perfect	
ascoltavo	ascoltavamo	avevo ascoltato	avevamo ascoltato
ascoltavi	ascoltavate	avevi ascoltato	avevate ascoltato
ascoltava	ascoltavano	aveva ascoltato	avevano ascoltato

Absolute Past		Preterite Perfect	
ascoltai	ascoltammo	ebbi ascoltato	avemmo ascoltato
ascoltasti	ascoltaste	avesti ascoltato	aveste ascoltato
ascoltò	ascoltarono	ebbe ascoltato	ebbero ascoltato

Future		Future Perfect	
ascolterò	ascolteremo	avrò ascoltato	avremo ascoltato
ascolterai	ascolterete	avrai ascoltato	avrete ascoltato
ascolterà	ascolteranno	avrà ascoltato	avranno ascoltato

Subjunctive

Present		Past	
ascolti	ascoltiamo	abbia ascoltato	abbiamo ascoltato
ascolti	ascoltiate	abbia ascoltato	abbiate ascoltato
ascolti	ascoltino	abbia ascoltato	abbiano ascoltato

Imperfect		Past Perfect	
ascoltassi	ascoltassimo	avessi ascoltato	avessimo ascoltato
ascoltassi	ascoltaste	avessi ascoltato	aveste ascoltato
ascoltasse	ascoltassero	avesse ascoltato	avessero ascoltato

Conditional

Present		Past	
ascolterei	ascolteremmo	avrei ascoltato	avremmo ascoltato
ascolteresti	ascoltereste	avresti ascoltato	avreste ascoltato
ascolterebbe	ascolterebbero	avrebbe ascoltato	avrebbero ascoltato

Imperative

—	ascoltiamo!
ascolta!	ascoltate!
ascolti!	ascoltino!

Participles
Present
ascoltante
Past
ascoltato

Gerund
ascoltando

Related Words

ascolto	*listening*	ascoltatore	*listener*

11 aspettare to wait (for)

Regular

Transitive

	io	noi
	tu	voi
	lui/lei	loro

Indicative

Present
aspetto	aspettiamo
aspetti	aspettate
aspetta	aspettano

Present Perfect
ho aspettato	abbiamo aspettato
hai aspettato	avete aspettato
ha aspettato	hanno aspettato

Imperfect
aspettavo	aspettavamo
aspettavi	aspettavate
aspettava	aspettavano

Past Perfect
avevo aspettato	avevamo aspettato
avevi aspettato	avevate aspettato
aveva aspettato	avevano aspettato

Absolute Past
aspettai	aspettammo
aspettasti	aspettaste
aspettò	aspettarono

Preterite Perfect
ebbi aspettato	avemmo aspettato
avesti aspettato	aveste aspettato
ebbe aspettato	ebbero aspettato

Future
aspetterò	aspetteremo
aspetterai	aspetterete
aspetterà	aspetteranno

Future Perfect
avrò aspettato	avremo aspettato
avrai aspettato	avrete aspettato
avrà aspettato	avranno aspettato

Subjunctive

Present
aspetti	aspettiamo
aspetti	aspettiate
aspetti	aspettino

Past
abbia aspettato	abbiamo aspettato
abbia aspettato	abbiate aspettato
abbia aspettato	abbiano aspettato

Imperfect
aspettassi	aspettassimo
aspettassi	aspettaste
aspettasse	aspettassero

Past Perfect
avessi aspettato	avessimo aspettato
avessi aspettato	aveste aspettato
avesse aspettato	avessero aspettato

Conditional

Present
aspetterei	aspetteremmo
aspetteresti	aspettereste
aspetterebbe	aspetterebbero

Past
avrei aspettato	avremmo aspettato
avresti aspettato	avreste aspettato
avrebbe aspettato	avrebbero aspettato

Imperative
—	aspettiamo!
aspetta!	aspettate!
aspetti!	aspettino!

Participles

Present
aspettante

Past
aspettato

Gerund
aspettando

Related Words

aspettarsi	to await, to expect	aspettativa	*anticipation*
aspettato	waited for, expected	aspettazione	*expectation*

12 assistere to assist, to help

Regular
Transitive

	io	noi
	tu	voi
	lui/lei	loro

Indicative

Present

		Present Perfect	
assisto	assistiamo	ho assistito	abbiamo assistito
assisti	assistete	hai assistito	avete assistito
assiste	assistono	ha assistito	hanno assistito

Imperfect

		Past Perfect	
assistevo	assistevamo	avevo assistito	avevamo assistito
assistevi	assistevate	avevi assistito	avevate assistito
assisteva	assistevano	aveva assistito	avevano assistito

Absolute Past

		Preterite Perfect	
assistetti/ assistei	assistemmo	ebbi assistito	avemmo assistito
assistesti	assisteste	avesti assistito	aveste assistito
assistette/ assistè	assistettero/ assisterono	ebbe assistito	ebbero assistito

Future

		Future Perfect	
assisterò	assisteremo	avrò assistito	avremo assistito
assisterai	assisterete	avrai assistito	avrete assistito
assisterà	assisteranno	avrà assistito	avranno assistito

Subjunctive

Present

		Past	
assista	assistiamo	abbia assistito	abbiamo assistito
assista	assistiate	abbia assistito	abbiate assistito
assista	assistano	abbia assistito	abbiano assistito

Imperfect

		Past Perfect	
assistessi	assistessimo	avessi assistito	avessimo assistito
assistessi	assisteste	avessi assistito	aveste assistito
assistesse	assistessero	avesse assistito	avessero assistito

Conditional

Present

		Past	
assisterei	assisteremmo	avrei assistito	avremmo assistito
assisteresti	assistereste	avresti assistito	avreste assistito
assisterebbe	assisterebbero	avrebbe assistito	avrebbero assistito

Imperative

—	assistiamo!
assisti!	assistete!
assista!	assistano!

Participles

Present
assistente

Past
assistito

Gerund

assistendo

Related Words

assistenza	*assistance, help*	assistente	*assistant*
assistere a	*to attend (e.g., show)*		

44

13 attaccare to attack, to stick

Regular
Transitive

	io	noi
	tu	voi
	lui/lei	loro

Indicative

Present
attacco	attacchiamo
attacchi	attaccate
attacca	attaccano

Present Perfect
ho attaccato	abbiamo attaccato
hai attaccato	avete attaccato
ha attaccato	hanno attaccato

Imperfect
attaccavo	attaccavamo
attaccavi	attaccavate
attaccava	attaccavano

Past Perfect
avevo attaccato	avevamo attaccato
avevi attaccato	avevate attaccato
aveva attaccato	avevano attaccato

Absolute Past
attaccai	attaccammo
attaccasti	attaccaste
attaccò	attaccarono

Preterite Perfect
ebbi attaccato	avemmo attaccato
avesti attaccato	aveste attaccato
ebbe attaccato	ebbero attaccato

Future
attaccherò	attaccheremo
attaccherai	attaccherete
attaccherà	attaccheranno

Future Perfect
avrò attaccato	avremo attaccato
avrai attaccato	avrete attaccato
avrà attaccato	avranno attaccato

Subjunctive

Present
attacchi	attacchiamo
attacchi	attacchiate
attacchi	attacchino

Past
abbia attaccato	abbiamo attaccato
abbia attaccato	abbiate attaccato
abbia attaccato	abbiano attaccato

Imperfect
attaccassi	attaccassimo
attaccassi	attaccaste
attaccasse	attaccassero

Past Perfect
avessi attaccato	avessimo attaccato
avessi attaccato	aveste attaccato
avesse attaccato	avessero attaccato

Conditional

Present
attaccherei	attaccheremmo
attaccheresti	attacchereste
attaccherebbe	attaccherebbero

Past
avrei attaccato	avremmo attaccato
avresti attaccato	avreste attaccato
avrebbe attaccato	avrebbero attaccato

Imperative
—	attacchiamo!
attacca!	attaccate!
attacchi!	attacchino!

Participles
Present
attaccante
Past
attaccato

Gerund
attaccando

Related Words

attacco	*attack*	attaccabrighe	*quarrelsome person*
attaccamento	*affection*	attaccapanni	*coat hanger*

14 avere to have

Irregular
Transitive
Auxiliary

io noi
tu voi
lui/lei loro

Indicative

Present

ho	abbiamo
hai	avete
ha	hanno

Present Perfect

ho avuto	abbiamo avuto
hai avuto	avete avuto
ha avuto	hanno avuto

Imperfect

avevo	avevamo
avevi	avevate
aveva	avevano

Past Perfect

avevo avuto	avevamo avuto
avevi avuto	avevate avuto
aveva avuto	avevano avuto

Absolute Past

ebbi	avemmo
avesti	aveste
ebbe	ebbero

Preterite Perfect

ebbi avuto	avemmo avuto
avesti avuto	aveste avuto
ebbe avuto	ebbero avuto

Future

avrò	avremo
avrai	avrete
avrà	avranno

Future Perfect

avrò avuto	avremo avuto
avrai avuto	avrete avuto
avrà avuto	avranno avuto

Subjunctive

Present

abbia	abbiamo
abbia	abbiate
abbia	abbiano

Past

abbia avuto	abbiamo avuto
abbia avuto	abbiate avuto
abbia avuto	abbiano avuto

Imperfect

avessi	avessimo
avessi	aveste
avesse	avessero

Past Perfect

avessi avuto	avessimo avuto
avessi avuto	aveste avuto
avesse avuto	avessero avuto

Conditional

Present

avrei	avremmo
avresti	avreste
avrebbe	avrebbero

Past

avrei avuto	avremmo avuto
avresti avuto	avreste avuto
avrebbe avuto	avrebbero avuto

Imperative

—	abbiamo!
abbi!	avete!
abbia!	abbiano!

Participles

Present
avente

Past
avuto

Gerund

avendo

Related Words

avere fame	to be hungry	avere freddo	to be cold
avere ... anni	to be ... years old	avere bisogno di	to need
		avere fretta	to be in a hurry
avere caldo	to be hot	avere ragione	to be right
avere paura	to be afraid	avere torto	to be wrong
avere sete	to be thirsty		

15 avvertire to warn

Regular
Transitive

	io	noi
	tu	voi
	lui/lei	loro

Indicative

Present		**Present Perfect**	
avverto	avvertiamo	ho avvertito	abbiamo avvertito
avverti	avvertite	hai avvertito	avete avvertito
avverte	avvertono	ha avvertito	hanno avvertito

Imperfect		**Past Perfect**	
avvertivo	avvertivamo	avevo avvertito	avevamo avvertito
avvertivi	avvertivate	avevi avvertito	avevate avvertito
avvertiva	avvertivano	aveva avvertito	avevano avvertito

Absolute Past		**Preterite Perfect**	
avvertii	avvertimmo	ebbi avvertito	avemmo avvertito
avvertisti	avvertiste	avesti avvertito	aveste avvertito
avverti	avvertirono	ebbe avvertito	ebbero avvertito

Future		**Future Perfect**	
avvertirò	avvertiremo	avrò avvertito	avremo avvertito
avvertirai	avvertirete	avrai avvertito	avrete avvertito
avvertirà	avvertiranno	avrà avvertito	avranno avvertito

Subjunctive

Present		**Past**	
avverta	avvertiamo	abbia avvertito	abbiamo avvertito
avverta	avvertiate	abbia avvertito	abbiate avvertito
avverta	avvertano	abbia avvertito	abbiano avvertito

Imperfect		**Past Perfect**	
avvertissi	avvertissimo	avessi avvertito	avessimo avvertito
avvertissi	avvertiste	avessi avvertito	aveste avvertito
avvertisse	avvertissero	avesse avvertito	avessero avvertito

Conditional

Present		**Past**	
avvertirei	avvertiremmo	avrei avvertito	avremmo avvertito
avvertiresti	avvertireste	avresti avvertito	avreste avvertito
avvertirebbe	avvertirebbero	avrebbe avvertito	avrebbero avvertito

Imperative

—	avvertiamo!
avverti!	avvertite!
avverta!	avvertano!

Participles

Present
avvertente

Past
avvertito

Gerund

avvertendo

Related Words

avvertenza	*prudence, advice*	avvertimento	*warning*

16 avviare to start, to begin

Regular
Transitive

		io	noi
		tu	voi
		lui/lei	loro

Indicative

Present		Present Perfect	
avvio	avviamo	ho avviato	abbiamo avviato
avvii	avviate	hai avviato	avete avviato
avvia	avviano	ha avviato	hanno avviato

Imperfect		Past Perfect	
avviavo	avviavamo	avevo avviato	avevamo avviato
avviavi	avviavate	avevi avviato	avevate avviato
avviava	avviavano	aveva avviato	avevano avviato

Absolute Past		Preterite Perfect	
avviai	avviammo	ebbi avviato	avemmo avviato
avviasti	avviaste	avesti avviato	aveste avviato
avviò	avviarono	ebbe avviato	ebbero avviato

Future		Future Perfect	
avvierò	avvieremo	avrò avviato	avremo avviato
avvierai	avvierete	avrai avviato	avrete avviato
avvierà	avvieranno	avrà avviato	avranno avviato

Subjunctive

Present		Past	
avvii	avviamo	abbia avviato	abbiamo avviato
avvii	avviate	abbia avviato	abbiate avviato
avvii	avviino	abbia avviato	abbiano avviato

Imperfect		Past Perfect	
avviassi	avviassimo	avessi avviato	avessimo avviato
avviassi	avviaste	avessi avviato	aveste avviato
avviasse	avviassero	avesse avviato	avessero avviato

Conditional

Present		Past	
avvierei	avvieremmo	avrei avviato	avremmo avviato
avvieresti	avviereste	avresti avviato	avreste avviato
avvierebbe	avvierebbero	avrebbe avviato	avrebbero avviato

Imperative

—	avviamo!
avvia!	avviate!
avvii!	avviino!

Participles

Present
avviante

Past
avviato

Gerund

avviando

Related Words

avvio	*beginning*

17 baciare to kiss

Regular
Transitive

	io	noi
	tu	voi
	lui/lei	loro

Indicative

Present

bacio	baciamo
baci	baciate
bacia	baciano

Present Perfect

ho baciato	abbiamo baciato
hai baciato	avete baciato
ha baciato	hanno baciato

Imperfect

baciavo	baciavamo
baciavi	baciavate
baciava	baciavano

Past Perfect

avevo baciato	avevamo baciato
avevi baciato	avevate baciato
aveva baciato	avevano baciato

Absolute Past

baciai	baciammo
baciasti	baciaste
baciò	baciarono

Preterite Perfect

ebbi baciato	avemmo baciato
avesti baciato	aveste baciato
ebbe baciato	ebbero baciato

Future

bacerò	baceremo
bacerai	bacerete
bacerà	baceranno

Future Perfect

avrò baciato	avremo baciato
avrai baciato	avrete baciato
avrà baciato	avranno baciato

Subjunctive

Present

baci	baciamo
baci	baciate
baci	bacino

Past

abbia baciato	abbiamo baciato
abbia baciato	abbiate baciato
abbia baciato	abbiano baciato

Imperfect

baciassi	baciassimo
baciassi	baciaste
baciasse	baciassero

Past Perfect

avessi baciato	avessimo baciato
avessi baciato	aveste baciato
avesse baciato	avessero baciato

Conditional

Present

bacerei	baceremmo
baceresti	bacereste
bacerebbe	bacerebbero

Past

avrei baciato	avremmo baciato
avresti baciato	avreste baciato
avrebbe baciato	avrebbero baciato

Imperative

—	baciamo!
bacia!	baciate!
baci!	bacino!

Participles

Present
baciante

Past
baciato

Gerund

baciando

Related Words

bacio	kiss	baciarsi	to kiss each other
bacino	little kiss		

18 **ballare** to dance

Regular   io   noi
Transitive   tu   voi
     lui/lei   loro

Indicative

Present
ballo	balliamo	
balli	ballate	
balla	ballano	

Present Perfect
ho ballato	abbiamo ballato
hai ballato	avete ballato
ha ballato	hanno ballato

Imperfect
ballavo	ballavamo
ballavi	ballavate
ballava	ballavano

Past Perfect
avevo ballato	avevamo ballato
avevi ballato	avevate ballato
aveva ballato	avevano ballato

Absolute Past
ballai	ballammo
ballasti	ballaste
ballò	ballarono

Preterite Perfect
ebbi ballato	avemmo ballato
avesti ballato	aveste ballato
ebbe ballato	ebbero ballato

Future
ballerò	balleremo
ballerai	ballerete
ballerà	balleranno

Future Perfect
avrò ballato	avremo ballato
avrai ballato	avrete ballato
avrà ballato	avranno ballato

Subjunctive

Present
balli	balliamo
balli	balliate
balli	ballino

Past
abbia ballato	abbiamo ballato
abbia ballato	abbiate ballato
abbia ballato	abbiano ballato

Imperfect
ballassi	ballassimo
ballassi	ballaste
ballasse	ballassero

Past Perfect
avessi ballato	avessimo ballato
avessi ballato	aveste ballato
avesse ballato	avessero ballato

Conditional

Present
ballerei	balleremmo
balleresti	ballereste
ballerebbe	ballerebbero

Past
avrei ballato	avremmo ballato
avresti ballato	avreste ballato
avrebbe ballato	avrebbero ballato

Imperative
—	balliamo!
balla!	ballate!
balli!	ballino!

Participles
Present
ballante
Past
ballato

Gerund
ballando

Related Words
ballo	*dance*	balletto	*ballet, chorus*
balera	*dance hall*	ballerino	*ballet dancer*

19 **bastare** to suffice

Regular
Intransitive

	io	noi
	tu	voi
	lui/lei	loro

Indicative

Present		**Present Perfect**	
basto	bastiamo	sono bastato(a)	siamo bastati(e)
basti	bastate	sei bastato(a)	siete bastati(e)
basta	bastano	è bastato(a)	sono bastati(e)

Imperfect		**Past Perfect**	
bastavo	bastavamo	ero bastato(a)	eravamo bastati(e)
bastavi	bastavate	eri bastato(a)	eravate bastati(e)
bastava	bastavano	era bastato(a)	erano bastati(e)

Absolute Past		**Preterite Perfect**	
bastai	bastammo	fui bastato(a)	fummo bastati(e)
bastasti	bastaste	fosti bastato(a)	foste bastati(e)
bastò	bastarono	fu bastato(a)	furono bastati(e)

Future		**Future Perfect**	
basterò	basteremo	sarò bastato(a)	saremo bastati(e)
basterai	basterete	sarai bastato(a)	sarete bastati(e)
basterà	basteranno	sarà bastato(a)	saranno bastati(e)

Subjunctive

Present		**Past**	
basti	bastiamo	sia bastato(a)	siamo bastati(e)
basti	bastiate	sia bastato(a)	siate bastati(e)
basti	bastino	sia bastato(a)	siano bastati(e)

Imperfect		**Past Perfect**	
bastassi	bastassimo	fossi bastato(a)	fossimo bastati(e)
bastassi	bastaste	fossi bastato(a)	foste bastati(e)
bastasse	bastassero	fosse bastato(a)	fossero bastati(e)

Conditional

Present		**Past**	
basterei	basteremmo	sarei bastato(a)	saremmo bastati(e)
basteresti	bastereste	saresti bastato(a)	sareste bastati(e)
basterebbe	basterebbero	sarebbe bastato(a)	sarebbero bastati(e)

Imperative

—	bastiamo!
basta!	bastate!
basti!	bastino!

Participles

Present
bastante
Past
bastato

Gerund

bastando

Related Words

Basta!	*Enough!*	bastevole	*sufficient*

20 bere to drink

Irregular
Transitive

	io	noi
	tu	voi
	lui/lei	loro

Indicative

Present
		Present Perfect	
bevo	beviamo	ho bevuto	abbiamo bevuto
bevi	bevete	hai bevuto	avete bevuto
beve	bevono	ha bevuto	hanno bevuto

Imperfect
		Past Perfect	
bevevo	bevevamo	avevo bevuto	avevamo bevuto
bevevi	bevevate	avevi bevuto	avevate bevuto
beveva	bevevano	aveva bevuto	avevano bevuto

Absolute Past
		Preterite Perfect	
bevvi/bevetti	bevemmo	ebbi bevuto	avemmo bevuto
bevesti	beveste	avesti bevuto	aveste bevuto
bevve/bevette	bevvero/bevettero	ebbe bevuto	ebbero bevuto

Future
		Future Perfect	
bevrò	bevremo	avrò bevuto	avremo bevuto
bevrai	bevrete	avrai bevuto	avrete bevuto
bevrà	bevranno	avrà bevuto	avranno bevuto

Subjunctive

Present
		Past	
beva	beviamo	abbia bevuto	abbiamo bevuto
beva	beviate	abbia bevuto	abbiate bevuto
beva	bevano	abbia bevuto	abbiano bevuto

Imperfect
		Past Perfect	
bevessi	bevessimo	avessi bevuto	avessimo bevuto
bevessi	beveste	avessi bevuto	aveste bevuto
bevesse	bevessero	avesse bevuto	avessero bevuto

Conditional

Present
		Past	
bevrei	bevremmo	avrei bevuto	avremmo bevuto
bevresti	bevreste	avresti bevuto	avreste bevuto
bevrebbe	bevrebbero	avrebbe bevuto	avrebbero bevuto

Imperative

—	beviamo!
bevi!	bevete!
beva!	bevano!

Participles
Present
bevente
Past
bevuto

Gerund
bevendo

Related Words

bibita	*soda*	bevanda	*beverage*
bevuta	*drink, drinking*	bevitore	*drinker*

21 cambiare to change, to exchange

Regular
Transitive

		io	noi
		tu	voi
		lui/lei	loro

Indicative

Present		Present Perfect	
cambio	cambiamo	ho cambiato	abbiamo cambiato
cambi	cambiate	hai cambiato	avete cambiato
cambia	cambiano	ha cambiato	hanno cambiato

Imperfect		Past Perfect	
cambiavo	cambiavamo	avevo cambiato	avevamo cambiato
cambiavi	cambiavate	avevi cambiato	avevate cambiato
cambiava	cambiavano	aveva cambiato	avevano cambiato

Absolute Past		Preterite Perfect	
cambiai	cambiammo	ebbi cambiato	avemmo cambiato
cambiasti	cambiaste	avesti cambiato	aveste cambiato
cambiò	cambiarono	ebbe cambiato	ebbero cambiato

Future		Future Perfect	
cambierò	cambieremo	avrò cambiato	avremo cambiato
cambierai	cambierete	avrai cambiato	avrete cambiato
cambierà	cambieranno	avrà cambiato	avranno cambiato

Subjunctive

Present		Past	
cambi	cambiamo	abbia cambiato	abbiamo cambiato
cambi	cambiate	abbia cambiato	abbiate cambiato
cambi	cambino	abbia cambiato	abbiano cambiato

Imperfect		Past Perfect	
cambiassi	cambiassimo	avessi cambiato	avessimo cambiato
cambiassi	cambiaste	avessi cambiato	aveste cambiato
cambiasse	cambiassero	avesse cambiato	avessero cambiato

Conditional

Present		Past	
cambierei	cambieremmo	avrei cambiato	avremmo cambiato
cambieresti	cambiereste	avresti cambiato	avreste cambiato
cambierebbe	cambierebbero	avrebbe cambiato	avrebbero cambiato

Imperative | Participles | Gerund

Imperative		Participles	Gerund
—	cambiamo!	**Present**	cambiando
cambia!	cambiate!	cambiante	
cambi!	cambino!	**Past**	
		cambiato	

Related Words

cambio	change, exchange	cambiale	*bill of exchange*
cambiabile	*mutable, changeable*		

22 camminare to walk

Regular
Intransitive

	io	noi
	tu	voi
	lui/lei	loro

Indicative

Present
		Present Perfect	
cammino	camminiamo	ho camminato	abbiamo camminato
cammini	camminate	hai camminato	avete camminato
cammina	camminano	ha camminato	hanno camminato

Imperfect
		Past Perfect	
camminavo	camminavamo	avevo camminato	avevamo camminato
camminavi	camminavate	avevi camminato	avevate camminato
camminava	camminavano	aveva camminato	avevano camminato

Absolute Past
		Preterite Perfect	
camminai	camminammo	ebbi camminato	avemmo camminato
camminasti	camminaste	avesti camminato	aveste camminato
camminò	camminarono	ebbe camminato	ebbero camminato

Future
		Future Perfect	
camminerò	cammineremo	avrò camminato	avremo camminato
camminerai	camminerete	avrai camminato	avrete camminato
camminerà	cammineranno	avrà camminato	avranno camminato

Subjunctive

Present
		Past	
cammini	camminiamo	abbia camminato	abbiamo camminato
cammini	camminiate	abbia camminato	abbiate camminato
cammini	camminino	abbia camminato	abbiano camminato

Imperfect
		Past Perfect	
camminassi	camminassimo	avessi camminato	avessimo camminato
camminassi	camminaste	avessi camminato	aveste camminato
camminasse	camminassero	avesse camminato	avessero camminato

Conditional

Present
		Past	
camminerei	cammineremmo	avrei camminato	avremmo camminato
cammineresti	camminereste	avresti camminato	avreste camminato
camminerebbe	camminerebbero	avrebbe camminato	avrebbero camminato

Imperative

—	camminiamo!
cammina!	camminate!
cammini!	camminino!

Participles
Present
camminante
Past
camminato

Gerund
camminando

Related Words

cammino	*path, way, route*	cammin facendo	*on the way*
camminatore	*walker*	camminata	*walk, gait*

23 **cantare** to sing

Regular
Transitive

	io	noi
	tu	voi
	lui/lei	loro

Indicative

Present
canto	cantiamo
canti	cantate
canta	cantano

Present Perfect
ho cantato	abbiamo cantato
hai cantato	avete cantato
ha cantato	hanno cantato

Imperfect
cantavo	cantavamo
cantavi	cantavate
cantava	cantavano

Past Perfect
avevo cantato	avevamo cantato
avevi cantato	avevate cantato
aveva cantato	avevano cantato

Absolute Past
cantai	cantammo
cantasti	cantaste
cantò	cantarono

Preterite Perfect
ebbi cantato	avemmo cantato
avesti cantato	aveste cantato
ebbe cantato	ebbero cantato

Future
canterò	canteremo
canterai	canterete
canterà	canteranno

Future Perfect
avrò cantato	avremo cantato
avrai cantato	avrete cantato
avrà cantato	avranno cantato

Subjunctive

Present
canti	cantiamo
canti	cantiate
canti	cantino

Past
abbia cantato	abbiamo cantato
abbia cantato	abbiate cantato
abbia cantato	abbiano cantato

Imperfect
cantassi	cantassimo
cantassi	cantaste
cantasse	cantassero

Past Perfect
avessi cantato	avessimo cantato
avessi cantato	aveste cantato
avesse cantato	avessero cantato

Conditional

Present
canterei	canteremmo
canteresti	cantereste
canterebbe	canterebbero

Past
avrei cantato	avremmo cantato
avresti cantato	avreste cantato
avrebbe cantato	avrebbero cantato

Imperative
—	cantiamo!
canta!	cantate!
canti!	cantino!

Participles
Present
cantante

Past
cantato

Gerund
cantando

Related Words
canto	*song, chant*	cantante	*singer*
cantabile	*songlike*		

24 capire to understand

-isc- verb[†]
Transitive

	io	noi
	tu	voi
	lui/lei	loro

Indicative

Present
		Present Perfect	
capisco	capiamo	ho capito	abbiamo capito
capisci	capite	hai capito	avete capito
capisce	capiscono	ha capito	hanno capito

Imperfect
		Past Perfect	
capivo	capivamo	avevo capito	avevamo capito
capivi	capivate	avevi capito	avevate capito
capiva	capivano	aveva capito	avevano capito

Absolute Past
		Preterite Perfect	
capii	capimmo	ebbi capito	avemmo capito
capisti	capiste	avesti capito	aveste capito
capì	capirono	ebbe capito	ebbero capito

Future
		Future Perfect	
capirò	capiremo	avrò capito	avremo capito
capirai	capirete	avrai capito	avrete capito
capirà	capiranno	avrà capito	avranno capito

Subjunctive

Present
		Past	
capisca	capiamo	abbia capito	abbiamo capito
capisca	capiate	abbia capito	abbiate capito
capisca	capiscano	abbia capito	abbiano capito

Imperfect
		Past Perfect	
capissi	capissimo	avessi capito	avessimo capito
capissi	capiste	avessi capito	aveste capito
capisse	capissero	avesse capito	avessero capito

Conditional

Present
		Past	
capirei	capiremmo	avrei capito	avremmo capito
capiresti	capireste	avresti capito	avreste capito
capirebbe	capirebbero	avrebbe capito	avrebbero capito

Imperative
—	capiamo!
capisci!	capite!
capisca!	capiscano!

Participles
Present
capente
Past
capito

Gerund
capendo

Related Words

capire al volo	*grasp immediately*	farsi capire	*to make oneself understood*
capirsi	*to understand each other*		

[†] *Capire* inserts *-isc-* between its stem and the present indicative and present subjunctive endings in all but the first and second person plural forms.

25 cenare to have dinner

Regular
Intransitive

	io	noi
	tu	voi
	lui/lei	loro

Indicative

Present
ceno	ceniamo
ceni	cenate
cena	cenano

Present Perfect
ho cenato	abbiamo cenato
hai cenato	avete cenato
ha cenato	hanno cenato

Imperfect
cenavo	cenavamo
cenavi	cenavate
cenava	cenavano

Past Perfect
avevo cenato	avevamo cenato
avevi cenato	avevate cenato
aveva cenato	avevano cenato

Absolute Past
cenai	cenammo
cenasti	cenaste
cenò	cenarono

Preterite Perfect
ebbi cenato	avemmo cenato
avesti cenato	aveste cenato
ebbe cenato	ebbero cenato

Future
cenerò	ceneremo
cenerai	cenerete
cenerà	ceneranno

Future Perfect
avrò cenato	avremo cenato
avrai cenato	avrete cenato
avrà cenato	avranno cenato

Subjunctive

Present
ceni	ceniamo
ceni	ceniate
ceni	cenino

Past
abbia cenato	abbiamo cenato
abbia cenato	abbiate cenato
abbia cenato	abbiano cenato

Imperfect
cenassi	cenassimo
cenassi	cenaste
cenasse	cenassero

Past Perfect
avessi cenato	avessimo cenato
avessi cenato	aveste cenato
avesse cenato	avessero cenato

Conditional

Present
cenerei	ceneremmo
ceneresti	cenereste
cenerebbe	cenerebbero

Past
avrei cenato	avremmo cenato
avresti cenato	avreste cenato
avrebbe cenato	avrebbero cenato

Imperative
—	ceniamo!
cena!	cenate!
ceni!	cenino!

Participles

Present
cenante

Past
cenato

Gerund
cenando

Related Words
cena	*dinner*	cenacolo	*coterie, clique*

26 cercare to look for, to seek

Regular — Transitive

		io	noi
		tu	voi
		lui/lei	loro

Indicative

Present
cerco	cerchiamo
cerchi	cercate
cerca	cercano

Present Perfect
ho cercato	abbiamo cercato
hai cercato	avete cercato
ha cercato	hanno cercato

Imperfect
cercavo	cercavamo
cercavi	cercavate
cercava	cercavano

Past Perfect
avevo cercato	avevamo cercato
avevi cercato	avevate cercato
aveva cercato	avevano cercato

Absolute Past
cercai	cercammo
cercasti	cercaste
cercò	cercarono

Preterite Perfect
ebbi cercato	avemmo cercato
avesti cercato	aveste cercato
ebbe cercato	ebbero cercato

Future
cercherò	cercheremo
cercherai	cercherete
cercherà	cercheranno

Future Perfect
avrò cercato	avremo cercato
avrai cercato	avrete cercato
avrà cercato	avranno cercato

Subjunctive

Present
cerchi	cerchiamo
cerchi	cerchiate
cerchi	cerchino

Past
abbia cercato	abbiamo cercato
abbia cercato	abbiate cercato
abbia cercato	abbiano cercato

Imperfect
cercassi	cercassimo
cercassi	cercaste
cercasse	cercassero

Past Perfect
avessi cercato	avessimo cercato
avessi cercato	aveste cercato
avesse cercato	avessero cercato

Conditional

Present
cercherei	cercheremmo
cercheresti	cerchereste
cercherebbe	cercherebbero

Past
avrei cercato	avremmo cercato
avresti cercato	avreste cercato
avrebbe cercato	avrebbero cercato

Imperative
—	cerchiamo!
cerca!	cercate!
cerchi!	cerchino!

Participles

Present
cercante

Past
cercato

Gerund
cercando

Related Words
cercabile	*searchable*	cercata	*search*

27 chiamare to name, to call

Regular
Transitive

	io	noi
	tu	voi
	lui/lei	loro

Indicative

Present
chiamo	chiamiamo
chiami	chiamate
chiama	chiamano

Present Perfect
ho chiamato	abbiamo chiamato
hai chiamato	avete chiamato
ha chiamato	hanno chiamato

Imperfect
chiamavo	chiamavamo
chiamavi	chiamavate
chiamava	chiamavano

Past Perfect
avevo chiamato	avevamo chiamato
avevi chiamato	avevate chiamato
aveva chiamato	avevano chiamato

Absolute Past
chiamai	chiamammo
chiamasti	chiamaste
chiamò	chiamarono

Preterite Perfect
ebbi chiamato	avemmo chiamato
avesti chiamato	aveste chiamato
ebbe chiamato	ebbero chiamato

Future
chiamerò	chiameremo
chiamerai	chiamerete
chiamerà	chiameranno

Future Perfect
avrò chiamato	avremo chiamato
avrai chiamato	avrete chiamato
avrà chiamato	avranno chiamato

Subjunctive

Present
chiami	chiamiamo
chiami	chiamiate
chiami	chiamino

Past
abbia chiamato	abbiamo chiamato
abbia chiamato	abbiate chiamato
abbia chiamato	abbiano chiamato

Imperfect
chiamassi	chiamassimo
chiamassi	chiamaste
chiamasse	chiamassero

Past Perfect
avessi chiamato	avessimo chiamato
avessi chiamato	aveste chiamato
avesse chiamato	avessero chiamato

Conditional

Present
chiamerei	chiameremmo
chiameresti	chiamereste
chiamerebbe	chiamerebbero

Past
avrei chiamato	avremmo chiamato
avresti chiamato	avreste chiamato
avrebbe chiamato	avrebbero chiamato

Imperative
—	chiamiamo!
chiama!	chiamate!
chiami!	chiamino!

Participles

Present
chiamante

Past
chiamato

Gerund
chiamando

Related Words

chiamarsi	*to be named*	chiama	*call, cry, roll call*
chiamata	*call, summons*		

59

28 chiarire to clarify

-isc- verb[†]
Transitive

	io	noi
	tu	voi
	lui/lei	loro

Indicative

Present		Present Perfect	
chiarisco	chiariamo	ho chiarito	abbiamo chiarito
chiarisci	chiarite	hai chiarito	avete chiarito
chiarisce	chiariscono	ha chiarito	hanno chiarito

Imperfect		Past Perfect	
chiarivo	chiarivamo	avevo chiarito	avevamo chiarito
chiarivi	chiarivate	avevi chiarito	avevate chiarito
chiariva	chiarivano	aveva chiarito	avevano chiarito

Absolute Past		Preterite Perfect	
chiarii	chiarimmo	ebbi chiarito	avemmo chiarito
chiaristi	chiariste	avesti chiarito	aveste chiarito
chiari	chiarirono	ebbe chiarito	ebbero chiarito

Future		Future Perfect	
chiarirò	chiariremo	avrò chiarito	avremo chiarito
chiarirai	chiarirete	avrai chiarito	avrete chiarito
chiarirà	chiariranno	avrà chiarito	avranno chiarito

Subjunctive

Present		Past	
chiarisca	chiariamo	abbia chiarito	abbiamo chiarito
chiarisca	chiariate	abbia chiarito	abbiate chiarito
chiarisca	chiariscano	abbia chiarito	abbiano chiarito

Imperfect		Past Perfect	
chiarissi	chiarissimo	avessi chiarito	avessimo chiarito
chiarissi	chiariste	avessi chiarito	aveste chiarito
chiarisse	chiarissero	avesse chiarito	avessero chiarito

Conditional

Present		Past	
chiarirei	chiariremmo	avrei chiarito	avremmo chiarito
chiariresti	chiarireste	avresti chiarito	avreste chiarito
chiarirebbe	chiarirebbero	avrebbe chiarito	avrebbero chiarito

Imperative | Participles | Gerund

		Present	chiarendo
—	chiariamo!	chiarente	
chiarisci!	chiarite!	Past	
chiarisca!	chiariscano!	chiarito	

Related Words

chiaro	*clear*	chiarificazione	*clarification*
chiarimento	*explanation*	chiarezza	*clarity*

[†] *Chiarire* inserts *-isc-* between its stem and the present indicative and present subjunctive endings in all but the first and second person plural forms.

29 chiedere to ask

Irregular
Transitive

		io	noi
		tu	voi
		lui/lei	loro

Indicative

Present		Present Perfect	
chiedo	chiediamo	ho chiesto	abbiamo chiesto
chiedi	chiedete	hai chiesto	avete chiesto
chiede	chiedono	ha chiesto	hanno chiesto

Imperfect		Past Perfect	
chiedevo	chiedevamo	avevo chiesto	avevamo chiesto
chiedevi	chiedevate	avevi chiesto	avevate chiesto
chiedeva	chiedevano	aveva chiesto	avevano chiesto

Absolute Past		Preterite Perfect	
chiesi	chiedemmo	ebbi chiesto	avemmo chiesto
chiedesti	chiedeste	avesti chiesto	aveste chiesto
chiese	chiesero	ebbe chiesto	ebbero chiesto

Future		Future Perfect	
chiederò	chiederemo	avrò chiesto	avremo chiesto
chiederai	chiederete	avrai chiesto	avrete chiesto
chiederà	chiederanno	avrà chiesto	avranno chiesto

Subjunctive

Present		Past	
chieda	chiediamo	abbia chiesto	abbiamo chiesto
chieda	chiediate	abbia chiesto	abbiate chiesto
chieda	chiedano	abbia chiesto	abbiano chiesto

Imperfect		Past Perfect	
chiedessi	chiedessimo	avessi chiesto	avessimo chiesto
chiedessi	chiedeste	avessi chiesto	aveste chiesto
chiedesse	chiedessero	avesse chiesto	avessero chiesto

Conditional

Present		Past	
chiederei	chiederemmo	avrei chiesto	avremmo chiesto
chiederesti	chiedereste	avresti chiesto	avreste chiesto
chiederebbe	chiederebbero	avrebbe chiesto	avrebbero chiesto

Imperative

—	chiediamo!
chiedi!	chiedete!
chieda!	chiedano!

Participles

Present
chiedente

Past
chiesto

Gerund

chiedendo

Related Words

richiedere	to demand, to request	richiedente	requesting person
richiesta	request	chiedere in prestito	to borrow

30 chiudere to close

Irregular
Transitive

	io	noi
	tu	voi
	lui/lei	loro

Indicative

Present
chiudo	chiudiamo
chiudi	chiudete
chiude	chiudono

Present Perfect
ho chiuso	abbiamo chiuso
hai chiuso	avete chiuso
ha chiuso	hanno chiuso

Imperfect
chiudevo	chiudevamo
chiudevi	chiudevate
chiudeva	chiudevano

Past Perfect
avevo chiuso	avevamo chiuso
avevi chiuso	avevate chiuso
aveva chiuso	avevano chiuso

Absolute Past
chiusi	chiudemmo
chiudesti	chiudeste
chiuse	chiusero

Preterite Perfect
ebbi chiuso	avemmo chiuso
avesti chiuso	aveste chiuso
ebbe chiuso	ebbero chiuso

Future
chiuderò	chiuderemo
chiuderai	chiuderete
chiuderà	chiuderanno

Future Perfect
avrò chiuso	avremo chiuso
avrai chiuso	avrete chiuso
avrà chiuso	avranno chiuso

Subjunctive

Present
chiuda	chiudiamo
chiuda	chiudiate
chiuda	chiudano

Past
abbia chiuso	abbiamo chiuso
abbia chiuso	abbiate chiuso
abbia chiuso	abbiano chiuso

Imperfect
chiudessi	chiudessimo
chiudessi	chiudeste
chiudesse	chiudessero

Past Perfect
avessi chiuso	avessimo chiuso
avessi chiuso	aveste chiuso
avesse chiuso	avessero chiuso

Conditional

Present
chiuderei	chiuderemmo
chiuderesti	chiudereste
chiuderebbe	chiuderebbero

Past
avrei chiuso	avremmo chiuso
avresti chiuso	avreste chiuso
avrebbe chiuso	avrebbero chiuso

Imperative
—	chiudiamo!
chiudi!	chiudete!
chiuda!	chiudano!

Participles
Present
chiudente
Past
chiuso

Gerund
chiudendo

Related Words

chiudersi	*to shut oneself off*	chiudenda	*enclosure, fence*
chiudimento	*closing*	chiusa	*enclosure, barrier*
chiusamente	*covertly*	chiuso	*closed*

31 cogliere to gather, to pluck

Irregular
Transitive

		io	noi
		tu	voi
		lui/lei	loro

Indicative

Present		**Present Perfect**	
colgo	cogliamo	ho colto	abbiamo colto
cogli	cogliete	hai colto	avete colto
coglie	colgono	ha colto	hanno colto

Imperfect		**Past Perfect**	
coglievo	coglievamo	avevo colto	avevamo colto
coglievi	coglievate	avevi colto	avevate colto
coglieva	coglievano	aveva colto	avevano colto

Absolute Past		**Preterite Perfect**	
colsi	cogliemmo	ebbi colto	avemmo colto
cogliesti	coglieste	avesti colto	aveste colto
colse	colsero	ebbe colto	ebbero colto

Future		**Future Perfect**	
coglierò	coglieremo	avrò colto	avremo colto
coglierai	coglierete	avrai colto	avrete colto
coglierà	coglieranno	avrà colto	avranno colto

Subjunctive

Present		**Past**	
colga	cogliamo	abbia colto	abbiamo colto
colga	cogliate	abbia colto	abbiate colto
colga	colgano	abbia colto	abbiano colto

Imperfect		**Past Perfect**	
cogliessi	cogliessimo	avessi colto	avessimo colto
cogliessi	coglieste	avessi colto	aveste colto
cogliesse	cogliessero	avesse colto	avessero colto

Conditional

Present		**Past**	
coglierei	coglieremmo	avrei colto	avremmo colto
coglieresti	cogliereste	avresti colto	avreste colto
coglierebbe	coglierebbero	avrebbe colto	avrebbero colto

Imperative

—	cogliamo!
cogli!	cogliete!
colga!	colgano!

Participles

Present
cogliente
Past
colto

Gerund

cogliendo

Related Words

raccolto	*harvest*	cogliere sul fatto	*to catch in the act*
raccolta	*collection*	cogliere in fallo	*to catch someone's mistake*

32 colpire to hit, to harm

-isc- verb[†]
Transitive

	io	noi
	tu	voi
	lui/lei	loro

Indicative

Present
colpisco	colpiamo
colpisci	colpite
colpisce	colpiscono

Present Perfect
ho colpito	abbiamo colpito
hai colpito	avete colpito
ha colpito	hanno colpito

Imperfect
colpivo	colpivamo
colpivi	colpivate
colpiva	colpivano

Past Perfect
avevo colpito	avevamo colpito
avevi colpito	avevate colpito
aveva colpito	avevano colpito

Absolute Past
colpii	colpimmo
colpisti	colpiste
colpi	colpirono

Preterite Perfect
ebbi colpito	avemmo colpito
avesti colpito	aveste colpito
ebbe colpito	ebbero colpito

Future
colpirò	colpiremo
colpirai	colpirete
colpirà	colpiranno

Future Perfect
avrò colpito	avremo colpito
avrai colpito	avrete colpito
avrà colpito	avranno colpito

Subjunctive

Present
colpisca	colpiamo
colpisca	colpiate
colpisca	colpiscano

Past
abbia colpito	abbiamo colpito
abbia colpito	abbiate colpito
abbia colpito	abbiano colpito

Imperfect
colpissi	colpissimo
colpissi	colpiste
colpisse	colpissero

Past Perfect
avessi colpito	avessimo colpito
avessi colpito	aveste colpito
avesse colpito	avessero colpito

Conditional

Present
colpirei	colpiremmo
colpiresti	colpireste
colpirebbe	colpirebbero

Past
avrei colpito	avremmo colpito
avresti colpito	avreste colpito
avrebbe colpito	avrebbero colpito

Imperative
—	colpiamo!
colpisci!	colpite!
colpisca!	colpiscano!

Participles

Present
colpente

Past
colpito

Gerund
colpendo

Related Words

colpo	*hit, blow, knock*	colpire nel segno	*to hit the mark*
andare a colpo sicuro	*to know where to hit*	colpo di testa	*sudden decision*
		di colpo	*all at once*

[†] *Colpire* inserts *-isc-* between its stem and the present indicative and present subjunctive endings in all but the first and second person plural forms.

33 cominciare to begin

Regular   io   noi
Transitive   tu   voi
                                              lui/lei   loro

Indicative

Present
		Present Perfect	
comincio	cominciamo	ho cominciato	abbiamo cominciato
cominci	cominciate	hai cominciato	avete cominciato
comincia	cominciano	ha cominciato	hanno cominciato

Imperfect
		Past Perfect	
cominciavo	cominciavamo	avevo cominciato	avevamo cominciato
cominciavi	cominciavate	avevi cominciato	avevate cominciato
cominciava	cominciavano	aveva cominciato	avevano cominciato

Absolute Past
		Preterite Perfect	
cominciai	cominciammo	ebbi cominciato	avemmo cominciato
cominciasti	cominciaste	avesti cominciato	aveste cominciato
cominciò	cominciarono	ebbe cominciato	ebbero cominciato

Future
		Future Perfect	
comincerò	cominceremo	avrò cominciato	avremo cominciato
comincerai	comincerete	avrai cominciato	avrete cominciato
comincerà	cominceranno	avrà cominciato	avranno cominciato

Subjunctive

Present
		Past	
cominci	cominciamo	abbia cominciato	abbiamo cominciato
cominci	cominciate	abbia cominciato	abbiate cominciato
cominci	comincino	abbia cominciato	abbiano cominciato

Imperfect
		Past Perfect	
cominciassi	cominciassimo	avessi cominciato	avessimo cominciato
cominciassi	cominciaste	avessi cominciato	aveste cominciato
cominciasse	cominciassero	avesse cominciato	avessero cominciato

Conditional

Present
		Past	
comincerei	cominceremmo	avrei cominciato	avremmo cominciato
cominceresti	comincereste	avresti cominciato	avreste cominciato
comincerebbe	comincerebbero	avrebbe cominciato	avrebbero cominciato

Imperative | Participles | Gerund

		Present	Gerund
—	cominciamo!	**Present**	cominciando
comincia!	cominciate!	cominciante	
cominci!	comincino!	**Past**	
		cominciato	

Related Words

cominciamento	*beginning, start*	cominciatore	*originator*

65

34 comprare to buy

Regular
Transitive

io	noi
tu	voi
lui/lei	loro

Indicative

Present

compro	compriamo
compri	comprate
compra	comprano

Present Perfect

ho comprato	abbiamo comprato
hai comprato	avete comprato
ha comprato	hanno comprato

Imperfect

compravo	compravamo
compravi	compravate
comprava	compravano

Past Perfect

avevo comprato	avevamo comprato
avevi comprato	avevate comprato
aveva comprato	avevano comprato

Absolute Past

comprai	comprammo
comprasti	compraste
comprò	comprarono

Preterite Perfect

ebbi comprato	avemmo comprato
avesti comprato	aveste comprato
ebbe comprato	ebbero comprato

Future

comprerò	compreremo
comprerai	comprerete
comprerà	compreranno

Future Perfect

avrò comprato	avremo comprato
avrai comprato	avrete comprato
avrà comprato	avranno comprato

Subjunctive

Present

compri	compriamo
compri	compriate
compri	comprino

Past

abbia comprato	abbiamo comprato
abbia comprato	abbiate comprato
abbia comprato	abbiano comprato

Imperfect

comprassi	comprassimo
comprassi	compraste
comprasse	comprassero

Past Perfect

avessi comprato	avessimo comprato
avessi comprato	aveste comprato
avesse comprato	avessero comprato

Conditional

Present

comprerei	compreremmo
compreresti	comprereste
comprerebbe	comprerebbero

Past

avrei comprato	avremmo comprato
avresti comprato	avreste comprato
avrebbe comprato	avrebbero comprato

Imperative

—	compriamo!
compra!	comprate!
compri!	comprino!

Participles

Present
comprante

Past
comprato

Gerund

comprando

Related Words

fare compere	*go shopping*	compratore	*buyer*
compravendita	*transaction*	compra	*purchase*

35 **confondere** to confuse

Irregular
Transitive

	io	noi
	tu	voi
	lui/lei	loro

Indicative

Present
confondo	confondiamo
confondi	confondete
confonde	confondono

Present Perfect
ho confuso	abbiamo confuso
hai confuso	avete confuso
ha confuso	hanno confuso

Imperfect
confondevo	confondevamo
confondevi	confondevate
confondeva	confondevano

Past Perfect
avevo confuso	avevamo confuso
avevi confuso	avevate confuso
aveva confuso	avevano confuso

Absolute Past
confusi	confondemmo
confondesti	confondeste
confuse	confusero

Preterite Perfect
ebbi confuso	avemmo confuso
avesti confuso	aveste confuso
ebbe confuso	ebbero confuso

Future
confonderò	confonderemo
confonderai	confonderete
confonderà	confonderanno

Future Perfect
avrò confuso	avremo confuso
avrai confuso	avrete confuso
avrà confuso	avranno confuso

Subjunctive

Present
confonda	confondiamo
confonda	confondiate
confonda	confondano

Past
abbia confuso	abbiamo confuso
abbia confuso	abbiate confuso
abbia confuso	abbiano confuso

Imperfect
confondessi	confondessimo
confondessi	confondeste
confondesse	confondessero

Past Perfect
avessi confuso	avessimo confuso
avessi confuso	aveste confuso
avesse confuso	avessero confuso

Conditional

Present
confonderei	confonderemmo
confonderesti	confondereste
confonderebbe	confonderebbero

Past
avrei confuso	avremmo confuso
avresti confuso	avreste confuso
avrebbe confuso	avrebbero confuso

Imperative
—	confondiamo!
confondi!	confondete!
confonda!	confondano!

Participles
Present
confondente
Past
confuso

Gerund
confondendo

Related Words
confusione	*confusion*	confuso	*vague, unclear*

36 conoscere to know

Irregular
Transitive

io	noi
tu	voi
lui/lei	loro

Indicative

Present

conosco	conosciamo
conosci	conoscete
conosce	conoscono

Present Perfect

ho conosciuto	abbiamo conosciuto
hai conosciuto	avete conosciuto
ha conosciuto	hanno conosciuto

Imperfect

conoscevo	conoscevamo
conoscevi	conoscevate
conosceva	conoscevano

Past Perfect

avevo conosciuto	avevamo conosciuto
avevi conosciuto	avevate conosciuto
aveva conosciuto	avevano conosciuto

Absolute Past

conobbi	conoscemmo
conoscesti	conosceste
conobbe	conobbero

Preterite Perfect

ebbi conosciuto	avemmo conosciuto
avesti conosciuto	aveste conosciuto
ebbe conosciuto	ebbero conosciuto

Future

conoscerò	conosceremo
conoscerai	conoscerete
conoscerà	conosceranno

Future Perfect

avrò conosciuto	avremo conosciuto
avrai conosciuto	avrete conosciuto
avrà conosciuto	avranno conosciuto

Subjunctive

Present

conosca	conosciamo
conosca	conosciate
conosca	conoscano

Past

abbia conosciuto	abbiamo conosciuto
abbia conosciuto	abbiate conosciuto
abbia conosciuto	abbiano conosciuto

Imperfect

conoscessi	conoscessimo
conoscessi	conosceste
conoscesse	conoscessero

Past Perfect

avessi conosciuto	avessimo conosciuto
avessi conosciuto	aveste conosciuto
avesse conosciuto	avessero conosciuto

Conditional

Present

conoscerei	conosceremmo
conosceresti	conoscereste
conoscerebbe	conoscerebbero

Past

avrei conosciuto	avremmo conosciuto
avresti conosciuto	avreste conosciuto
avrebbe conosciuto	avrebbero conosciuto

Imperative

—	conosciamo!
conosci!	conoscete!
conosca!	conoscano!

Participles

Present
conoscente

Past
conosciuto

Gerund

conoscendo

Related Words

conoscenza	*knowledge*	Piacere di fare la sua	*Pleased to meet you.*
conoscibile	*knowable*	conoscenza.	

37 **contare** to count

Regular   io   noi
Transitive   tu   voi
                                                                   lui/lei loro

Indicative

Present

		Present Perfect	
conto	contiamo	ho contato	abbiamo contato
conti	contate	hai contato	avete contato
conta	contano	ha contato	hanno contato

Imperfect

		Past Perfect	
contavo	contavamo	avevo contato	avevamo contato
contavi	contavate	avevi contato	avevate contato
contava	contavano	aveva contato	avevano contato

Absolute Past

		Preterite Perfect	
contai	contammo	ebbi contato	avemmo contato
contasti	contaste	avesti contato	aveste contato
contò	contarono	ebbe contato	ebbero contato

Future

		Future Perfect	
conterò	conteremo	avrò contato	avremo contato
conterai	conterete	avrai contato	avrete contato
conterà	conteranno	avrà contato	avranno contato

Subjunctive

Present

		Past	
conti	contiamo	abbia contato	abbiamo contato
conti	contiate	abbia contato	abbiate contato
conti	contino	abbia contato	abbiano contato

Imperfect

		Past Perfect	
contassi	contassimo	avessi contato	avessimo contato
contassi	contaste	avessi contato	aveste contato
contasse	contassero	avesse contato	avessero contato

Conditional

Present

		Past	
conterei	conteremmo	avrei contato	avremmo contato
conteresti	contereste	avresti contato	avreste contato
conterebbe	conterebbero	avrebbe contato	avrebbero contato

Imperative

—	contiamo!
conta!	contate!
conti!	contino!

Participles

Present
contante

Past
contato

Gerund

contando

Related Words

contante, in contanti	*cash*	conto	*account, bill*
contare su	*to count on*	contagocce	*eye dropper*

38 continuare to continue

Regular

Transitive

	io	noi
	tu	voi
	lui/lei	loro

Indicative

Present
continuo	continuiamo
continui	continuate
continua	continuano

Present Perfect
ho continuato	abbiamo continuato
hai continuato	avete continuato
ha continuato	hanno continuato

Imperfect
continuavo	continuavamo
continuavi	continuavate
continuava	continuavano

Past Perfect
avevo continuato	avevamo continuato
avevi continuato	avevate continuato
aveva continuato	avevano continuato

Absolute Past
continuai	continuammo
continuasti	continuaste
continuò	continuarono

Preterite Perfect
ebbi continuato	avemmo continuato
avesti continuato	aveste continuato
ebbe continuato	ebbero continuato

Future
continuerò	continueremo
continuerai	continuerete
continuerà	continueranno

Future Perfect
avrò continuato	avremo continuato
avrai continuato	avrete continuato
avrà continuato	avranno continuato

Subjunctive

Present
continui	continuiamo
continui	continuiate
continui	continuino

Past
abbia continuato	abbiamo continuato
abbia continuato	abbiate continuato
abbia continuato	abbiano continuato

Imperfect
continuassi	continuassimo
continuassi	continuaste
continuasse	continuassero

Past Perfect
avessi continuato	avessimo continuato
avessi continuato	aveste continuato
avesse continuato	avessero continuato

Conditional

Present
continuerei	continueremmo
continueresti	continuereste
continuerebbe	continuerebbero

Past
avrei continuato	avremmo continuato
avresti continuato	avreste continuato
avrebbe continuato	avrebbero continuato

Imperative
—	continuiamo!
continua!	continuate!
continui!	continuino!

Participles

Present
continuante

Past
continuato

Gerund
continuando

Related Words

continuabile	*continuable*	continuatamente	*continuously*
continuamente	*continually*	continuazione	*continuation*
continuità	*continuity*		

70

39 copiare to copy

Regular
Transitive

io noi
tu voi
lui/lei loro

Indicative

Present
copio	copiamo
copi	copiate
copia	copiano

Present Perfect
ho copiato	abbiamo copiato
hai copiato	avete copiato
ha copiato	hanno copiato

Imperfect
copiavo	copiavamo
copiavi	copiavate
copiava	copiavano

Past Perfect
avevo copiato	avevamo copiato
avevi copiato	avevate copiato
aveva copiato	avevano copiato

Absolute Past
copiai	copiammo
copiasti	copiaste
copiò	copiarono

Preterite Perfect
ebbi copiato	avemmo copiato
avesti copiato	aveste copiato
ebbe copiato	ebbero copiato

Future
copierò	copieremo
copierai	copierete
copierà	copieranno

Future Perfect
avrò copiato	avremo copiato
avrai copiato	avrete copiato
avrà copiato	avranno copiato

Subjunctive

Present
copi	copiamo
copi	copiate
copi	copino

Past
abbia copiato	abbiamo copiato
abbia copiato	abbiate copiato
abbia copiato	abbiano copiato

Imperfect
copiassi	copiassimo
copiassi	copiaste
copiasse	copiassero

Past Perfect
avessi copiato	avessimo copiato
avessi copiato	aveste copiato
avesse copiato	avessero copiato

Conditional

Present
copierei	copieremmo
copieresti	copiereste
copierebbe	copierebbero

Past
avrei copiato	avremmo copiato
avresti copiato	avreste copiato
avrebbe copiato	avrebbero copiato

Imperative
—	copiamo!
copia!	copiate!
copi!	copino!

Participles
Present
copiante
Past
copiato

Gerund
copiando

Related Words
copia	*copy*	copisteria	*copying/typing office*
copione	*theater script*		

40 correre to run

Irregular
Transitive/Intransitive*

io	noi
tu	voi
lui/lei	loro

Indicative

Present
corro	corriamo
corri	correte
corre	corrono

Present Perfect
sono corso(a)	siamo corsi(e)
sei corso(a)	siete corsi(e)
è corso(a)	sono corsi(e)

Imperfect
correvo	correvamo
correvi	correvate
correva	correvano

Past Perfect
ero corso(a)	eravamo corsi(e)
eri corso(a)	eravate corsi(e)
era corso(a)	erano corsi(e)

Absolute Past
corsi	corremmo
corresti	correste
corse	corsero

Preterite Perfect
fui corso(a)	fummo corsi(e)
fosti corso(a)	foste corsi(e)
fu corso(a)	furono corsi(e)

Future
correrò	correremo
correrai	correrete
correrà	correranno

Future Perfect
sarò corso(a)	saremo corsi(e)
sarai corso(a)	sarete corsi(e)
sarà corso(a)	saranno corsi(e)

Subjunctive

Present
corra	corriamo
corra	corriate
corra	corrano

Past
sia corso(a)	siamo corsi(e)
sia corso(a)	siate corsi(e)
sia corso(a)	siano corsi(e)

Imperfect
corressi	corressimo
corressi	correste
corresse	corressero

Past Perfect
fossi corso(a)	fossimo corsi(e)
fossi corso(a)	foste corsi(e)
fosse corso(a)	fossero corsi(e)

Conditional

Present
correrei	correremmo
correresti	correreste
correrebbe	correrebbero

Past
sarei corso(a)	saremmo corsi(e)
saresti corso(a)	sareste corsi(e)
sarebbe corso(a)	sarebbero corsi(e)

Imperative
—	corriamo!
corri!	correte!
corra!	corrano!

Participles
Present
corrente
Past
corso

Gerund
correndo

Related Words

aver corso	*in circulation*	corridore	*racer*
corrente	*stream, current*	corriere	*courier*
conto corrente	*checking account*		

*Correre is conjugated with *avere* when it takes a direct object and with *essere* when it takes no direct object.

41 costare to cost, to be worth

Regular
Intransitive

	io	noi
	tu	voi
	lui/lei	loro

Indicative

Present		Present Perfect	
costo	costiamo	ho costato	abbiamo costato
costi	costate	hai costato	avete costato
costa	costano	ha costato	hanno costato

Imperfect		Past Perfect	
costavo	costavamo	avevo costato	avevamo costato
costavi	costavate	avevi costato	avevate costato
costava	costavano	aveva costato	avevano costato

Absolute Past		Preterite Perfect	
costai	costammo	ebbi costato	avemmo costato
costasti	costaste	avesti costato	aveste costato
costò	costarono	ebbe costato	ebbero costato

Future		Future Perfect	
costerò	costeremo	avrò costato	avremo costato
costerai	costerete	avrai costato	avrete costato
costerà	costeranno	avrà costato	avranno costato

Subjunctive

Present		Past	
costi	costiamo	abbia costato	abbiamo costato
costi	costiate	abbia costato	abbiate costato
costi	costino	abbia costato	abbiano costato

Imperfect		Past Perfect	
costassi	costassimo	avessi costato	avessimo costato
costassi	costaste	avessi costato	aveste costato
costasse	costassero	avesse costato	avessero costato

Conditional

Present		Past	
costerei	costeremmo	avrei costato	avremmo costato
costeresti	costereste	avresti costato	avreste costato
costerebbe	costerebbero	avrebbe costato	avrebbero costato

Imperative

—	costiamo!
costa!	costate!
costi!	costino!

Participles

Present
costante

Past
costato

Gerund

costando

Related Words

costare un occhio	*to cost an arm and a leg*	costo	*cost, expense*
		ad ogni costo	*at any cost*

73

42 costruire to construct, to build

-isc- verb†
Transitive

	io	noi
	tu	voi
	lui/lei	loro

Indicative

Present		**Present Perfect**	
costruisco	costruiamo	ho costruito	abbiamo costruito
costruisci	costruite	hai costruito	avete costruito
costruisce	costruiscono	ha costruito	hanno costruito

Imperfect		**Past Perfect**	
costruivo	costruivamo	avevo costruito	avevamo costruito
costruivi	costruivate	avevi costruito	avevate costruito
costruiva	costruivano	aveva costruito	avevano costruito

Absolute Past		**Preterite Perfect**	
costruii	costruimmo	ebbi costruito	avemmo costruito
costruisti	costruiste	avesti costruito	aveste costruito
costrui	costruirono	ebbe costruito	ebbero costruito

Future		**Future Perfect**	
costruirò	costruiremo	avrò costruito	avremo costruito
costruirai	costruirete	avrai costruito	avrete costruito
costruirà	costruiranno	avrà costruito	avranno costruito

Subjunctive

Present		**Past**	
costruisca	costruiamo	abbia costruito	abbiamo costruito
costruisca	costruiate	abbia costruito	abbiate costruito
costruisca	costruiscano	abbia costruito	abbiano costruito

Imperfect		**Past Perfect**	
costruissi	costruissimo	avessi costruito	avessimo costruito
costruissi	costruiste	avessi costruito	aveste costruito
costruisse	costruissero	avesse costruito	avessero costruito

Conditional

Present		**Past**	
costruirei	costruiremmo	avrei costruito	avremmo costruito
costruiresti	costruireste	avresti costruito	avreste costruito
costruirebbe	costruirebbero	avrebbe costruito	avrebbero costruito

Imperative		**Participles**	**Gerund**
—	costruiamo!	**Present**	costruendo
costruisci!	costruite!	costruente	
costruisca!	costruiscano!	**Past**	
		costruito	

Related Words

costruttore	*structure; builder*	costruzione	*construction, building*

† *Costruire* inserts *-isc-* between its stem and the present indicative and present subjunctive endings in all but the first and second person plural forms.

43 credere to believe

Regular
Transitive

	io	noi
	tu	voi
	lui/lei	loro

Indicative

Present
credo	crediamo
credi	credete
crede	credono

Present Perfect
ho creduto	abbiamo creduto
hai creduto	avete creduto
ha creduto	hanno creduto

Imperfect
credevo	credevamo
credevi	credevate
credeva	credevano

Past Perfect
avevo creduto	avevamo creduto
avevi creduto	avevate creduto
aveva creduto	avevano creduto

Absolute Past
credetti	credemmo
credesti	credeste
credette	credettero

Preterite Perfect
ebbi creduto	avemmo creduto
avesti creduto	aveste creduto
ebbe creduto	ebbero creduto

Future
crederò	crederemo
crederai	crederete
crederà	crederanno

Future Perfect
avrò creduto	avremo creduto
avrai creduto	avrete creduto
avrà creduto	avranno creduto

Subjunctive

Present
creda	crediamo
creda	crediate
creda	credano

Past
abbia creduto	abbiamo creduto
abbia creduto	abbiate creduto
abbia creduto	abbiano creduto

Imperfect
credessi	credessimo
credessi	credeste
credesse	credessero

Past Perfect
avessi creduto	avessimo creduto
avessi creduto	aveste creduto
avesse creduto	avessero creduto

Conditional

Present
crederei	crederemmo
crederesti	credereste
crederebbe	crederebbero

Past
avrei creduto	avremmo creduto
avresti creduto	avreste creduto
avrebbe creduto	avrebbero creduto

Imperative
—	crediamo!
credi!	credete!
creda!	credano!

Participles
Present
credente
Past
creduto

Gerund
credendo

Related Words

credente	*believer*	credo	*credo, creed*
credulo	*credulous*	credibile	*credible*

44 crescere to grow, to grow up

Irregular
Transitive/Intransitive*

		io	noi
		tu	voi
		lui/lei	loro

Indicative

Present		Present Perfect	
cresco	cresciamo	sono cresciuto(a)	siamo cresciuti(e)
cresci	crescete	sei cresciuto(a)	siete cresciuti(e)
cresce	crescono	è cresciuto(a)	sono cresciuti(e)

Imperfect		Past Perfect	
crescevo	crescevamo	ero cresciuto(a)	eravamo cresciuti(e)
crescevi	crescevate	eri cresciuto(a)	eravate cresciuti(e)
cresceva	crescevano	era cresciuto(a)	erano cresciuti(e)

Absolute Past		Preterite Perfect	
crebbi	crescemmo	fui cresciuto(a)	fummo cresciuti(e)
crescesti	cresceste	fosti cresciuto(a)	foste cresciuti(e)
crebbe	crebbero	fu cresciuto(a)	furono cresciuti(e)

Future		Future Perfect	
crescerò	cresceremo	sarò cresciuto(a)	saremo cresciuti(e)
crescerai	crescerete	sarai cresciuto(a)	sarete cresciuti(e)
crescerà	cresceranno	sarà cresciuto(a)	saranno cresciuti(e)

Subjunctive

Present		Past	
cresca	cresciamo	sia cresciuto(a)	siamo cresciuti(e)
cresca	cresciate	sia cresciuto(a)	siate cresciuti(e)
cresca	crescano	sia cresciuto(a)	siano cresciuti(e)

Imperfect		Past Perfect	
crescessi	crescessimo	fossi cresciuto(a)	fossimo cresciuti(e)
crescessi	cresceste	fossi cresciuto(a)	foste cresciuti(e)
crescesse	crescessero	fosse cresciuto(a)	fossero cresciuti(e)

Conditional

Present		Past	
crescerei	cresceremmo	sarei cresciuto(a)	saremmo cresciuti(e)
cresceresti	crescereste	saresti cresciuto(a)	sareste cresciuti(e)
crescerebbe	crescerebbero	sarebbe cresciuto(a)	sarebbero cresciuti(e)

Imperative

—	cresciamo!
cresci!	crescete!
cresca!	crescano!

Participles

Present
crescente

Past
cresciuto

Gerund

crescendo

Related Words

crescita	*growth*	crescente	*rising*
crescendo	*progress, increase*		

Crescere is conjugated with *avere* when it takes a direct object and with *essere* when it takes no direct object.

45 cucinare to cook

Regular
Transitive

	io	noi
	tu	voi
	lui/lei	loro

Indicative

Present
cucino	cuciniamo
cucini	cucinate
cucina	cucinano

Present Perfect
ho cucinato	abbiamo cucinato
hai cucinato	avete cucinato
ha cucinato	hanno cucinato

Imperfect
cucinavo	cucinavamo
cucinavi	cucinavate
cucinava	cucinavano

Past Perfect
avevo cucinato	avevamo cucinato
avevi cucinato	avevate cucinato
aveva cucinato	avevano cucinato

Absolute Past
cucinai	cucinammo
cucinasti	cucinaste
cucinò	cucinarono

Preterite Perfect
ebbi cucinato	avemmo cucinato
avesti cucinato	aveste cucinato
ebbe cucinato	ebbero cucinato

Future
cucinerò	cucineremo
cucinerai	cucinerete
cucinerà	cucineranno

Future Perfect
avrò cucinato	avremo cucinato
avrai cucinato	avrete cucinato
avrà cucinato	avranno cucinato

Subjunctive

Present
cucini	cuciniamo
cucini	cuciniate
cucini	cucinino

Past
abbia cucinato	abbiamo cucinato
abbia cucinato	abbiate cucinato
abbia cucinato	abbiano cucinato

Imperfect
cucinassi	cucinassimo
cucinassi	cucinaste
cucinasse	cucinassero

Past Perfect
avessi cucinato	avessimo cucinato
avessi cucinato	aveste cucinato
avesse cucinato	avessero cucinato

Conditional

Present
cucinerei	cucineremmo
cucineresti	cucinereste
cucinerebbe	cucinerebbero

Past
avrei cucinato	avremmo cucinato
avresti cucinato	avreste cucinato
avrebbe cucinato	avrebbero cucinato

Imperative
—	cuciniamo!
cucina!	cucinate!
cucini!	cucinino!

Participles

Present
cucinante

Past
cucinato

Gerund
cucinando

Related Words
cucina	*kitchen; cuisine*	cucinatura	*cooking*
capo cuoco	*chef*	cottura	*cooking*
cuciniere	*cook; chef (of an institution)*		

46 dare to give

Irregular
Transitive

	io	noi
	tu	voi
	lui/lei	loro

Indicative

Present
dò	diamo
dai	date
dà	danno

Present Perfect
ho dato	abbiamo dato
hai dato	avete dato
ha dato	hanno dato

Imperfect
davo	davamo
davi	davate
dava	davano

Past Perfect
avevo dato	avevamo dato
avevi dato	avevate dato
aveva dato	avevano dato

Absolute Past
diedi/detti	demmo
desti	deste
diede/dette	diedero/dettero

Preterite Perfect
ebbi dato	avemmo dato
avesti dato	aveste dato
ebbe dato	ebbero dato

Future
darò	daremo
darai	darete
darà	daranno

Future Perfect
avrò dato	avremo dato
avrai dato	avrete dato
avrà dato	avranno dato

Subjunctive

Present
dia	diamo
dia	diate
dia	diano

Past
abbia dato	abbiamo dato
abbia dato	abbiate dato
abbia dato	abbiano dato

Imperfect
dessi	dessimo
dessi	deste
desse	dessero

Past Perfect
avessi dato	avessimo dato
avessi dato	aveste dato
avesse dato	avessero dato

Conditional

Present
darei	daremmo
daresti	dareste
darebbe	darebbero

Past
avrei dato	avremmo dato
avresti dato	avreste dato
avrebbe dato	avrebbero dato

Imperative
—	diamo!
dai! or da'!	date!
dia!	diano!

Participles

Present
dante

Past
dato

Gerund
dando

Related Words

datore di lavoro	employer	dar luogo a	to give rise to
		dar torto a	to disagree with
dare una mano	to lend a hand	dati	data

78

47 denunciare to denounce

Regular
Transitive

		io	noi
		tu	voi
		lui/lei	loro

Indicative

Present
denuncio	denunciamo
denunci	denunciate
denuncia	denunciano

Present Perfect
ho denunciato	abbiamo denunciato
hai denunciato	avete denunciato
ha denunciato	hanno denunciato

Imperfect
denunciavo	denunciavamo
denunciavi	denunciavate
denunciava	denunciavano

Past Perfect
avevo denunciato	avevamo denunciato
avevi denunciato	avevate denunciato
aveva denunciato	avevano denunciato

Absolute Past
denunciai	denunciammo
denunciasti	denunciaste
denunciò	denunciarono

Preterite Perfect
ebbi denunciato	avemmo denunciato
avesti denunciato	aveste denunciato
ebbe denunciato	ebbero denunciato

Future
denuncerò	denunceremo
denuncerai	denuncerete
denuncerà	denunceranno

Future Perfect
avrò denunciato	avremo denunciato
avrai denunciato	avrete denunciato
avrà denunciato	avranno denunciato

Subjunctive

Present
denunci	denunciamo
denunci	denunciate
denunci	denuncino

Past
abbia denunciato	abbiamo denunciato
abbia denunciato	abbiate denunciato
abbia denunciato	abbiano denunciato

Imperfect
denunciassi	denunciassimo
denunciassi	denunciaste
denunciasse	denunciassero

Past Perfect
avessi denunciato	avessimo denunciato
avessi denunciato	aveste denunciato
avesse denunciato	avessero denunciato

Conditional

Present
denuncerei	denunceremmo
denunceresti	denuncereste
denuncerebbe	denuncerebbero

Past
avrei denunciato	avremmo denunciato
avresti denunciato	avreste denunciato
avrebbe denunciato	avrebbero denunciato

Imperative
—	denunciamo!
denuncia!	denunciate!
denunci!	denuncino!

Participles

Present
denunciante

Past
denunciato

Gerund
denunciando

Related Words
denuncia	*denunciation*

48 dimenticare to forget

Regular
Transitive

io noi
tu voi
lui/lei loro

Indicative

Present

dimentico	dimentichiamo
dimentichi	dimenticate
dimentica	dimenticano

Present Perfect

ho dimenticato	abbiamo dimenticato
hai dimenticato	avete dimenticato
ha dimenticato	hanno dimenticato

Imperfect

dimenticavo	dimenticavamo
dimenticavi	dimenticavate
dimenticava	dimenticavano

Past Perfect

avevo dimenticato	avevamo dimenticato
avevi dimenticato	avevate dimenticato
aveva dimenticato	avevano dimenticato

Absolute Past

dimenticai	dimenticammo
dimenticasti	dimenticaste
dimenticò	dimenticarono

Preterite Perfect

ebbi dimenticato	avemmo dimenticato
avesti dimenticato	aveste dimenticato
ebbe dimenticato	ebbero dimenticato

Future

dimenticherò	dimenticheremo
dimenticherai	dimenticherete
dimenticherà	dimenticheranno

Future Perfect

avrò dimenticato	avremo dimenticato
avrai dimenticato	avrete dimenticato
avrà dimenticato	avranno dimenticato

Subjunctive

Present

dimentichi	dimentichiamo
dimentichi	dimentichiate
dimentichi	dimentichino

Past

abbia dimenticato	abbiamo dimenticato
abbia dimenticato	abbiate dimenticato
abbia dimenticato	abbiano dimenticato

Imperfect

dimenticassi	dimenticassimo
dimenticassi	dimenticaste
dimenticasse	dimenticassero

Past Perfect

avessi dimenticato	avessimo dimenticato
avessi dimenticato	aveste dimenticato
avesse dimenticato	avessero dimenticato

Conditional

Present

dimenticherei	dimenticheremmo
dimenticheresti	dimentichereste
dimenticherebbe	dimenticherebbero

Past

avrei dimenticato	avremmo dimenticato
avresti dimenticato	avreste dimenticato
avrebbe dimenticato	avrebbero dimenticato

Imperative

—	dimentichiamo!
dimentica!	dimenticate!
dimentichi!	dimentichino!

Participles

Present
dimenticante
Past
dimenticato

Gerund

dimenticando

Related Words

dimentico	*forgetful, neglectful*	dimenticabile	*forgettable*

49 dire to say

Irregular
Transitive

		io	noi
		tu	voi
		lui/lei	loro

Indicative

Present
dico	diciamo
dici	dite
dice	dicono

Present Perfect
ho detto	abbiamo detto
hai detto	avete detto
ha detto	hanno detto

Imperfect
dicevo	dicevamo
dicevi	dicevate
diceva	dicevano

Past Perfect
avevo detto	avevamo detto
avevi detto	avevate detto
aveva detto	avevano detto

Absolute Past
dissi	dicemmo
dicesti	diceste
disse	dissero

Preterite Perfect
ebbi detto	avemmo detto
avesti detto	aveste detto
ebbe detto	ebbero detto

Future
dirò	diremo
dirai	direte
dirà	diranno

Future Perfect
avrò detto	avremo detto
avrai detto	avrete detto
avrà detto	avranno detto

Subjunctive

Present
dica	diciamo
dica	diciate
dica	dicano

Past
abbia detto	abbiamo detto
abbia detto	abbiate detto
abbia detto	abbiano detto

Imperfect
dicessi	dicessimo
dicessi	diceste
dicesse	dicessero

Past Perfect
avessi detto	avessimo detto
avessi detto	aveste detto
avesse detto	avessero detto

Conditional

Present
direi	diremmo
diresti	direste
direbbe	direbbero

Past
avrei detto	avremmo detto
avresti detto	avreste detto
avrebbe detto	avrebbero detto

Imperative
—	diciamo!
di'!	dite!
dica!	dicano!

Participles
Present
dicente
Past
detto

Gerund
dicendo

Related Words

per sentito dire	by hear say	per così dire	so to speak
dirlo chiaro e tondo	to speak bluntly	si dice	it is said

50 discendere to descend, to go down

Irregular
Transitive/Intransitive*

	io	noi
	tu	voi
	lui/lei	loro

Indicative

Present

discendo	discendiamo
discendi	discendete
discende	discendono

Present Perfect

ho disceso	abbiamo disceso
hai disceso	avete disceso
ha disceso	hanno disceso

Imperfect

discendevo	discendevamo
discendevi	discendevate
discendeva	discendevano

Past Perfect

avevo disceso	avevamo disceso
avevi disceso	avevate disceso
aveva disceso	avevano disceso

Absolute Past

discendetti	discendemmo
discendesti	discendeste
discendette	discendettero

Preterite Perfect

ebbi disceso	avemmo disceso
avesti disceso	aveste disceso
ebbe disceso	ebbero disceso

Future

discenderò	discenderemo
discenderai	discenderete
discenderà	discenderanno

Future Perfect

avrò disceso	avremo disceso
avrai disceso	avrete disceso
avrà disceso	avranno disceso

Subjunctive

Present

discenda	discendiamo
discenda	discendiate
discenda	discendano

Past

abbia disceso	abbiamo disceso
abbia disceso	abbiate disceso
abbia disceso	abbiano disceso

Imperfect

discendessi	discendessimo
discendessi	discendeste
discendesse	discendessero

Past Perfect

avessi disceso	avessimo disceso
avessi disceso	aveste disceso
avesse disceso	avessero disceso

Conditional

Present

discenderei	discenderemmo
discenderesti	discendereste
discenderebbe	discenderebbero

Past

avrei disceso	avremmo disceso
avresti disceso	avreste disceso
avrebbe disceso	avrebbero disceso

Imperative

—	discendiamo!
discendi!	discendete!
discenda!	discendano!

Participles

Present
discendente

Past
disceso

Gerund

discendendo

Related Words

discendente	*descendant*	discendenza	*descent, lineage*
scendere	*to descend, to go down*	discensione	*descent*
discesa	*slope*		

Discendere is conjugated with *avere* when it takes a direct object and with *essere* when it takes no direct object.

51 discutere to discuss, to debate

Irregular
Transitive

	io	noi
	tu	voi
	lui/lei	loro

Indicative

Present		Present Perfect	
discuto	discutiamo	ho discusso	abbiamo discusso
discuti	discutete	hai discusso	avete discusso
discute	discutono	ha discusso	hanno discusso

Imperfect		Past Perfect	
discutevo	discutevamo	avevo discusso	avevamo discusso
discutevi	discutevate	avevi discusso	avevate discusso
discuteva	discutevano	aveva discusso	avevano discusso

Absolute Past		Preterite Perfect	
discussi	discutemmo	ebbi discusso	avemmo discusso
discutesti	discuteste	avesti discusso	aveste discusso
discusse	discussero	ebbe discusso	ebbero discusso

Future		Future Perfect	
discuterò	discuteremo	avrò discusso	avremo discusso
discuterai	discuterete	avrai discusso	avrete discusso
discuterà	discuteranno	avrà discusso	avranno discusso

Subjunctive

Present		Past	
discuta	discutiamo	abbia discusso	abbiamo discusso
discuta	discutiate	abbia discusso	abbiate discusso
discuta	discutano	abbia discusso	abbiano discusso

Imperfect		Past Perfect	
discutessi	discutessimo	avessi discusso	avessimo discusso
discutessi	discuteste	avessi discusso	aveste discusso
discutesse	discutessero	avesse discusso	avessero discusso

Conditional

Present		Past	
discuterei	discuteremmo	avrei discusso	avremmo discusso
discuteresti	discutereste	avresti discusso	avreste discusso
discuterebbe	discuterebbero	avrebbe discusso	avrebbero discusso

Imperative

—	discutiamo!
discuti!	discutete!
discuta!	discutano!

Participles

Present
discutente

Past
discusso

Gerund

discutendo

Related Words

discutibile	*arguable, questionable*	discussione	*discussion/debate*
		discusso	*discussed*

83

52 diventare to become

Regular
Intransitive

	io	noi
	tu	voi
	lui/lei	loro

Indicative

Present
divento	diventiamo
diventi	diventate
diventa	diventano

Present Perfect
sono diventato(a)	siamo diventati(e)
sei diventato(a)	siete diventati(e)
è diventato(a)	sono diventati(e)

Imperfect
diventavo	diventavamo
diventavi	diventavate
diventava	diventavano

Past Perfect
ero diventato(a)	eravamo diventati(e)
eri diventato(a)	eravate diventati(e)
era diventato(a)	erano diventati(e)

Absolute Past
diventai	diventammo
diventasti	diventaste
diventò	diventarono

Preterite Perfect
fui diventato(a)	fummo diventati(e)
fosti diventato(a)	foste diventati(e)
fu diventato(a)	furono diventati(e)

Future
diventerò	diventeremo
diventerai	diventerete
diventerà	diventeranno

Future Perfect
sarò diventato(a)	saremo diventati(e)
sarai diventato(a)	sarete diventati(e)
sarà diventato(a)	saranno diventati(e)

Subjunctive

Present
diventi	diventiamo
diventi	diventiate
diventi	diventino

Past
sia diventato(a)	siamo diventati(e)
sia diventato(a)	siate diventati(e)
sia diventato(a)	siano diventati(e)

Imperfect
diventassi	diventassimo
diventassi	diventaste
diventasse	diventassero

Past Perfect
fossi diventato(a)	fossimo diventati(e)
fossi diventato(a)	foste diventati(e)
fosse diventato(a)	fossero diventati(e)

Conditional

Present
diventerei	diventeremmo
diventeresti	diventereste
diventerebbe	diventerebbero

Past
sarei diventato(a)	saremmo diventati(e)
saresti diventato(a)	sareste diventati(e)
sarebbe diventato(a)	sarebbero diventati(e)

Imperative
—	diventiamo!
diventa!	diventate!
diventi!	diventino!

Participles
Present
—
Past
diventato

Gerund
diventando

Related Words
diventar grande	to grow up	diventar matto	to go mad

53 **divertirsi** to enjoy oneself

Regular
Reflexive

io   noi
tu   voi
lui/lei   loro

Indicative

Present
		Present Perfect	
mi diverto	ci divertiamo	mi sono divertito(a)	ci siamo divertiti(e)
ti diverti	vi divertite	ti sei divertito(a)	vi siete divertiti(e)
si diverte	si divertono	si è divertito(a)	si sono divertiti(e)

Imperfect
		Past Perfect	
mi divertivo	ci divertivamo	mi ero divertito(a)	ci eravamo divertiti(e)
ti divertivi	vi divertivate	ti eri divertito(a)	vi eravate divertiti(e)
si divertiva	si divertivano	si era divertito(a)	si erano divertiti(e)

Absolute Past
		Preterite Perfect	
mi divertii	ci divertimmo	mi fui divertito(a)	ci fummo divertiti(e)
ti divertisti	vi divertiste	ti fosti divertito(a)	vi foste divertiti(e)
si divertì	si divertirono	si fu divertito(a)	si furono divertiti(e)

Future
		Future Perfect	
mi divertirò	ci divertiremo	mi sarò divertito(a)	ci saremo divertiti(e)
ti divertirai	vi divertirete	ti sarai divertito(a)	vi sarete divertiti(e)
si divertirà	si divertiranno	si sarà divertito(a)	si saranno divertiti(e)

Subjunctive

Present
		Past	
mi diverta	ci divertiamo	mi sia divertito(a)	ci siamo divertiti(e)
ti diverta	vi divertiate	ti sia divertito(a)	vi siate divertiti(e)
si diverta	si divertano	si sia divertito(a)	si siano divertiti(e)

Imperfect
		Past Perfect	
mi divertissi	ci divertissimo	mi fossi divertito(a)	ci fossimo divertiti(e)
ti divertissi	vi divertiste	ti fossi divertito(a)	vi foste divertiti(e)
si divertisse	si divertissero	si fosse divertito(a)	si fossero divertiti(e)

Conditional

Present
		Past	
mi divertirei	ci divertiremmo	mi sarei divertito(a)	ci saremmo divertiti(e)
ti divertiresti	vi divertireste	ti saresti divertito(a)	vi sareste divertiti(e)
si divertirebbe	si divertirebbero	si sarebbe divertito(a)	si sarebbero divertiti(e)

Imperative

		Participles	**Gerund**
—	divertiamoci!	**Present**	divertendosi
divertiti!	divertitevi!	divertentesi	
si diverta!	si divertano!	**Past**	
		divertitosi	

Related Words

divertire	*to amuse, to entertain*	divertimento	*amusement, entertainment*
divertente	*amusing, pleasant*		

54 domandare to ask for, to inquire

Regular
Transitive

	io	noi
	tu	voi
	lui/lei	loro

Indicative

Present		Present Perfect	
domando	domandiamo	ho domandato	abbiamo domandato
domandi	domandate	hai domandato	avete domandato
domanda	domandano	ha domandato	hanno domandato

Imperfect		Past Perfect	
domandavo	domandavamo	avevo domandato	avevamo domandato
domandavi	domandavate	avevi domandato	avevate domandato
domandava	domandavano	aveva domandato	avevano domandato

Absolute Past		Preterite Perfect	
domandai	domandammo	ebbi domandato	avemmo domandato
domandasti	domandaste	avesti domandato	aveste domandato
domandò	domandarono	ebbe domandato	ebbero domandato

Future		Future Perfect	
domanderò	domanderemo	avrò domandato	avremo domandato
domanderai	domanderete	avrai domandato	avrete domandato
domanderà	domanderanno	avrà domandato	avranno domandato

Subjunctive

Present		Past	
domandi	domandiamo	abbia domandato	abbiamo domandato
domandi	domandiate	abbia domandato	abbiate domandato
domandi	domandino	abbia domandato	abbiano domandato

Imperfect		Past Perfect	
domandassi	domandassimo	avessi domandato	avessimo domandato
domandassi	domandaste	avessi domandato	aveste domandato
domandasse	domandassero	avesse domandato	avessero domandato

Conditional

Present		Past	
domanderei	domanderemmo	avrei domandato	avremmo domandato
domanderesti	domandereste	avresti domandato	avreste domandato
domanderebbe	domanderebbero	avrebbe domandato	avrebbero domandato

Imperative

—	domandiamo!
domanda!	domandate!
domandi!	domandino!

Participles

Present
domandante

Past
domandato

Gerund

domandando

Related Words

domanda	*question, appeal*	domandare la parola	*to ask for the floor*
fare una domanda	*to ask a question*		

55 dormire to sleep

Regular
Intransitive

	io	noi
	tu	voi
	lui/lei	loro

Indicative

Present		Present Perfect	
dormo	dormiamo	ho dormito	abbiamo dormito
dormi	dormite	hai dormito	avete dormito
dorme	dormono	ha dormito	hanno dormito

Imperfect		Past Perfect	
dormivo	dormivamo	avevo dormito	avevamo dormito
dormivi	dormivate	avevi dormito	avevate dormito
dormiva	dormivano	aveva dormito	avevano dormito

Absolute Past		Preterite Perfect	
dormii	dormimmo	ebbi dormito	avemmo dormito
dormisti	dormiste	avesti dormito	aveste dormito
dormi	dormirono	ebbe dormito	ebbero dormito

Future		Future Perfect	
dormirò	dormiremo	avrò dormito	avremo dormito
dormirai	dormirete	avrai dormito	avrete dormito
dormirà	dormiranno	avrà dormito	avranno dormito

Subjunctive

Present		Past	
dorma	dormiamo	abbia dormito	abbiamo dormito
dorma	dormiate	abbia dormito	abbiate dormito
dorma	dormano	abbia dormito	abbiano dormito

Imperfect		Past Perfect	
dormissi	dormissimo	avessi dormito	avessimo dormito
dormissi	dormiste	avessi dormito	aveste dormito
dormisse	dormissero	avesse dormito	avessero dormito

Conditional

Present		Past	
dormirei	dormiremmo	avrei dormito	avremmo dormito
dormiresti	dormireste	avresti dormito	avreste dormito
dormirebbe	dormirebbero	avrebbe dormito	avrebbero dormito

Imperative

—	dormiamo!
dormi!	dormite!
dorma!	dormano!

Participles

Present
dormiente

Past
dormito

Gerund

dormendo

Related Words

dormita	*long sleep*	dormiente	*sleeping*
dormitorio	*dormitory*	dormiglione	*sleepyhead*
dormiveglia	*drowsiness*		

56 dovere must, to have to

Irregular
Modal*

	io	noi
	tu	voi
	lui/lei	loro

Indicative

Present
devo	dobbiamo
devi	dovete
deve	devono

Present Perfect
ho dovuto	abbiamo dovuto
hai dovuto	avete dovuto
ha dovuto	hanno dovuto

Imperfect
dovevo	dovevamo
dovevi	dovevate
doveva	dovevano

Past Perfect
avevo dovuto	avevamo dovuto
avevi dovuto	avevate dovuto
aveva dovuto	avevano dovuto

Absolute Past
dovetti	dovemmo
dovesti	doveste
dovette	dovettero

Preterite Perfect
ebbi dovuto	avemmo dovuto
avesti dovuto	aveste dovuto
ebbe dovuto	ebbero dovuto

Future
dovrò	dovremo
dovrai	dovrete
dovrà	dovranno

Future Perfect
avrò dovuto	avremo dovuto
avrai dovuto	avrete dovuto
avrà dovuto	avranno dovuto

Subjunctive

Present
debba	dobbiamo
debba	dobbiate
debba	debbano

Past
abbia dovuto	abbiamo dovuto
abbia dovuto	abbiate dovuto
abbia dovuto	abbiano dovuto

Imperfect
dovessi	dovessimo
dovessi	doveste
dovesse	dovessero

Past Perfect
avessi dovuto	avessimo dovuto
avessi dovuto	aveste dovuto
avesse dovuto	avessero dovuto

Conditional

Present
dovrei	dovremmo
dovresti	dovreste
dovrebbe	dovrebbero

Past
avrei dovuto	avremmo dovuto
avresti dovuto	avreste dovuto
avrebbe dovuto	avrebbero dovuto

Imperative
—	dobbiamo!
devi!	dovete!
debba!	debbano!

Participles
Present
dovente
Past
dovuto

Gerund
dovendo

Related Words

dovuto	*due*	doveroso	*proper, right*
debito	*debt*	sentirsi in dovere di	*to feel duty-bound to*
dovere	*duty, obligation*		

*Dovere can be conjugated with *essere* when it is followed by an infinitive that is conjugated with *essere*, e.g., *sono dovuto andare*.

88

57 entrare to enter

Regular
Intransitive

io   noi
tu   voi
lui/lei   loro

Indicative

Present

entro	entriamo
entri	entrate
entra	entrano

Present Perfect

sono entrato(a)	siamo entrati(e)
sei entrato(a)	siete entrati(e)
è entrato(a)	sono entrati(e)

Imperfect

entravo	entravamo
entravi	entravate
entrava	entravano

Past Perfect

ero entrato(a)	eravamo entrati(e)
eri entrato(a)	eravate entrati(e)
era entrato(a)	erano entrati(e)

Absolute Past

entrai	entrammo
entrasti	entraste
entrò	entrarono

Preterite Perfect

fui entrato(a)	fummo entrati(e)
fosti entrato(a)	foste entrati(e)
fu entrato(a)	furono entrati(e)

Future

entrerò	entreremo
entrerai	entrerete
entrerà	entreranno

Future Perfect

sarò entrato(a)	saremo entrati(e)
sarai entrato(a)	sarete entrati(e)
sarà entrato(a)	saranno entrati(e)

Subjunctive

Present

entri	entriamo
entri	entriate
entri	entrino

Past

sia entrato(a)	siamo entrati(e)
sia entrato(a)	siate entrati(e)
sia entrato(a)	siano entrati(e)

Imperfect

entrassi	entrassimo
entrassi	entraste
entrasse	entrassero

Past Perfect

fossi entrato(a)	fossimo entrati(e)
fossi entrato(a)	foste entrati(e)
fosse entrato(a)	fossero entrati(e)

Conditional

Present

entrerei	entreremmo
entreresti	entrereste
entrerebbe	entrerebbero

Past

sarei entrato(a)	saremmo entrati(e)
saresti entrato(a)	sareste entrati(e)
sarebbe entrato(a)	sarebbero entrati(e)

Imperative

—	entriamo!
entra!	entrate!
entri!	entrino!

Participles

Present
entrante

Past
entrato

Gerund

entrando

Related Words

entro l'anno	*within the year*	l'anno entrante	*next year*
entrata	*entrance*	entroterra	*inland, hinterland*

58 essere to be

Irregular
Intransitive
Auxiliary

	io	noi
	tu	voi
	lui/lei	loro

Indicative

Present		Present Perfect	
sono	siamo	sono stato(a)	siamo stati(e)
sei	siete	sei stato(a)	siete stati(e)
è	sono	è stato(a)	sono stati(e)

Imperfect		Past Perfect	
ero	eravamo	ero stato(a)	eravamo stati(e)
eri	eravate	eri stato(a)	eravate stati(e)
era	erano	era stato(a)	erano stati(e)

Absolute Past		Preterite Perfect	
fui	fummo	fui stato(a)	fummo stati(e)
fosti	foste	fosti stato(a)	foste stati(e)
fu	furono	fu stato(a)	furono stati(e)

Future		Future Perfect	
sarò	saremo	sarò stato(a)	saremo stati(e)
sarai	sarete	sarai stato(a)	sarete stati(e)
sarà	saranno	sarà stato(a)	saranno stati(e)

Subjunctive

Present		Past	
sia	siamo	sia stato(a)	siamo stati(e)
sia	siate	sia stato(a)	siate stati(e)
sia	siano	sia stato(a)	siano stati(e)

Imperfect		Past Perfect	
fossi	fossimo	fossi stato(a)	fossimo stati(e)
fossi	foste	fossi stato(a)	foste stati(e)
fosse	fossero	fosse stato(a)	fossero stati(e)

Conditional

Present		Past	
sarei	saremmo	sarei stato(a)	saremmo stati(e)
saresti	sareste	saresti stato(a)	sareste stati(e)
sarebbe	sarebbero	sarebbe stato(a)	sarebbero stati(e)

Imperative

—	siamo!
sii!	siate!
sia!	siano!

Participles

Present
essente
Past
stato

Gerund

essendo

Related Words

essenza	*essence*	esseri umani	*human beings*
essenziale	*essential*	esserci	*to be there*
ente	*being, corporation*		

59 fare to do, to make

Irregular
Transitive

	io	noi
	tu	voi
	lui/lei	loro

Indicative

Present
		Present Perfect	
faccio	facciamo	ho fatto	abbiamo fatto
fai	fate	hai fatto	avete fatto
fa	fanno	ha fatto	hanno fatto

Imperfect
		Past Perfect	
facevo	facevamo	avevo fatto	avevamo fatto
facevi	facevate	avevi fatto	avevate fatto
faceva	facevano	aveva fatto	avevano fatto

Absolute Past
		Preterite Perfect	
feci	facemmo	ebbi fatto	avemmo fatto
facesti	faceste	avesti fatto	aveste fatto
fece	fecero	ebbe fatto	ebbero fatto

Future
		Future Perfect	
farò	faremo	avrò fatto	avremo fatto
farai	farete	avrai fatto	avrete fatto
farà	faranno	avrà fatto	avranno fatto

Subjunctive

Present
		Past	
faccia	facciamo	abbia fatto	abbiamo fatto
faccia	facciate	abbia fatto	abbiate fatto
faccia	facciano	abbia fatto	abbiano fatto

Imperfect
		Past Perfect	
facessi	facessimo	avessi fatto	avessimo fatto
facessi	faceste	avessi fatto	aveste fatto
facesse	facessero	avesse fatto	avessero fatto

Conditional

Present
		Past	
farei	faremmo	avrei fatto	avremmo fatto
faresti	fareste	avresti fatto	avreste fatto
farebbe	farebbero	avrebbe fatto	avrebbero fatto

Imperative
—	facciamo!
fai! *or* fa'!	fate!
faccia!	facciano!

Participles
Present
facente
Past
fatto

Gerund
facendo

Related Words

fa freddo/caldo	*it's cold/hot (weather)*	fa sole	*it's sunny*
fare specie a	*to amaze*	fare silenzio	*to keep silent*
fa bel tempo	*it's beautiful out*	farsi strada	*to make one's way*
fare una passeggiata	*to take a walk*	fare la coda	*to get in line*
		fare una domanda	*to ask a question*
		fare una fotografia	*to take a picture*

91

60 favorire to favor

-isc- verb[†]
Transitive

	io	noi
	tu	voi
	lui/lei	loro

Indicative

Present
favorisco	favoriamo
favorisci	favorite
favorisce	favoriscono

Present Perfect
ho favorito	abbiamo favorito
hai favorito	avete favorito
ha favorito	hanno favorito

Imperfect
favorivo	favorivamo
favorivi	favorivate
favoriva	favorivano

Past Perfect
avevo favorito	avevamo favorito
avevi favorito	avevate favorito
aveva favorito	avevano favorito

Absolute Past
favorii	favorimmo
favoristi	favoriste
favorì	favorirono

Preterite Perfect
ebbi favorito	avemmo favorito
avesti favorito	aveste favorito
ebbe favorito	ebbero favorito

Future
favorirò	favoriremo
favorirai	favorirete
favorirà	favoriranno

Future Perfect
avrò favorito	avremo favorito
avrai favorito	avrete favorito
avrà favorito	avranno favorito

Subjunctive

Present
favorisca	favoriamo
favorisca	favoriate
favorisca	favoriscano

Past
abbia favorito	abbiamo favorito
abbia favorito	abbiate favorito
abbia favorito	abbiano favorito

Imperfect
favorissi	favorissimo
favorissi	favoriste
favorisse	favorissero

Past Perfect
avessi favorito	avessimo favorito
avessi favorito	aveste favorito
avesse favorito	avessero favorito

Conditional

Present
favorirei	favoriremmo
favoriresti	favorireste
favorirebbe	favorirebbero

Past
avrei favorito	avremmo favorito
avresti favorito	avreste favorito
avrebbe favorito	avrebbero favorito

Imperative
—	favoriamo!
favorisci!	favorite!
favorisca!	favoriscano!

Participles

Present
favorente

Past
favorito

Gerund
favorendo

Related Words

favore	*favor*	per favore	*please*
a favore di	*for the benefit of*	favoriti	*sideburns*

[†] *Favorire* inserts *-isc-* between its stem and the present indicative and present subjunctive endings in all but the first and second person plural forms.

61 fermare to stop, to hold

Regular   io   noi
Transitive   tu   voi
                                  lui/lei   loro

Indicative

Present		Present Perfect	
fermo	fermiamo	ho fermato	abbiamo fermato
fermi	fermate	hai fermato	avete fermato
ferma	fermano	ha fermato	hanno fermato

Imperfect		Past Perfect	
fermavo	fermavamo	avevo fermato	avevamo fermato
fermavi	fermavate	avevi fermato	avevate fermato
fermava	fermavano	aveva fermato	avevano fermato

Absolute Past		Preterite Perfect	
fermai	fermammo	ebbi fermato	avemmo fermato
fermasti	fermaste	avesti fermato	aveste fermato
fermò	fermarono	ebbe fermato	ebbero fermato

Future		Future Perfect	
fermerò	fermeremo	avrò fermato	avremo fermato
fermerai	fermerete	avrai fermato	avrete fermato
fermerà	fermeranno	avrà fermato	avranno fermato

Subjunctive

Present		Past	
fermi	fermiamo	abbia fermato	abbiamo fermato
fermi	fermiate	abbia fermato	abbiate fermato
fermi	fermino	abbia fermato	abbiano fermato

Imperfect		Past Perfect	
fermassi	fermassimo	avessi fermato	avessimo fermato
fermassi	fermaste	avessi fermato	aveste fermato
fermasse	fermassero	avesse fermato	avessero fermato

Conditional

Present		Past	
fermerei	fermeremmo	avrei fermato	avremmo fermato
fermeresti	fermereste	avresti fermato	avreste fermato
fermerebbe	fermerebbero	avrebbe fermato	avrebbero fermato

Imperative

		Participles	Gerund
—	fermiamo!	**Present**	fermando
ferma!	fermate!	fermante	
fermi!	fermino!	**Past**	
		fermato	

Related Words

fermarsi	*to stop, to pause*	fermata	*stop (bus), halt*
fermatura	*clasp*	fermaglio	*clasp, buckle, clip*

62 finire to finish, to end

-isc- verb[†]
Transitive

	io	noi
	tu	voi
	lui/lei	loro

Indicative

Present
		Present Perfect	
finisco	finiamo	ho finito	abbiamo finito
finisci	finite	hai finito	avete finito
finisce	finiscono	ha finito	hanno finito

Imperfect
		Past Perfect	
finivo	finivamo	avevo finito	avevamo finito
finivi	finivate	avevi finito	avevate finito
finiva	finivano	aveva finito	avevano finito

Absolute Past
		Preterite Perfect	
finii	finimmo	ebbi finito	avemmo finito
finisti	finiste	avesti finito	aveste finito
finì	finirono	ebbe finito	ebbero finito

Future
		Future Perfect	
finirò	finiremo	avrò finito	avremo finito
finirai	finirete	avrai finito	avrete finito
finirà	finiranno	avrà finito	avranno finito

Subjunctive

Present
		Past	
finisca	finiamo	abbia finito	abbiamo finito
finisca	finiate	abbia finito	abbiate finito
finisca	finiscano	abbia finito	abbiano finito

Imperfect
		Past Perfect	
finissi	finissimo	avessi finito	avessimo finito
finissi	finiste	avessi finito	aveste finito
finisse	finissero	avesse finito	avessero finito

Conditional

Present
		Past	
finirei	finiremmo	avrei finito	avremmo finito
finiresti	finireste	avresti finito	avreste finito
finirebbe	finirebbero	avrebbe finito	avrebbero finito

Imperative | Participles | Gerund

		Present	finendo
—	finiamo!	finente	
finisci!	finite!	**Past**	
finisca!	finiscano!	finito	

Related Words

fine	*goal, aim*	fine settimana	*weekend*
fine	*the end*	a fin di bene	*to good purpose*

[†] *Finire* inserts *-isc-* between its stem and the present indicative and present subjunctive endings in all but the first and second person plural forms.

63 firmare to sign

Regular   io   noi
Transitive   tu   voi
                                         lui/lei   loro

Indicative

Present
		Present Perfect	
firmo	firmiamo	ho firmato	abbiamo firmato
firmi	firmate	hai firmato	avete firmato
firma	firmano	ha firmato	hanno firmato

Imperfect
		Past Perfect	
firmavo	firmavamo	avevo firmato	avevamo firmato
firmavi	firmavate	avevi firmato	avevate firmato
firmava	firmavano	aveva firmato	avevano firmato

Absolute Past
		Preterite Perfect	
firmai	firmammo	ebbi firmato	avemmo firmato
firmasti	firmaste	avesti firmato	aveste firmato
firmò	firmarono	ebbe firmato	ebbero firmato

Future
		Future Perfect	
firmerò	firmeremo	avrò firmato	avremo firmato
firmerai	firmerete	avrai firmato	avrete firmato
firmerà	firmeranno	avrà firmato	avranno firmato

Subjunctive

Present
		Past	
firmi	firmiamo	abbia firmato	abbiamo firmato
firmi	firmiate	abbia firmato	abbiate firmato
firmi	firmino	abbia firmato	abbiano firmato

Imperfect
		Past Perfect	
firmassi	firmassimo	avessi firmato	avessimo firmato
firmassi	firmaste	avessi firmato	aveste firmato
firmasse	firmassero	avesse firmato	avessero firmato

Conditional

Present
		Past	
firmerei	firmeremmo	avrei firmato	avremmo firmato
firmeresti	firmereste	avresti firmato	avreste firmato
firmerebbe	firmerebbero	avrebbe firmato	avrebbero firmato

Imperative

—	firmiamo!
firma!	firmate!
firmi!	firmino!

Participles

Present
firmante

Past
firmato

Gerund

firmando

Related Words

firma	*signature*	firmatario	*signer*

64 fornire to supply

-isc- verb[†]
Transitive

io noi
tu voi
lui/lei loro

Indicative

Present
fornisco	forniamo
fornisci	fornite
fornisce	forniscono

Present Perfect
ho fornito	abbiamo fornito
hai fornito	avete fornito
ha fornito	hanno fornito

Imperfect
fornivo	fornivamo
fornivi	fornivate
forniva	fornivano

Past Perfect
avevo fornito	avevamo fornito
avevi fornito	avevate fornito
aveva fornito	avevano fornito

Absolute Past
fornii	fornimmo
fornisti	forniste
fornì	fornirono

Preterite Perfect
ebbi fornito	avemmo fornito
avesti fornito	aveste fornito
ebbe fornito	ebbero fornito

Future
fornirò	forniremo
fornirai	fornirete
fornirà	forniranno

Future Perfect
avrò fornito	avremo fornito
avrai fornito	avrete fornito
avrà fornito	avranno fornito

Subjunctive

Present
fornisca	forniamo
fornisca	forniate
fornisca	forniscano

Past
abbia fornito	abbiamo fornito
abbia fornito	abbiate fornito
abbia fornito	abbiano fornito

Imperfect
fornissi	fornissimo
fornissi	forniste
fornisse	fornissero

Past Perfect
avessi fornito	avessimo fornito
avessi fornito	aveste fornito
avesse fornito	avessero fornito

Conditional

Present
fornirei	forniremmo
forniresti	fornireste
fornirebbe	fornirebbero

Past
avrei fornito	avremmo fornito
avresti fornito	avreste fornito
avrebbe fornito	avrebbero fornito

Imperative
—	forniamo!
fornisci!	fornite!
fornisca!	forniscano!

Participles

Present
fornente

Past
fornito

Gerund
fornendo

Related Words
fornitura	*order, delivery*	fornitore	*supplier*

[†] *Fornire* inserts *-isc-* between its stem and the present indicative and present subjunctive endings in all but the first and second person plural forms.

65 fumare to smoke

Regular
Transitive

		io	noi
		tu	voi
		lui/lei	loro

Indicative

Present		Present Perfect	
fumo	fumiamo	ho fumato	abbiamo fumato
fumi	fumate	hai fumato	avete fumato
fuma	fumano	ha fumato	hanno fumato

Imperfect		Past Perfect	
fumavo	fumavamo	avevo fumato	avevamo fumato
fumavi	fumavate	avevi fumato	avevate fumato
fumava	fumavano	aveva fumato	avevano fumato

Absolute Past		Preterite Perfect	
fumai	fumammo	ebbi fumato	avemmo fumato
fumasti	fumaste	avesti fumato	aveste fumato
fumò	fumarono	ebbe fumato	ebbero fumato

Future		Future Perfect	
fumerò	fumeremo	avrò fumato	avremo fumato
fumerai	fumerete	avrai fumato	avrete fumato
fumerà	fumeranno	avrà fumato	avranno fumato

Subjunctive

Present		Past	
fumi	fumiamo	abbia fumato	abbiamo fumato
fumi	fumiate	abbia fumato	abbiate fumato
fumi	fumino	abbia fumato	abbiano fumato

Imperfect		Past Perfect	
fumassi	fumassimo	avessi fumato	avessimo fumato
fumassi	fumaste	avessi fumato	aveste fumato
fumasse	fumassero	avesse fumato	avessero fumato

Conditional

Present		Past	
fumerei	fumeremmo	avrei fumato	avremmo fumato
fumeresti	fumereste	avresti fumato	avreste fumato
fumerebbe	fumerebbero	avrebbe fumato	avrebbero fumato

Imperative ___ Participles ___ Gerund ___

Imperative		Participles	Gerund
—	fumiamo!	**Present**	fumando
fuma!	fumate!	fumante	
fumi!	fumino!	**Past**	
		fumato	

Related Words

fumacchio	*plume of smoke*	fumaiolo	*smoke stack*
fumante	*smoking*	fumata	*smoke*
vietato fumare	*no smoking*	fumicare	*to (emit) smoke*
		fumatore	*smoker*

66 giocare to play

Regular
Transitive

io	noi
tu	voi
lui/lei	loro

Indicative

Present

gioco	giochiamo
giochi	giocate
gioca	giocano

Present Perfect

ho giocato	abbiamo giocato
hai glocato	avete giocato
ha giocato	hanno giocato

Imperfect

giocavo	giocavamo
giocavi	giocavate
giocava	giocavano

Past Perfect

avevo giocato	avevamo giocato
avevi giocato	avevate giocato
aveva giocato	avevano giocato

Absolute Past

giocai	giocammo
giocasti	giocaste
giocò	giocarono

Preterite Perfect

ebbi giocato	avemmo giocato
avesti giocato	aveste giocato
ebbe giocato	ebbero giocato

Future

giocherò	giocheremo
giocherai	giocherete
giocherà	giocheranno

Future Perfect

avrò giocato	avremo giocato
avrai giocato	avrete giocato
avrà giocato	avranno giocato

Subjunctive

Present

giochi	giochiamo
giochi	giochiate
giochi	giochino

Past

abbia giocato	abbiamo giocato
abbia giocato	abbiate giocato
abbia giocato	abbiano giocato

Imperfect

giocassi	giocassimo
giocassi	giocaste
giocasse	giocassero

Past Perfect

avessi giocato	avessimo giocato
avessi giocato	aveste giocato
avesse giocato	avessero giocato

Conditional

Present

giocherei	giocheremmo
giocheresti	giochereste
giocherebbe	giocherebbero

Past

avrei giocato	avremmo giocato
avresti giocato	avreste giocato
avrebbe giocato	avrebbero giocato

Imperative

—	giochiamo!
gioca!	giocate!
giochi!	giochino!

Participles

Present
giocante
Past
giocato

Gerund

giocando

Related Words

giocata	*game*	giocatore	*player, gambler*
giocattolo	*toy*	giochetto	*pastime, little game*

67 guardare to look at

Regular
Transitive

	io	noi
	tu	voi
	lui/lei	loro

Indicative

Present
guardo	guardiamo
guardi	guardate
guarda	guardano

Present Perfect
ho guardato	abbiamo guardato
hai guardato	avete guardato
ha guardato	hanno guardato

Imperfect
guardavo	guardavamo
guardavi	guardavate
guardava	guardavano

Past Perfect
avevo guardato	avevamo guardato
avevi guardato	avevate guardato
aveva guardato	avevano guardato

Absolute Past
guardai	guardammo
guardasti	guardaste
guardò	guardarono

Preterite Perfect
ebbi guardato	avemmo guardato
avesti guardato	aveste guardato
ebbe guardato	ebbero guardato

Future
guarderò	guarderemo
guarderai	guarderete
guarderà	guarderanno

Future Perfect
avrò guardato	avremo guardato
avrai guardato	avrete guardato
avrà guardato	avranno guardato

Subjunctive

Present
guardi	guardiamo
guardi	guardiate
guardi	guardino

Past
abbia guardato	abbiamo guardato
abbia guardato	abbiate guardato
abbia guardato	abbiano guardato

Imperfect
guardassi	guardassimo
guardassi	guardaste
guardasse	guardassero

Past Perfect
avessi guardato	avessimo guardato
avessi guardato	aveste guardato
avesse guardato	avessero guardato

Conditional

Present
guarderei	guarderemmo
guarderesti	guardereste
guarderebbe	guarderebbero

Past
avrei guardato	avremmo guardato
avresti guardato	avreste guardato
avrebbe guardato	avrebbero guardato

Imperative
—	guardiamo!
guarda!	guardate!
guardi!	guardino!

Participles
Present
guardante
Past
guardato

Gerund
guardando

Related Words

sguardo	*glance, look*	guardasigilli	*minister of Justice*
guardaroba	*wardrobe*	guardia	*watch, guard*

68 guarire to cure, to heal, to recover

-isc- verb†
Intransitive/Transitive*

io noi
tu voi
lui/lei loro

Indicative

Present

guarisco guariamo
guarisci guarite
guarisce guariscono

Present Perfect

ho guarito abbiamo guarito
hai guarito avete guarito
ha guarito hanno guarito

Imperfect

guarivo guarivamo
guarivi guarivate
guariva guarivano

Past Perfect

avevo guarito avevamo guarito
avevi guarito avevate guarito
aveva guarito avevano guarito

Absolute Past

guarii guarimmo
guaristi guariste
guari guarirono

Preterite Perfect

ebbi guarito avemmo guarito
avesti guarito aveste guarito
ebbe guarito ebbero guarito

Future

guarirò guariremo
guarirai guarirete
guarirà guariranno

Future Perfect

avrò guarito avremo guarito
avrai guarito avrete guarito
avrà guarito avranno guarito

Subjunctive

Present

guarisca guariamo
guarisca guariate
guarisca guariscano

Past

abbia guarito abbiamo guarito
abbia guarito abbiate guarito
abbia guarito abbiano guarito

Imperfect

guarissi guarissimo
guarissi guariste
guarisse guarissero

Past Perfect

avessi guarito avessimo guarito
avessi guarito aveste guarito
avesse guarito avessero guarito

Conditional

Present

guarirei guariremmo
guariresti guarireste
guarirebbe guarirebbero

Past

avrei guarito avremmo guarito
avresti guarito avreste guarito
avrebbe guarito avrebbero guarito

Imperative

— guariamo!
guarisci! guarite!
guarisca! guariscano!

Participles

Present
guarente
Past
guarito

Gerund

guarendo

Related Words

guaribile *curable* guarigione *recovery*

† *Guarire* inserts -isc- between its stem and the present indicative and present subjunctive
endings in all but the first and second person plural forms.
* *Guarire* is conjugated with *avere* when it takes a direct object (meaning "to cure") and
essere when it takes no direct object (meaning "to heal" or "to recover").

69 guidare to guide, to lead, to drive

Regular

Transitive

		io	noi
		tu	voi
		lui/lei	loro

Indicative

Present		Present Perfect	
guido	guidiamo	ho guidato	abbiamo guidato
guidi	guidate	hai guidato	avete guidato
guida	guidano	ha guidato	hanno guidato

Imperfect		Past Perfect	
guidavo	guidavamo	avevo guidato	avevamo guidato
guidavi	guidavate	avevi guidato	avevate guidato
guidava	guidavano	aveva guidato	avevano guidato

Absolute Past		Preterite Perfect	
guidai	guidammo	ebbi guidato	avemmo guidato
guidasti	guidaste	avesti guidato	aveste guidato
guidò	guidarono	ebbe guidato	ebbero guidato

Future		Future Perfect	
guiderò	guideremo	avrò guidato	avremo guidato
guiderai	guiderete	avrai guidato	avrete guidato
guiderà	guideranno	avrà guidato	avranno guidato

Subjunctive

Present		Past	
guidi	guidiamo	abbia guidato	abbiamo guidato
guidi	guidiate	abbia guidato	abbiate guidato
guidi	guidino	abbia guidato	abbiano guidato

Imperfect		Past Perfect	
guidassi	guidassimo	avessi guidato	avessimo guidato
guidassi	guidaste	avessi guidato	aveste guidato
guidasse	guidassero	avesse guidato	avessero guidato

Conditional

Present		Past	
guiderei	guideremmo	avrei guidato	avremmo guidato
guideresti	guidereste	avresti guidato	avreste guidato
guiderebbe	guiderebbero	avrebbe guidato	avrebbero guidato

Imperative

—	guidiamo!
guida!	guidate!
guidi!	guidino!

Participles

Present
guidante

Past
guidato

Gerund

guidando

Related Words

guida	*guide, leader*	guidamento	*guiding, driving*
guidatore	*guide, leader, driver*	guidarsi	*to guide oneself*

70 **gustare** to taste, to enjoy

Regular
Transitive

	io	noi
	tu	voi
	lui/lei	loro

Indicative

Present		**Present Perfect**	
gusto	gustiamo	ho gustato	abbiamo gustato
gusti	gustate	hai gustato	avete gustato
gusta	gustano	ha gustato	hanno gustato

Imperfect		**Past Perfect**	
gustavo	gustavamo	avevo gustato	avevamo gustato
gustavi	gustavate	avevi gustato	avevate gustato
gustava	gustavano	aveva gustato	avevano gustato

Absolute Past		**Preterite Perfect**	
gustai	gustammo	ebbi gustato	avemmo gustato
gustasti	gustaste	avesti gustato	aveste gustato
gustò	gustarono	ebbe gustato	ebbero gustato

Future		**Future Perfect**	
gusterò	gusteremo	avrò gustato	avremo gustato
gusterai	gusterete	avrai gustato	avrete gustato
gusterà	gusteranno	avrà gustato	avranno gustato

Subjunctive

Present		**Past**	
gusti	gustiamo	abbia gustato	abbiamo gustato
gusti	gustiate	abbia gustato	abbiate gustato
gusti	gustino	abbia gustato	abbiano gustato

Imperfect		**Past Perfect**	
gustassi	gustassimo	avessi gustato	avessimo gustato
gustassi	gustaste	avessi gustato	aveste gustato
gustasse	gustassero	avesse gustato	avessero gustato

Conditional

Present		**Past**	
gusterei	gusteremmo	avrei gustato	avremmo gustato
gusteresti	gustereste	avresti gustato	avreste gustato
gusterebbe	gusterebbero	avrebbe gustato	avrebbero gustato

Imperative

—	gustiamo!
gusta!	gustate!
gusti!	gustino!

Participles

Present
gustante

Past
gustato

Gerund

gustando

Related Words

gusto	*taste, savor*	gustoso	*pleasant tasting*
gustabile	*enjoyable*	gustaccio	*bad taste*
gustamento	*tasting*	degustazione	*tasting, gustation*

71 imparare to learn

Regular
Transitive

		io	noi
		tu	voi
		lui/lei	loro

Indicative

Present
imparo	impariamo
impari	imparate
impara	imparano

Present Perfect
ho imparato	abbiamo imparato
hai imparato	avete imparato
ha imparato	hanno imparato

Imperfect
imparavo	imparavamo
imparavi	imparavate
imparava	imparavano

Past Perfect
avevo imparato	avevamo imparato
avevi imparato	avevate imparato
aveva imparato	avevano imparato

Absolute Past
imparai	imparammo
imparasti	imparaste
imparò	impararono

Preterite Perfect
ebbi imparato	avemmo imparato
avesti imparato	aveste imparato
ebbe imparato	ebbero imparato

Future
imparerò	impareremo
imparerai	imparerete
imparerà	impareranno

Future Perfect
avrò imparato	avremo imparato
avrai imparato	avrete imparato
avrà imparato	avranno imparato

Subjunctive

Present
impari	impariamo
impari	impariate
impari	imparino

Past
abbia imparato	abbiamo imparato
abbia imparato	abbiate imparato
abbia imparato	abbiano imparato

Imperfect
imparassi	imparassimo
imparassi	imparaste
imparasse	imparassero

Past Perfect
avessi imparato	avessimo imparato
avessi imparato	aveste imparato
avesse imparato	avessero imparato

Conditional

Present
imparerei	impareremmo
impareresti	imparereste
imparerebbe	imparerebbero

Past
avrei imparato	avremmo imparato
avresti imparato	avreste imparato
avrebbe imparato	avrebbero imparato

Imperative
—	impariamo!
impara!	imparate!
impari!	imparino!

Participles
Present
imparante
Past
imparato

Gerund
imparando

Related Words

imparare a memoria	*to learn by heart*

103

72 incontrare to meet

Regular
Transitive

io	noi
tu	voi
lui/lei	loro

Indicative

Present
incontro	incontriamo
incontri	incontrate
incontra	incontrano

Present Perfect
ho incontrato	abbiamo incontrato
hai incontrato	avete incontrato
ha incontrato	hanno incontrato

Imperfect
incontravo	incontravamo
incontravi	incontravate
incontrava	incontravano

Past Perfect
avevo incontrato	avevamo incontrato
avevi incontrato	avevate incontrato
aveva incontrato	avevano incontrato

Absolute Past
incontrai	incontrammo
incontrasti	incontraste
incontrò	incontrarono

Preterite Perfect
ebbi incontrato	avemmo incontrato
avesti incontrato	aveste incontrato
ebbe incontrato	ebbero incontrato

Future
incontrerò	incontreremo
incontrerai	incontrerete
incontrerà	incontreranno

Future Perfect
avrò incontrato	avremo incontrato
avrai incontrato	avrete incontrato
avrà incontrato	avranno incontrato

Subjunctive

Present
incontri	incontriamo
incontri	incontriate
incontri	incontrino

Past
abbia incontrato	abbiamo incontrato
abbia incontrato	abbiate incontrato
abbia incontrato	abbiano incontrato

Imperfect
incontrassi	incontrassimo
incontrassi	incontraste
incontrasse	incontrassero

Past Perfect
avessi incontrato	avessimo incontrato
avessi incontrato	aveste incontrato
avesse incontrato	avessero incontrato

Conditional

Present
incontrerei	incontreremmo
incontreresti	incontrereste
incontrerebbe	incontrerebbero

Past
avrei incontrato	avremmo incontrato
avresti incontrato	avreste incontrato
avrebbe incontrato	avrebbero incontrato

Imperative
—	incontriamo!
incontra!	incontrate!
incontri!	incontrino!

Participles
Present
incontrante
Past
incontrato

Gerund
incontrando

Related Words

incontro	meeting, encounter	andare incontro a	to face, to accommodate
incontro	game, fight, match	incontrarsi	to meet each other

73 insegnare to teach

Regular
Transitive

	io	noi
	tu	voi
	lui/lei	loro

Indicative

Present

		Present Perfect	
insegno	insegniamo	ho insegnato	abbiamo insegnato
insegni	insegnate	hai insegnato	avete insegnato
insegna	insegnano	ha insegnato	hanno insegnato

Imperfect

		Past Perfect	
insegnavo	insegnavamo	avevo insegnato	avevamo insegnato
insegnavi	insegnavate	avevi insegnato	avevate insegnato
insegnava	insegnavano	aveva insegnato	avevano insegnato

Absolute Past

		Preterite Perfect	
insegnai	insegnammo	ebbi insegnato	avemmo insegnato
insegnasti	insegnaste	avesti insegnato	aveste insegnato
insegnò	insegnarono	ebbe insegnato	ebbero insegnato

Future

		Future Perfect	
insegnerò	insegneremo	avrò insegnato	avremo insegnato
insegnerai	insegnerete	avrai insegnato	avrete insegnato
insegnerà	insegneranno	avrà insegnato	avranno insegnato

Subjunctive

Present

		Past	
insegni	insegniamo	abbia insegnato	abbiamo insegnato
insegni	insegniate	abbia insegnato	abbiate insegnato
insegni	insegnino	abbia insegnato	abbiano insegnato

Imperfect

		Past Perfect	
insegnassi	insegnassimo	avessi insegnato	avessimo insegnato
insegnassi	insegnaste	avessi insegnato	aveste insegnato
insegnasse	insegnassero	avesse insegnato	avessero insegnato

Conditional

Present

		Past	
insegnerei	insegneremmo	avrei insegnato	avremmo insegnato
insegneresti	insegnereste	avresti insegnato	avreste insegnato
insegnerebbe	insegnerebbero	avrebbe insegnato	avrebbero insegnato

Imperative

—	insegniamo!
insegna!	insegnate!
insegni!	insegnino!

Participles

Present
insegnante

Past
insegnato

Gerund

insegnando

Related Words

insegnante	*teacher*	insegnabile	*teachable*
insegnamento	*instruction, teaching*	insegnativo	*instructive*

74 insultare to insult

Regular   io   noi
Transitive   tu   voi
                                                     lui/lei loro

Indicative

Present
		Present Perfect	
insulto	insultiamo	ho insultato	abbiamo insultato
insulti	insultate	hai insultato	avete insultato
insulta	insultano	ha insultato	hanno insultato

Imperfect
		Past Perfect	
insultavo	insultavamo	avevo insultato	avevamo insultato
insultavi	insultavate	avevi insultato	avevate insultato
insultava	insultavano	aveva insultato	avevano insultato

Absolute Past
		Preterite Perfect	
insultai	insultammo	ebbi insultato	avemmo insultato
insultasti	insultaste	avesti insultato	aveste insultato
insultò	insultarono	ebbe insultato	ebbero insultato

Future
		Future Perfect	
insulterò	insulteremo	avrò insultato	avremo insultato
insulterai	insulterete	avrai insultato	avrete insultato
insulterà	insulteranno	avrà insultato	avranno insultato

Subjunctive

Present
		Past	
insulti	insultiamo	abbia insultato	abbiamo insultato
insulti	insultiate	abbia insultato	abbiate insultato
insulti	insultino	abbia insultato	abbiano insultato

Imperfect
		Past Perfect	
insultassi	insultassimo	avessi insultato	avessimo insultato
insultassi	insultaste	avessi insultato	aveste insultato
insultasse	insultassero	avesse insultato	avessero insultato

Conditional

Present
		Past	
insulterei	insulteremmo	avrei insultato	avremmo insultato
insulteresti	insultereste	avresti insultato	avreste insultato
insulterebbe	insulterebbero	avrebbe insultato	avrebbero insultato

Imperative   Participles ____ Gerund ____

		Present	insultando
—	insultiamo!	insultante	
insulta!	insultate!	Past	
insulti!	insultino!	insultato	

Related Words
insulto	*insult*	insultante	*insulting*

106

75 inviare to send

Regular
Transitive

io   noi
tu   voi
lui/lei loro

Indicative

Present

invio	inviamo
invii	inviate
invia	inviano

Present Perfect

ho inviato	abbiamo inviato
hai inviato	avete inviato
ha inviato	hanno inviato

Imperfect

inviavo	inviavamo
inviavi	inviavate
inviava	inviavano

Past Perfect

avevo inviato	avevamo inviato
avevi inviato	avevate inviato
aveva inviato	avevano inviato

Absolute Past

inviai	inviammo
inviasti	inviaste
inviò	inviarono

Preterite Perfect

ebbi inviato	avemmo inviato
avesti inviato	aveste inviato
ebbe inviato	ebbero inviato

Future

invierò	invieremo
invierai	invierete
invierà	invieranno

Future Perfect

avrò inviato	avremo inviato
avrai inviato	avrete inviato
avrà inviato	avranno inviato

Subjunctive

Present

invii	inviamo
invii	inviate
invii	inviino

Past

abbia inviato	abbiamo inviato
abbia inviato	abbiate inviato
abbia inviato	abbiano inviato

Imperfect

inviassi	inviassimo
inviassi	inviaste
inviasse	inviassero

Past Perfect

avessi inviato	avessimo inviato
avessi inviato	aveste inviato
avesse inviato	avessero inviato

Conditional

Present

invierei	invieremmo
invieresti	inviereste
invierebbe	invierebbero

Past

avrei inviato	avremmo inviato
avresti inviato	avreste inviato
avrebbe inviato	avrebbero inviato

Imperative

—	inviamo!
invia!	inviate!
invii!	inviino!

Participles

Present
inviante
Past
inviato

Gerund
inviando

Related Words

invio	dispatch, shipment	inviato	envoy, correspondent
		per via aerea	air mail

76 invidiare to envy

Regular
Transitive

	io	noi
	tu	voi
	lui/lei	loro

Indicative

Present
invidio	invidiamo
invidi	invidiate
invidia	invidiano

Present Perfect
ho invidiato	abbiamo invidiato
hai invidiato	avete invidiato
ha invidiato	hanno invidiato

Imperfect
invidiavo	invidiavamo
invidiavi	invidiavate
invidiava	invidiavano

Past Perfect
avevo invidiato	avevamo invidiato
avevi invidiato	avevate invidiato
aveva invidiato	avevano invidiato

Absolute Past
invidiai	invidiammo
invidiasti	invidiaste
invidiò	invidiarono

Preterite Perfect
ebbi invidiato	avemmo invidiato
avesti invidiato	aveste invidiato
ebbe invidiato	ebbero invidiato

Future
invidierò	invidieremo
invidierai	invidierete
invidierà	invidieranno

Future Perfect
avrò invidiato	avremo invidiato
avrai invidiato	avrete invidiato
avrà invidiato	avranno invidiato

Subjunctive

Present
invidi	invidiamo
invidi	invidiate
invidi	invidino

Past
abbia invidiato	abbiamo invidiato
abbia invidiato	abbiate invidiato
abbia invidiato	abbiano invidiato

Imperfect
invidiassi	invidiassimo
invidiassi	invidiaste
invidiasse	invidiassero

Past Perfect
avessi invidiato	avessimo invidiato
avessi invidiato	aveste invidiato
avesse invidiato	avessero invidiato

Conditional

Present
invidierei	invidieremmo
invidieresti	invidiereste
invidierebbe	invidierebbero

Past
avrei invidiato	avremmo invidiato
avresti invidiato	avreste invidiato
avrebbe invidiato	avrebbero invidiato

Imperative
—	invidiamo!
invidia!	invidiate!
invidi!	invidino!

Participles

Present
invidiante

Past
invidiato

Gerund
invidiando

Related Words

invidia	*envy*	invidiabile	*enviable*
invidioso	*envious*		

77 lasciare to leave

Regular
Transitive

	io	noi
	tu	voi
	lui/lei	loro

Indicative

Present
lascio	lasciamo
lasci	lasciate
lascia	lasciano

Present Perfect
ho lasciato	abbiamo lasciato
hai lasciato	avete lasciato
ha lasciato	hanno lasciato

Imperfect
lasciavo	lasciavamo
lasciavi	lasciavate
lasciava	lasciavano

Past Perfect
avevo lasciato	avevamo lasciato
avevi lasciato	avevate lasciato
aveva lasciato	avevano lasciato

Absolute Past
lasciai	lasciammo
lasciasti	lasciaste
lasciò	lasciarono

Preterite Perfect
ebbi lasciato	avemmo lasciato
avesti lasciato	aveste lasciato
ebbe lasciato	ebbero lasciato

Future
lascerò	lasceremo
lascerai	lascerete
lascerà	lasceranno

Future Perfect
avrò lasciato	avremo lasciato
avrai lasciato	avrete lasciato
avrà lasciato	avranno lasciato

Subjunctive

Present
lasci	lasciamo
lasci	lasciate
lasci	lascino

Past
abbia lasciato	abbiamo lasciato
abbia lasciato	abbiate lasciato
abbia lasciato	abbiano lasciato

Imperfect
lasciassi	lasciassimo
lasciassi	lasciaste
lasciasse	lasciassero

Past Perfect
avessi lasciato	avessimo lasciato
avessi lasciato	aveste lasciato
avesse lasciato	avessero lasciato

Conditional

Present
lascerei	lasceremmo
lasceresti	lascereste
lascerebbe	lascerebbero

Past
avrei lasciato	avremmo lasciato
avresti lasciato	avreste lasciato
avrebbe lasciato	avrebbero lasciato

Imperative
—	lasciamo!
lascia!	lasciate!
lasci!	lascino!

Participles
Present
lasciante
Past
lasciato

Gerund
lasciando

Related Words

lascito	bequest	lasciar detto	to leave word
lascivo	lascivious	lasciare in pace	to leave alone
lasciar correre	to let go	lasciarci le penne	to die

78 laurearsi to graduate

Regular
Reflexive

io   noi
tu   voi
lui/lei   loro

Indicative

Present
mi laureo	ci laureiamo
ti laurei	vi laureate
si laurea	si laureano

Present Perfect
mi sono laureato(a)	ci siamo laureati(e)
ti sei laureato(a)	vi siete laureati(e)
si è laureato(a)	si sono laureati(e)

Imperfect
mi laureavo	ci laureavamo
ti laureavi	vi laureavate
si laureava	si laureavano

Past Perfect
mi ero laureato(a)	ci eravamo laureati(e)
ti eri laureato(a)	vi eravate laureati(e)
si era laureato(a)	si erano laureati(e)

Absolute Past
mi laureai	ci laureammo
ti laureasti	vi laureaste
si laureò	si laurearono

Preterite Perfect
mi fui laureato(a)	ci fummo laureati(e)
ti fosti laureato(a)	vi foste laureati(e)
si fu laureato(a)	si furono laureati(e)

Future
mi laurerò	ci laureremo
ti laurerai	vi laurerete
si laurerà	si laureranno

Future Perfect
mi sarò laureato(a)	ci saremo laureati(e)
ti sarai laureato(a)	vi sarete laureati(e)
si sarà laureato(a)	si saranno laureati(e)

Subjunctive

Present
mi laurei	ci laureiamo
ti laurei	vi laureiate
si laurei	si laureino

Past
mi sia laureato(a)	ci siamo laureati(e)
ti sia laureato(a)	vi siate laureati(e)
si sia laureato(a)	si siano laureati(e)

Imperfect
mi laureassi	ci laureassimo
ti laureassi	vi laureaste
si laureasse	si laureassero

Past Perfect
mi fossi laureato(a)	ci fossimo laureati(e)
ti fossi laureato(a)	vi foste laureati(e)
si fosse laureato(a)	si fossero laureati(e)

Conditional

Present
mi laurerei	ci laureremmo
ti laureresti	vi laurereste
si laurerebbe	si laurerebbero

Past
mi sarei laureato(a)	ci saremmo laureati(e)
ti saresti laureato(a)	vi sareste laureati(e)
si sarebbe laureato(a)	si sarebbero laureati(e)

Imperative
—	laureiamoci!
laureati!	laureatevi!
si laurei!	si laureino!

Participles
Present
laureantesi
Past
laureatosi

Gerund
laureandosi

Related Words
laurea	*degree*	laureando	*degree candidate*
laureato	*graduate*		

79 lavarsi to wash oneself

Regular
Reflexive

	io	noi
	tu	voi
	lui/lei	loro

Indicative

Present
mi lavo	ci laviamo
ti lavi	vi lavate
si lava	si lavano

Present Perfect
mi sono lavato(a)	ci siamo lavati(e)
ti sei lavato(a)	vi siete lavati(e)
si è lavato(a)	si sono lavati(e)

Imperfect
mi lavavo	ci lavavamo
ti lavavi	vi lavavate
si lavava	si lavavano

Past Perfect
mi ero lavato(a)	ci eravamo lavati(e)
ti eri lavato(a)	vi eravate lavati(e)
si era lavato(a)	si erano lavati(e)

Absolute Past
mi lavai	ci lavammo
ti lavasti	vi lavaste
si lavò	si lavarono

Preterite Perfect
mi fui lavato(a)	ci fummo lavati(e)
ti fosti lavato(a)	vi foste lavati(e)
si fu lavato(a)	si furono lavati(e)

Future
mi laverò	ci laveremo
ti laverai	vi laverete
si laverà	si laveranno

Future Perfect
mi sarò lavato(a)	ci saremo lavati(e)
ti sarai lavato(a)	vi sarete lavati(e)
si sarà lavato(a)	si saranno lavati(e)

Subjunctive

Present
mi lavi	ci laviamo
ti lavi	vi laviate
si lavi	si lavino

Past
mi sia lavato(a)	ci siamo lavati(e)
ti sia lavato(a)	vi siate lavati(e)
si sia lavato(a)	si siano lavati(e)

Imperfect
mi lavassi	ci lavassimo
ti lavassi	vi lavaste
si lavasse	si lavassero

Past Perfect
mi fossi lavato(a)	ci fossimo lavati(e)
ti fossi lavato(a)	vi foste lavati(e)
si fosse lavato(a)	si fossero lavati(e)

Conditional

Present
mi laverei	ci laveremmo
ti laveresti	vi lavereste
si laverebbe	si laverebbero

Past
mi sarei lavato(a)	ci saremmo lavati(e)
ti saresti lavato(a)	vi sareste lavati(e)
si sarebbe lavato(a)	si sarebbero lavati(e)

Imperative
—	laviamoci!
lavati!	lavatevi!
si lavi!	si lavino!

Participles

Present
lavantesi

Past
lavatosi

Gerund
lavandosi

Related Words

lavare	*to wash (something)*	lavastoviglie	*dishwasher*
		lavello	*basin, sink*
lavanderia	*laundry*	lavata di capo	*scolding*
lavatrice	*washing machine*		

111

80 lavorare to work

Regular
Transitive

	io	noi
	tu	voi
	lui/lei	loro

Indicative

Present		Present Perfect	
lavoro	lavoriamo	ho lavorato	abbiamo lavorato
lavori	lavorate	hai lavorato	avete lavorato
lavora	lavorano	ha lavorato	hanno lavorato

Imperfect		Past Perfect	
lavoravo	lavoravamo	avevo lavorato	avevamo lavorato
lavoravi	lavoravate	avevi lavorato	avevate lavorato
lavorava	lavoravano	aveva lavorato	avevano lavorato

Absolute Past		Preterite Perfect	
lavorai	lavorammo	ebbi lavorato	avemmo lavorato
lavorasti	lavoraste	avesti lavorato	aveste lavorato
lavorò	lavorarono	ebbe lavorato	ebbero lavorato

Future		Future Perfect	
lavorerò	lavoreremo	avrò lavorato	avremo lavorato
lavorerai	lavorerete	avrai lavorato	avrete lavorato
lavorerà	lavoreranno	avrà lavorato	avranno lavorato

Subjunctive

Present		Past	
lavori	lavoriamo	abbia lavorato	abbiamo lavorato
lavori	lavoriate	abbia lavorato	abbiate lavorato
lavori	lavorino	abbia lavorato	abbiano lavorato

Imperfect		Past Perfect	
lavorassi	lavorassimo	avessi lavorato	avessimo lavorato
lavorassi	lavoraste	avessi lavorato	aveste lavorato
lavorasse	lavorassero	avesse lavorato	avessero lavorato

Conditional

Present		Past	
lavorerei	lavoreremmo	avrei lavorato	avremmo lavorato
lavoreresti	lavorereste	avresti lavorato	avreste lavorato
lavorerebbe	lavorerebbero	avrebbe lavorato	avrebbero lavorato

Imperative · Participles · Gerund

Imperative		Participles	Gerund
—	lavoriamo!	**Present**	lavorando
lavora!	lavorate!	lavorante	
lavori!	lavorino!	**Past**	
		lavorato	

Related Words

lavoro	*job, work, occupation*	lavorativo	*working, workable*
		lavorazione	*manufacturing*
lavorio	*bustle, steady work*	lavoratore	*worker*

81 leggere to read

Irregular
Transitive

	io	noi
	tu	voi
	lui/lei	loro

Indicative

Present
leggo	leggiamo
leggi	leggete
legge	leggono

Present Perfect
ho letto	abbiamo letto
hai letto	avete letto
ha letto	hanno letto

Imperfect
leggevo	leggevamo
leggevi	leggevate
leggeva	leggevano

Past Perfect
avevo letto	avevamo letto
avevi letto	avevate letto
aveva letto	avevano letto

Absolute Past
lessi	leggemmo
leggesti	leggeste
lesse	lessero

Preterite Perfect
ebbi letto	avemmo letto
avesti letto	aveste letto
ebbe letto	ebbero letto

Future
leggerò	leggeremo
leggerai	leggerete
leggerà	leggeranno

Future Perfect
avrò letto	avremo letto
avrai letto	avrete letto
avrà letto	avranno letto

Subjunctive

Present
legga	leggiamo
legga	leggiate
legga	leggano

Past
abbia letto	abbiamo letto
abbia letto	abbiate letto
abbia letto	abbiano letto

Imperfect
leggessi	leggessimo
leggessi	leggeste
leggesse	leggessero

Past Perfect
avessi letto	avessimo letto
avessi letto	aveste letto
avesse letto	avessero letto

Conditional

Present
leggerei	leggeremmo
leggeresti	leggereste
leggerebbe	leggerebbero

Past
avrei letto	avremmo letto
avresti letto	avreste letto
avrebbe letto	avrebbero letto

Imperative
—	leggiamo!
leggi!	leggete!
legga!	leggano!

Participles
Present
leggente
Past
letto

Gerund
leggendo

Related Words

legge	*law*	leggio	*lectern, music stand*
fuorilegge	*outlaw*	leggenda	*legend*
lettura	*reading*	leggibile	*readable*

82 mancare to miss

Regular
Intransitive

io noi
tu voi
lui/lei loro

Indicative

Present
manco	manchiamo
manchi	mancate
manca	mancano

Present Perfect
sono mancato(a)	siamo mancati(e)
sei mancato(a)	siete mancati(e)
è mancato(a)	sono mancati(e)

Imperfect
mancavo	mancavamo
mancavi	mancavate
mancava	mancavano

Past Perfect
ero mancato(a)	eravamo mancati(e)
eri mancato(a)	eravate mancati(e)
era mancato(a)	erano mancati(e)

Absolute Past
mancai	mancammo
mancasti	mancaste
mancò	mancarono

Preterite Perfect
fui mancato(a)	fummo mancati(e)
fosti mancato(a)	foste mancati(e)
fu mancato(a)	furono mancati(e)

Future
mancherò	mancheremo
mancherai	mancherete
mancherà	mancheranno

Future Perfect
sarò mancato(a)	saremo mancati(e)
sarai mancato(a)	sarete mancati(e)
sarà mancato(a)	saranno mancati(e)

Subjunctive

Present
manchi	manchiamo
manchi	manchiate
manchi	manchino

Past
sia mancato(a)	siamo mancati(e)
sia mancato(a)	siate mancati(e)
sia mancato(a)	siano mancati(e)

Imperfect
mancassi	mancassimo
mancassi	mancaste
mancasse	mancassero

Past Perfect
fossi mancato(a)	fossimo mancati(e)
fossi mancato(a)	foste mancati(e)
fosse mancato(a)	fossero mancati(e)

Conditional

Present
mancherei	mancheremmo
mancheresti	manchereste
mancherebbe	mancherebbero

Past
sarei mancato(a)	saremmo mancati(e)
saresti mancato(a)	sareste mancati(e)
sarebbe mancato(a)	sarebbero mancati(e)

Imperative
—	manchiamo!
manca!	mancate!
manchi!	manchino!

Participles
Present
mancante
Past
mancato

Gerund
mancando

Related Words

Manco per idea!	*Not at all!*	manchevolezza	*fault, shortcoming*
in mancanza di	*for lack of*	Mi manca Pietro.	*I miss Pietro.*

83 mandare to send

Regular   io   noi
Transitive   tu   voi
                lui/lei   loro

Indicative

Present		Present Perfect	
mando	mandiamo	ho mandato	abbiamo mandato
mandi	mandate	hai mandato	avete mandato
manda	mandano	ha mandato	hanno mandato

Imperfect		Past Perfect	
mandavo	mandavamo	avevo mandato	avevamo mandato
mandavi	mandavate	avevi mandato	avevate mandato
mandava	mandavano	aveva mandato	avevano mandato

Absolute Past		Preterite Perfect	
mandai	mandammo	ebbi mandato	avemmo mandato
mandasti	mandaste	avesti mandato	aveste mandato
mandò	mandarono	ebbe mandato	ebbero mandato

Future		Future Perfect	
manderò	manderemo	avrò mandato	avremo mandato
manderai	manderete	avrai mandato	avrete mandato
manderà	manderanno	avrà mandato	avranno mandato

Subjunctive

Present		Past	
mandi	mandiamo	abbia mandato	abbiamo mandato
mandi	mandiate	abbia mandato	abbiate mandato
mandi	mandino	abbia mandato	abbiano mandato

Imperfect		Past Perfect	
mandassi	mandassimo	avessi mandato	avessimo mandato
mandassi	mandaste	avessi mandato	aveste mandato
mandasse	mandassero	avesse mandato	avessero mandato

Conditional

Present		Past	
manderei	manderemmo	avrei mandato	avremmo mandato
manderesti	mandereste	avresti mandato	avreste mandato
manderebbe	manderebbero	avrebbe mandato	avrebbero mandato

Imperative   Participles   Gerund

Imperative		Participles	Gerund
—	mandiamo!	**Present**	mandando
manda!	mandate!	mandante	
mandi!	mandino!	**Past**	
		mandato	

Related Words

mandante	*principal*	mandatario	*mandatory, trustee*
mandato di cattura	*arrest warrant*	mandare a quel paese	*to send to the devil*
doppia mandata	*double lock*	mandar giù	*to swallow*

115

84 mangiare to eat

Regular
Transitive

	io	noi
	tu	voi
	lui/lei	loro

Indicative

Present

mangio	mangiamo
mangi	mangiate
mangia	mangiano

Present Perfect

ho mangiato	abbiamo mangiato
hai mangiato	avete mangiato
ha mangiato	hanno mangiato

Imperfect

mangiavo	mangiavamo
mangiavi	mangiavate
mangiava	mangiavano

Past Perfect

avevo mangiato	avevamo mangiato
avevi mangiato	avevate mangiato
aveva mangiato	avevano mangiato

Absolute Past

mangiai	mangiammo
mangiasti	mangiaste
mangiò	mangiarono

Preterite Perfect

ebbi mangiato	avemmo mangiato
avesti mangiato	aveste mangiato
ebbe mangiato	ebbero mangiato

Future

mangerò	mangeremo
mangerai	mangerete
mangerà	mangeranno

Future Perfect

avrò mangiato	avremo mangiato
avrai mangiato	avrete mangiato
avrà mangiato	avranno mangiato

Subjunctive

Present

mangi	mangiamo
mangi	mangiate
mangi	mangino

Past

abbia mangiato	abbiamo mangiato
abbia mangiato	abbiate mangiato
abbia mangiato	abbiano mangiato

Imperfect

mangiassi	mangiassimo
mangiassi	mangiaste
mangiasse	mangiassero

Past Perfect

avessi mangiato	avessimo mangiato
avessi mangiato	aveste mangiato
avesse mangiato	avessero mangiato

Conditional

Present

mangerei	mangeremmo
mangeresti	mangereste
mangerebbe	mangerebbero

Past

avrei mangiato	avremmo mangiato
avresti mangiato	avreste mangiato
avrebbe mangiato	avrebbero mangiato

Imperative

—	mangiamo!
mangia!	mangiate!
mangi!	mangino!

Participles

Present
mangiante

Past
mangiato

Gerund

mangiando

Related Words

mangiabile	edible	mangiata	hearty meal
mangione	great eater	mangime	fodder, poultry feed

85 mantenere to keep

Irregular
Transitive

	io	noi
	tu	voi
	lui/lei	loro

Indicative

Present
mantengo	manteniamo
mantieni	mantenete
mantiene	mantengono

Present Perfect
ho mantenuto	abbiamo mantenuto
hai mantenuto	avete mantenuto
ha mantenuto	hanno mantenuto

Imperfect
mantenevo	mantenevamo
mantenevi	mantenevate
manteneva	mantenevano

Past Perfect
avevo mantenuto	avevamo mantenuto
avevi mantenuto	avevate mantenuto
aveva mantenuto	avevano mantenuto

Absolute Past
mantenni	mantenemmo
mantenesti	manteneste
mantenne	mantennero

Preterite Perfect
ebbi mantenuto	avemmo mantenuto
avesti mantenuto	aveste mantenuto
ebbe mantenuto	ebbero mantenuto

Future
manterrò	manterremo
manterrai	manterrete
manterrà	manterranno

Future Perfect
avrò mantenuto	avremo mantenuto
avrai mantenuto	avrete mantenuto
avrà mantenuto	avranno mantenuto

Subjunctive

Present
mantenga	manteniamo
mantenga	manteniate
mantenga	mantengano

Past
abbia mantenuto	abbiamo mantenuto
abbia mantenuto	abbiate mantenuto
abbia mantenuto	abbiano mantenuto

Imperfect
mantenessi	mantenessimo
mantenessi	manteneste
mantenesse	mantenessero

Past Perfect
avessi mantenuto	avessimo mantenuto
avessi mantenuto	aveste mantenuto
avesse mantenuto	avessero mantenuto

Conditional

Present
manterrei	manterremmo
manterresti	manterreste
manterrebbe	manterrebbero

Past
avrei mantenuto	avremmo mantenuto
avresti mantenuto	avreste mantenuto
avrebbe mantenuto	avrebbero mantenuto

Imperative
—	manteniamo!
mantieni!	mantenete!
mantenga!	mantengano!

Participles

Present
mantenente

Past
mantenuto

Gerund
mantenendo

Related Words

mantenimento	*maintenance, preservation*	manutenzione	*upkeep, maintenance*

86 mettere to put, to place

Irregular
Transitive

	io	noi
	tu	voi
	lui/lei	loro

Indicative

Present
metto	mettiamo
metti	mettete
mette	mettono

Present Perfect
ho messo	abbiamo messo
hai messo	avete messo
ha messo	hanno messo

Imperfect
mettevo	mettevamo
mettevi	mettevate
metteva	mettevano

Past Perfect
avevo messo	avevamo messo
avevi messo	avevate messo
aveva messo	avevano messo

Absolute Past
misi	mettemmo
mettesti	metteste
mise	misero

Preterite Perfect
ebbi messo	avemmo messo
avesti messo	aveste messo
ebbe messo	ebbero messo

Future
metterò	metteremo
metterai	metterete
metterà	metteranno

Future Perfect
avrò messo	avremo messo
avrai messo	avrete messo
avrà messo	avranno messo

Subjunctive

Present
metta	mettiamo
metta	mettiate
metta	mettano

Past
abbia messo	abbiamo messo
abbia messo	abbiate messo
abbia messo	abbiano messo

Imperfect
mettessi	mettessimo
mettessi	metteste
mettesse	mettessero

Past Perfect
avessi messo	avessimo messo
avessi messo	aveste messo
avesse messo	avessero messo

Conditional

Present
metterei	metteremmo
metteresti	mettereste
metterebbe	metterebbero

Past
avrei messo	avremmo messo
avresti messo	avreste messo
avrebbe messo	avrebbero messo

Imperative
—	mettiamo!
metti!	mettete!
metta!	mettano!

Participles
Present
mettente
Past
messo

Gerund
mettendo

Related Words

promettere	*to promise*	permettere	*to permit, to allow*
mettere a fuoco	*to focus*	mettere in onda	*to broadcast*
		mettere in conto	*to charge to an account*
mettere a punto	*to adjust, to tune up*		

87 morire to die

Irregular
Intransitive

	io	noi
	tu	voi
	lui/lei	loro

Indicative

Present
muoio	moriamo
muori	morite
muore	muoiono

Present Perfect
sono morto(a)	siamo morti(e)
sei morto(a)	siete morti(e)
è morto(a)	sono morti(e)

Imperfect
morivo	morivamo
morivi	morivate
moriva	morivano

Past Perfect
ero morto(a)	eravamo morti(e)
eri morto(a)	eravate morti(e)
era morto(a)	erano morti(e)

Absolute Past
morii	morimmo
moristi	moriste
morì	morirono

Preterite Perfect
fui morto(a)	fummo morti(e)
fosti morto(a)	foste morti(e)
fu morto(a)	furono morti(e)

Future
morirò	moriremo
morirai	morirete
morirà	moriranno

Future Perfect
sarò morto(a)	saremo morti(e)
sarai morto(a)	sarete morti(e)
sarà morto(a)	saranno morti(e)

Subjunctive

Present
muoia	moriamo
muoia	moriate
muoia	muoiano

Past
sia morto(a)	siamo morti(e)
sia morto(a)	siate morti(e)
sia morto(a)	siano morti(e)

Imperfect
morissi	morissimo
morissi	moriste
morisse	morissero

Past Perfect
fossi morto(a)	fossimo morti(e)
fossi morto(a)	foste morti(e)
fosse morto(a)	fossero morti(e)

Conditional

Present
morirei	moriremmo
moriresti	morireste
morirebbe	morirebbero

Past
sarei morto(a)	saremmo morti(e)
saresti morto(a)	sareste morti(e)
sarebbe morto(a)	sarebbero morti(e)

Imperative
—	moriamo!
muori!	morite!
muoia!	muoiano!

Participles
Present
morente
Past
messo

Gerund
morendo

Related Words
morto	*dead*	morte	*death*
morente	*dying*		

88 mostrare to show

Regular
Transitive

		io	noi
		tu	voi
		lui/lei	loro

Indicative

Present

mostro	mostriamo
mostri	mostrate
mostra	mostrano

Present Perfect

ho mostrato	abbiamo mostrato
hai mostrato	avete mostrato
ha mostrato	hanno mostrato

Imperfect

mostravo	mostravamo
mostravi	mostravate
mostrava	mostravano

Past Perfect

avevo mostrato	avevamo mostrato
avevi mostrato	avevate mostrato
aveva mostrato	avevano mostrato

Absolute Past

mostrai	mostrammo
mostrasti	mostraste
mostrò	mostrarono

Preterite Perfect

ebbi mostrato	avemmo mostrato
avesti mostrato	aveste mostrato
ebbe mostrato	ebbero mostrato

Future

mostrerò	mostreremo
mostrerai	mostrerete
mostrerà	mostreranno

Future Perfect

avrò mostrato	avremo mostrato
avrai mostrato	avrete mostrato
avrà mostrato	avranno mostrato

Subjunctive

Present

mostri	mostriamo
mostri	mostriate
mostri	mostrino

Past

abbia mostrato	abbiamo mostrato
abbia mostrato	abbiate mostrato
abbia mostrato	abbiano mostrato

Imperfect

mostrassi	mostrassimo
mostrassi	mostraste
mostrasse	mostrassero

Past Perfect

avessi mostrato	avessimo mostrato
avessi mostrato	aveste mostrato
avesse mostrato	avessero mostrato

Conditional

Present

mostrerei	mostreremmo
mostreresti	mostrereste
mostrerebbe	mostrerebbero

Past

avrei mostrato	avremmo mostrato
avresti mostrato	avreste mostrato
avrebbe mostrato	avrebbero mostrato

Imperative

—	mostriamo!
mostra!	mostrate!
mostri!	mostrino!

Participles

Present
mostrante

Past
mostrato

Gerund

mostrando

Related Words

dimostrazione	*demonstration*	mostra	*exhibition*

89 nascere to originate, to be born

Irregular
Intransitive

	io	noi
	tu	voi
	lui/lei	loro

Indicative

Present
nasco	nasciamo
nasci	nascete
nasce	nascono

Present Perfect
sono nato(a)	siamo nati(e)
sei nato(a)	siete nati(e)
è nato(a)	sono nati(e)

Imperfect
nascevo	nascevamo
nascevi	nascevate
nasceva	nascevano

Past Perfect
ero nato(a)	eravamo nati(e)
eri nato(a)	eravate nati(e)
era nato(a)	erano nati(e)

Absolute Past
nacqui	nascemmo
nascesti	nasceste
nacque	nacquero

Preterite Perfect
fui nato(a)	fummo nati(e)
fosti nato(a)	foste nati(e)
fu nato(a)	furono nati(e)

Future
nascerò	nasceremo
nascerai	nascerete
nascerà	nasceranno

Future Perfect
sarò nato(a)	saremo nati(e)
sarai nato(a)	sarete nati(e)
sarà nato(a)	saranno nati(e)

Subjunctive

Present
nasca	nasciamo
nasca	nasciate
nasca	nascano

Past
sia nato(a)	siamo nati(e)
sia nato(a)	siate nati(e)
sia nato(a)	siano nati(e)

Imperfect
nascessi	nascessimo
nascessi	nasceste
nascesse	nascessero

Past Perfect
fossi nato(a)	fossimo nati(e)
fossi nato(a)	foste nati(e)
fosse nato(a)	fossero nati(e)

Conditional

Present
nascerei	nasceremmo
nasceresti	nascereste
nascerebbe	nascerebbero

Past
sarei nato(a)	saremmo nati(e)
saresti nato(a)	sareste nati(e)
sarebbe nato(a)	sarebbero nati(e)

Imperative
—	nasciamo!
nasci!	nascete!
nasca!	nascano!

Participles
Present
nascente
Past
nato

Gerund
nascendo

Related Words
nascita	birth	nascente	budding, rising

90 nascondere to hide

Irregular   io   noi
Transitive   tu   voi
      lui/lei   loro

Indicative

Present
nascondo	nascondiamo
nascondi	nascondete
nasconde	nascondono

Present Perfect
ho nascosto	abbiamo nascosto
hai nascosto	avete nascosto
ha nascosto	hanno nascosto

Imperfect
nascondevo	nascondevamo
nascondevi	nascondevate
nascondeva	nascondevano

Past Perfect
avevo nascosto	avevamo nascosto
avevi nascosto	avevate nascosto
aveva nascosto	avevano nascosto

Absolute Past
nascosi	nascondemmo
nascondesti	nascondeste
nascose	nascosero

Preterite Perfect
ebbi nascosto	avemmo nascosto
avesti nascosto	aveste nascosto
ebbe nascosto	ebbero nascosto

Future
nasconderò	nasconderemo
nasconderai	nasconderete
nasconderà	nasconderanno

Future Perfect
avrò nascosto	avremo nascosto
avrai nascosto	avrete nascosto
avrà nascosto	avranno nascosto

Subjunctive

Present
nasconda	nascondiamo
nasconda	nascondiate
nasconda	nascondano

Past
abbia nascosto	abbiamo nascosto
abbia nascosto	abbiate nascosto
abbia nascosto	abbiano nascosto

Imperfect
nascondessi	nascondessimo
nascondessi	nascondeste
nascondesse	nascondessero

Past Perfect
avessi nascosto	avessimo nascosto
avessi nascosto	aveste nascosto
avesse nascosto	avessero nascosto

Conditional

Present
nasconderei	nasconderemmo
nasconderesti	nascondereste
nasconderebbe	nasconderebbero

Past
avrei nascosto	avremmo nascosto
avresti nascosto	avreste nascosto
avrebbe nascosto	avrebbero nascosto

Imperative
—	nascondiamo!
nascondi!	nascondete!
nasconda!	nascondano!

Participles
Present
nascondente
Past
nascosto

Gerund
nascondendo

Related Words
nascondiglio	*hiding place*	giocare a nascondino	*to play hide-and-seek*

91 nevicare to snow

Regular
Intransitive
Impersonal

	io	noi
	tu	voi
	lui/lei	loro

Indicative

Present		Present Perfect	
—	—	—	—
—	—	—	—
nevica	—	è/ha nevicato	—

Imperfect		Past Perfect	
—	—	—	—
—	—	—	—
nevicava	—	era/aveva nevicato	—

Absolute Past		Preterite Perfect	
—	—	—	—
—	—	—	—
nevicò	—	fu/ebbe nevicato	—

Future		Future Perfect	
—	—	—	—
—	—	—	—
nevicherà	—	sarà/avrà nevicato	—

Subjunctive

Present		Past	
—	—	—	—
—	—	—	—
nevichi	—	sia/abbia nevicato	—

Imperfect		Past Perfect	
—	—	—	—
—	—	—	—
nevicasse	—	fosse/avesse nevicato	—

Conditional

Present		Past	
—	—	—	—
—	—	—	—
nevicherebbe	—	sarebbe/avrebbe nevicato	—

Imperative

		Participles	Gerund
—	—	**Present**	nevicando
—	—	—	
nevichi!	—	**Past**	
		nevicato	

Related Words

neve	snow	nevischio	sleet
nevaio	snowfield	nevoso	snowy

92 occorrere to be necessary

Irregular		io	noi
Intransitive		tu	voi
Impersonal		lui/lei	loro

Indicative

Present		Present Perfect	
—	—	—	—
—	—	—	—
occorre	—	è occorso	—

Imperfect		Past Perfect	
—	—	—	—
—	—	—	—
occorreva	—	era occorso	—

Absolute Past		Preterite Perfect	
—	—	—	—
—	—	—	—
occorse	—	fu occorso	—

Future		Future Perfect	
—	—	—	—
—	—	—	—
occorrerà	—	sarà occorso	—

Subjunctive

Present		Past	
—	—	—	—
—	—	—	—
occorra	—	sia occorso	—

Imperfect		Past Perfect	
—	—	—	—
—	—	—	—
occorresse	—	fosse occorso	—

Conditional

Present		Past	
—	—	—	—
—	—	—	—
occorrerebbe	—	sarebbe occorso	—

Imperative / Participles / Gerund

Imperative		Participles	Gerund
—	—	**Present**	occorrendo
—	—	occorrente	
occorra!	—	**Past**	
		occorso	

Related Words

all'occorrenza	if need be	occorrente	necessary
occorrenza	occurrence, emergency		

124

93 offrire to offer

Irregular
Transitive

		io	noi
		tu	voi
		lui/lei	loro

Indicative

Present		Present Perfect	
offro	offriamo	ho offerto	abbiamo offerto
offri	offrite	hai offerto	avete offerto
offre	offrono	ha offerto	hanno offerto

Imperfect		Past Perfect	
offrivo	offrivamo	avevo offerto	avevamo offerto
offrivi	offrivate	avevi offerto	avevate offerto
offriva	offrivano	aveva offerto	avevano offerto

Absolute Past		Preterite Perfect	
offrii	offrimmo	ebbi offerto	avemmo offerto
offristi	offriste	avesti offerto	aveste offerto
offrì	offrirono	ebbe offerto	ebbero offerto

Future		Future Perfect	
offrirò	offriremo	avrò offerto	avremo offerto
offrirai	offrirete	avrai offerto	avrete offerto
offrirà	offriranno	avrà offerto	avranno offerto

Subjunctive

Present		Past	
offra	offriamo	abbia offerto	abbiamo offerto
offra	offriate	abbia offerto	abbiate offerto
offra	offrano	abbia offerto	abbiano offerto

Imperfect		Past Perfect	
offrissi	offrissimo	avessi offerto	avessimo offerto
offrissi	offriste	avessi offerto	aveste offerto
offrisse	offrissero	avesse offerto	avessero offerto

Conditional

Present		Past	
offrirei	offriremmo	avrei offerto	avremmo offerto
offriresti	offrireste	avresti offerto	avreste offerto
offrirebbe	offrirebbero	avrebbe offerto	avrebbero offerto

Imperative

—	offriamo!
offri!	offrite!
offra!	offrano!

Participles

Present
offrente

Past
offerto

Gerund

offrendo

Related Words

offerta	*offer*	offribile	*offerable*

94 **organizzare** to organize

Regular
Transitive

	io	noi
	tu	voi
	lui/lei	loro

Indicative

Present

organizzo	organizziamo
organizzi	organizzate
organizza	organizzano

Present Perfect

ho organizzato	abbiamo organizzato
hai organizzato	avete organizzato
ha organizzato	hanno organizzato

Imperfect

organizzavo	organizzavamo
organizzavi	organizzavate
organizzava	organizzavano

Past Perfect

avevo organizzato	avevamo organizzato
avevi organizzato	avevate organizzato
aveva organizzato	avevano organizzato

Absolute Past

organizzai	organizzammo
organizzasti	organizzaste
organizzò	organizzarono

Preterite Perfect

ebbi organizzato	avemmo organizzato
avesti organizzato	aveste organizzato
ebbe organizzato	ebbero organizzato

Future

organizzerò	organizzeremo
organizzerai	organizzerete
organizzerà	organizzeranno

Future Perfect

avrò organizzato	avremo organizzato
avrai organizzato	avrete organizzato
avrà organizzato	avranno organizzato

Subjunctive

Present

organizzi	organizziamo
organizzi	organizziate
organizzi	organizzino

Past

abbia organizzato	abbiamo organizzato
abbia organizzato	abbiate organizzato
abbia organizzato	abbiano organizzato

Imperfect

organizzassi	organizzassimo
organizzassi	organizzaste
organizzasse	organizzassero

Past Perfect

avessi organizzato	avessimo organizzato
avessi organizzato	aveste organizzato
avesse organizzato	avessero organizzato

Conditional

Present

organizzerei	organizzeremmo
organizzeresti	organizzereste
organizzerebbe	organizzerebbero

Past

avrei organizzato	avremmo organizzato
avresti organizzato	avreste organizzato
avrebbe organizzato	avrebbero organizzato

Imperative

—	organizziamo!
organizza!	organizzate!
organizzi!	organizzino!

Participles

Present
organizzante

Past
organizzato

Gerund

organizzando

Related Words

organigramma	*organization chart*	organizzatore	*organizer*
organismo	*organism*	organizzazione	*organization*

95 **pagare** to pay

Regular
Transitive

	io	noi
	tu	voi
	lui/lei	loro

Indicative

Present		Present Perfect	
pago	paghiamo	ho pagato	abbiamo pagato
paghi	pagate	hai pagato	avete pagato
paga	pagano	ha pagato	hanno pagato

Imperfect		Past Perfect	
pagavo	pagavamo	avevo pagato	avevamo pagato
pagavi	pagavate	avevi pagato	avevate pagato
pagava	pagavano	aveva pagato	avevano pagato

Absolute Past		Preterite Perfect	
pagai	pagammo	ebbi pagato	avemmo pagato
pagasti	pagaste	avesti pagato	aveste pagato
pagò	pagarono	ebbe pagato	ebbero pagato

Future		Future Perfect	
pagherò	pagheremo	avrò pagato	avremo pagato
pagherai	pagherete	avrai pagato	avrete pagato
pagherà	pagheranno	avrà pagato	avranno pagato

Subjunctive

Present		Past	
paghi	paghiamo	abbia pagato	abbiamo pagato
paghi	paghiate	abbia pagato	abbiate pagato
paghi	paghino	abbia pagato	abbiano pagato

Imperfect		Past Perfect	
pagassi	pagassimo	avessi pagato	avessimo pagato
pagassi	pagaste	avessi pagato	aveste pagato
pagasse	pagassero	avesse pagato	avessero pagato

Conditional

Present		Past	
pagherei	pagheremmo	avrei pagato	avremmo pagato
pagheresti	paghereste	avresti pagato	avreste pagato
pagherebbe	pagherebbero	avrebbe pagato	avrebbero pagato

Imperative

—	paghiamo!
paga!	pagate!
paghi!	paghino!

Participles

Present
pagante

Past
pagato

Gerund

pagando

Related Words

paga	*salary, wages*	pago	*satisfied*
pagatore	*payer*		

127

96 parlare to speak

Regular   io   noi
Transitive   tu   voi
                                                           lui/lei loro

Indicative

Present
parlo	parliamo		
parli	parlate		
parla	parlano		

Present Perfect
ho parlato	abbiamo parlato
hai parlato	avete parlato
ha parlato	hanno parlato

Imperfect
parlavo	parlavamo
parlavi	parlavate
parlava	parlavano

Past Perfect
avevo parlato	avevamo parlato
avevi parlato	avevate parlato
aveva parlato	avevano parlato

Absolute Past
parlai	parlammo
parlasti	parlaste
parlò	parlarono

Preterite Perfect
ebbi parlato	avemmo parlato
avesti parlato	aveste parlato
ebbe parlato	ebbero parlato

Future
parlerò	parleremo
parlerai	parlerete
parlerà	parleranno

Future Perfect
avrò parlato	avremo parlato
avrai parlato	avrete parlato
avrà parlato	avranno parlato

Subjunctive

Present
parli	parliamo
parli	parliate
parli	parlino

Past
abbia parlato	abbiamo parlato
abbia parlato	abbiate parlato
abbia parlato	abbiano parlato

Imperfect
parlassi	parlassimo
parlassi	parlaste
parlasse	parlassero

Past Perfect
avessi parlato	avessimo parlato
avessi parlato	aveste parlato
avesse parlato	avessero parlato

Conditional

Present
parlerei	parleremmo
parleresti	parlereste
parlerebbe	parlerebbero

Past
avrei parlato	avremmo parlato
avresti parlato	avreste parlato
avrebbe parlato	avrebbero parlato

Imperative
—	parliamo!
parla!	parlate!
parli!	parlino!

Participles
Present
parlante
Past
parlato

Gerund
parlando

Related Words

parlamento	*parliament*	parlatorio	*visiting room*
parlante	*speaker*	parola	*word*
parlantina	*glibness*	parolaccia	*dirty word*

128

97 **partire** to leave, to depart

Regular
Intransitive

	io	noi
	tu	voi
	lui/lei	loro

Indicative

Present		**Present Perfect**	
parto	partiamo	sono partito(a)	siamo partiti(e)
parti	partite	sei partito(a)	siete partiti(e)
parte	partono	è partito(a)	sono partiti(e)

Imperfect		**Past Perfect**	
partivo	partivamo	ero partito(a)	eravamo partiti(e)
partivi	partivate	eri partito(a)	eravate partiti(e)
partiva	partivano	era partito(a)	erano partiti(e)

Absolute Past		**Preterite Perfect**	
partii	partimmo	fui partito(a)	fummo partiti(e)
partisti	partiste	fosti partito(a)	foste partiti(e)
partì	partirono	fu partito(a)	furono partiti(e)

Future		**Future Perfect**	
partirò	partiremo	sarò partito(a)	saremo partiti(e)
partirai	partirete	sarai partito(a)	sarete partiti(e)
partirà	partiranno	sarà partito(a)	saranno partiti(e)

Subjunctive

Present		**Past**	
parta	partiamo	sia partito(a)	siamo partiti(e)
parta	partiate	sia partito(a)	siate partiti(e)
parta	partano	sia partito(a)	siano partiti(e)

Imperfect		**Past Perfect**	
partissi	partissimo	fossi partito(a)	fossimo partiti(e)
partissi	partiste	fossi partito(a)	foste partiti(e)
partisse	partissero	fosse partito(a)	fossero partiti(e)

Conditional

Present		**Past**	
partirei	partiremmo	sarei partito(a)	saremmo partiti(e)
partiresti	partireste	saresti partito(a)	sareste partiti(e)
partirebbe	partirebbero	sarebbe partito(a)	sarebbero partiti(e)

Imperative

—	partiamo!
parti!	partite!
parta!	partano!

Participles
Present
partente
Past
partito

Gerund
partendo

Related Words

partenza   *departure*

98 passare to pass, to elapse, to spend

Regular
Transitive

		io	noi
		tu	voi
		lui/lei	loro

Indicative

Present		**Present Perfect**	
passo	passiamo	ho passato	abbiamo passato
passi	passate	hai passato	avete passato
passa	passano	ha passato	hanno passato

Imperfect		**Past Perfect**	
passavo	passavamo	avevo passato	avevamo passato
passavi	passavate	avevi passato	avevate passato
passava	passavano	aveva passato	avevano passato

Absolute Past		**Preterite Perfect**	
passai	passammo	ebbi passato	avemmo passato
passasti	passaste	avesti passato	aveste passato
passò	passarono	ebbe passato	ebbero passato

Future		**Future Perfect**	
passerò	passeremo	avrò passato	avremo passato
passerai	passerete	avrai passato	avrete passato
passerà	passeranno	avrà passato	avranno passato

Subjunctive

Present		**Past**	
passi	passiamo	abbia passato	abbiamo passato
passi	passiate	abbia passato	abbiate passato
passi	passino	abbia passato	abbiano passato

Imperfect		**Past Perfect**	
passassi	passassimo	avessi passato	avessimo passato
passassi	passaste	avessi passato	aveste passato
passasse	passassero	avesse passato	avessero passato

Conditional

Present		**Past**	
passerei	passeremmo	avrei passato	avremmo passato
passeresti	passereste	avresti passato	avreste passato
passerebbe	passerebbero	avrebbe passato	avrebbero passato

Imperative | Participles | Gerund

Imperative		**Participles**	**Gerund**
—	passiamo!	**Present**	passando
passa!	passate!	passante	
passi!	passino!	**Past**	
		passato	

Related Words

passaggio	*passage, crossing*	passante	*passerby*
passata	*passing, glance*	passatempo	*pastime, hobby*
passato	*past*	passaggero	*passenger*

99 **pensare** to think

Regular
Transitive

	io	noi
	tu	voi
	lui/lei	loro

Indicative

Present
penso	pensiamo
pensi	pensate
pensa	pensano

Present Perfect
ho pensato	abbiamo pensato
hai pensato	avete pensato
ha pensato	hanno pensato

Imperfect
pensavo	pensavamo
pensavi	pensavate
pensava	pensavano

Past Perfect
avevo pensato	avevamo pensato
avevi pensato	avevate pensato
aveva pensato	avevano pensato

Absolute Past
pensai	pensammo
pensasti	pensaste
pensò	pensarono

Preterite Perfect
ebbi pensato	avemmo pensato
avesti pensato	aveste pensato
ebbe pensato	ebbero pensato

Future
penserò	penseremo
penserai	penserete
penserà	penseranno

Future Perfect
avrò pensato	avremo pensato
avrai pensato	avrete pensato
avrà pensato	avranno pensato

Subjunctive

Present
pensi	pensiamo
pensi	pensiate
pensi	pensino

Past
abbia pensato	abbiamo pensato
abbia pensato	abbiate pensato
abbia pensato	abbiano pensato

Imperfect
pensassi	pensassimo
pensassi	pensaste
pensasse	pensassero

Past Perfect
avessi pensato	avessimo pensato
avessi pensato	aveste pensato
avesse pensato	avessero pensato

Conditional

Present
penserei	penseremmo
penseresti	pensereste
penserebbe	penserebbero

Past
avrei pensato	avremmo pensato
avresti pensato	avreste pensato
avrebbe pensato	avrebbero pensato

Imperative
—	pensiamo!
pensa!	pensate!
pensi!	pensino!

Participles
Present
pensante
Past
pensato

Gerund
pensando

Related Words

pensabile	*thinkable*	pensata	*thought*
pensatamente	*on purpose*	pensieroso	*thoughtful, pensive*
Ci penso io.	*I'll take care of it.*		

100 perdere to lose

Irregular
Transitive

	io	noi
	tu	voi
	lui/lei	loro

Indicative

Present		**Present Perfect**	
perdo	perdiamo	ho perso	abbiamo perso
perdi	perdete	hai perso	avete perso
perde	perdono	ha perso	hanno perso

Imperfect		**Past Perfect**	
perdevo	perdevamo	avevo perso	avevamo perso
perdevi	perdevate	avevi perso	avevate perso
perdeva	perdevano	aveva perso	avevano perso

Absolute Past		**Preterite Perfect**	
perdei/persi	perdemmo	ebbi perso	avemmo perso
perdesti	perdeste	avesti perso	aveste perso
perdette/perse	perdettero/persero	ebbe perso	ebbero perso

Future		**Future Perfect**	
perderò	perderemo	avrò perso	avremo perso
perderai	perderete	avrai perso	avrete perso
perderà	perderanno	avrà perso	avranno perso

Subjunctive

Present		**Past**	
perda	perdiamo	abbia perso	abbiamo perso
perda	perdiate	abbia perso	abbiate perso
perda	perdano	abbia perso	abbiano perso

Imperfect		**Past Perfect**	
perdessi	perdessimo	avessi perso	avessimo perso
perdessi	perdeste	avessi perso	aveste perso
perdesse	perdessero	avesse perso	avessero perso

Conditional

Present		**Past**	
perderei	perderemmo	avrei perso	avremmo perso
perderesti	perdereste	avresti perso	avreste perso
perderebbe	perderebbero	avrebbe perso	avrebbero perso

Imperative / Participles / Gerund

Imperative		**Participles**	**Gerund**
—	perdiamo!	**Present**	perdendo
perdi!	perdete!	perdente	
perda!	perdano!	**Past**	
		perso/perduto	

Related Words

perdente	*loser*	perder tempo	*to waste time*
perdita	*loss*		

101 permettere to let, to permit

Irregular
Transitive

	io	noi
	tu	voi
	lui/lei	loro

Indicative

Present
permetto	permettiamo		
permetti	permettete		
permette	permettono		

Present Perfect
ho permesso	abbiamo permesso
hai permesso	avete permesso
ha permesso	hanno permesso

Imperfect
permettevo	permettevamo
permettevi	permettevate
permetteva	permettevano

Past Perfect
avevo permesso	avevamo permesso
avevi permesso	avevate permesso
aveva permesso	avevano permesso

Absolute Past
permisi	permettemmo
permettesti	permetteste
permise	permisero

Preterite Perfect
ebbi permesso	avemmo permesso
avesti permesso	aveste permesso
ebbe permesso	ebbero permesso

Future
permetterò	permetteremo
permetterai	permetterete
permetterà	permetteranno

Future Perfect
avrò permesso	avremo permesso
avrai permesso	avrete permesso
avrà permesso	avranno permesso

Subjunctive

Present
permetta	permettiamo
permetta	permettiate
permetta	permettano

Past
abbia permesso	abbiamo permesso
abbia permesso	abbiate permesso
abbia permesso	abbiano permesso

Imperfect
permettessi	permettessimo
permettessi	permetteste
permettesse	permettessero

Past Perfect
avessi permesso	avessimo permesso
avessi permesso	aveste permesso
avesse permesso	avessero permesso

Conditional

Present
permetterei	permetteremmo
permetteresti	permettereste
permetterebbe	permetterebbero

Past
avrei permesso	avremmo permesso
avresti permesso	avreste permesso
avrebbe permesso	avrebbero permesso

Imperative
—	permettiamo!
permetti!	permettete!
permetta!	permettano!

Participles

Present
permettente

Past
permesso

Gerund
permettendo

Related Words
permesso	*permit*	permissibile	*permissible*

133

102 pettinarsi to comb oneself

Regular
Reflexive

	io	noi
	tu	voi
	lui/lei	loro

Indicative

Present

mi pettino	ci pettiniamo
ti pettini	vi pettinate
si pettina	si pettinano

Present Perfect

mi sono pettinato(a)	ci siamo pettinati(e)
ti sei pettinato(a)	vi siete pettinati(e)
si è pettinato(a)	si sono pettinati(e)

Imperfect

mi pettinavo	ci pettinavamo
ti pettinavi	vi pettinavate
si pettinava	si pettinavano

Past Perfect

mi ero pettinato(a)	ci eravamo pettinati(e)
ti eri pettinato(a)	vi eravate pettinati(e)
si era pettinato(a)	si erano pettinati(e)

Absolute Past

mi pettinai	ci pettinammo
ti pettinasti	vi pettinaste
si pettinò	si pettinarono

Preterite Perfect

mi fui pettinato(a)	ci fummo pettinati(e)
ti fosti pettinato(a)	vi foste pettinati(e)
si fu pettinato(a)	si furono pettinati(e)

Future

mi pettinerò	ci pettineremo
ti pettinerai	vi pettinerete
si pettinerà	si pettineranno

Future Perfect

mi sarò pettinato(a)	ci saremo pettinati(e)
ti sarai pettinato(a)	vi sarete pettinati(e)
si sarà pettinato(a)	si saranno pettinati(e)

Subjunctive

Present

mi pettini	ci pettiniamo
ti pettini	vi pettiniate
si pettini	si pettinino

Past

mi sia pettinato(a)	ci siamo pettinati(e)
ti sia pettinato(a)	vi siate pettinati(e)
si sia pettinato(a)	si siano pettinati(e)

Imperfect

mi pettinassi	ci pettinassimo
ti pettinassi	vi pettinaste
si pettinasse	si pettinassero

Past Perfect

mi fossi pettinato(a)	ci fossimo pettinati(e)
ti fossi pettinato(a)	vi foste pettinati(e)
si fosse pettinato(a)	si fossero pettinati(e)

Conditional

Present

mi pettinerei	ci pettineremmo
ti pettineresti	vi pettinereste
si pettinerebbe	si pettinerebbero

Past

mi sarei pettinato(a)	ci saremmo pettinati(e)
ti saresti pettinato(a)	vi sareste pettinati(e)
si sarebbe pettinato(a)	si sarebbero pettinati(e)

Imperative

—	pettiniamoci!
pettinati!	pettinatevi!
si pettini!	si pettinino!

Participles

Present
pettinantesi

Past
pettinatosi

Gerund

pettinandosi

Related Words

pettinatura	*hairstyling*	pettine	*comb*

103 piacere to like, to be pleasing

Irregular
Intransitive

	io	noi
	tu	voi
	lui/lei	loro

Indicative

Present
piaccio	piacciamo
piaci	piacete
piace	piacciono

Present Perfect
ho piaciuto	abbiamo piaciuto
hai piaciuto	avete piaciuto
ha piaciuto	hanno piaciuto

Imperfect
piacevo	piacevamo
piacevi	piacevate
piaceva	piacevano

Past Perfect
avevo piaciuto	avevamo piaciuto
avevi piaciuto	avevate piaciuto
aveva piaciuto	avevano piaciuto

Absolute Past
piacqui	piacemmo
piacesti	piaceste
piacque	piacquero

Preterite Perfect
ebbi piaciuto	avemmo piaciuto
avesti piaciuto	aveste piaciuto
ebbe piaciuto	ebbero piaciuto

Future
piacerò	piaceremo
piacerai	piacerete
piacerà	piaceranno

Future Perfect
avrò piaciuto	avremo piaciuto
avrai piaciuto	avrete piaciuto
avrà piaciuto	avranno piaciuto

Subjunctive

Present
piaccia	piacciamo
piaccia	piacciate
piaccia	piacciano

Past
abbia piaciuto	abbiamo piaciuto
abbia piaciuto	abbiate piaciuto
abbia piaciuto	abbiano piaciuto

Imperfect
piacessi	piacessimo
piacesti	piaceste
piacesse	piacessero

Past Perfect
avessi piaciuto	avessimo piaciuto
avessi piaciuto	aveste piaciuto
avesse piaciuto	avessero piaciuto

Conditional

Present
piacerei	piaceremmo
piaceresti	piacereste
piacerebbe	piacerebbero

Past
avrei piaciuto	avremmo piaciuto
avresti piaciuto	avreste piaciuto
avrebbe piaciuto	avrebbero piaciuto

Imperative
—	piacciamoci!
piacci!	piacetevi!
piaccia!	piacciano!

Participles
Present
piacente
Past
piaciuto

Gerund
piacendo

Related Words

piacente	*attractive*	per piacere	*please*
piacere	*pleasure*	piacevole	*pleasing*
Mi piace la frutta.	*I like fruit.*	Mi piacciono Anna e Maria.	*I like Anna and Maria.*

135

104 piangere to cry, to weep

Irregular
Intransitive

	io	noi
	tu	voi
	lui/lei	loro

Indicative

Present
piango	piangiamo
piangi	piangete
piange	piangono

Present Perfect
ho pianto	abbiamo pianto
hai pianto	avete pianto
ha pianto	hanno pianto

Imperfect
piangevo	piangevamo
piangevi	piangevate
piangeva	piangevano

Past Perfect
avevo pianto	avevamo pianto
avevi pianto	avevate pianto
aveva pianto	avevano pianto

Absolute Past
piansi	piangemmo
piangesti	piangeste
pianse	piansero

Preterite Perfect
ebbi pianto	avemmo pianto
avesti pianto	aveste pianto
ebbe pianto	ebbero pianto

Future
piangerò	piangeremo
piangerai	piangerete
piangerà	piangeranno

Future Perfect
avrò pianto	avremo pianto
avrai pianto	avrete pianto
avrà pianto	avranno pianto

Subjunctive

Present
pianga	piangiamo
pianga	piangiate
pianga	piangano

Past
abbia pianto	abbiamo pianto
abbia pianto	abbiate pianto
abbia pianto	abbiano pianto

Imperfect
piangessi	piangessimo
piangessi	piangeste
piangesse	piangessero

Past Perfect
avessi pianto	avessimo pianto
avessi pianto	aveste pianto
avesse pianto	avessero pianto

Conditional

Present
piangerei	piangeremmo
piangeresti	piangereste
piangerebbe	piangerebbero

Past
avrei pianto	avremmo pianto
avresti pianto	avreste pianto
avrebbe pianto	avrebbero pianto

Imperative
—	piangiamo!
piangi!	piangete!
pianga!	piangano!

Participles
Present
piangente
Past
pianto

Gerund
piangendo

Related Words
pianto	*weeping*

105 **piovere** to rain

Irregular
Intransitive
Impersonal

	io	noi
	tu	voi
	lui/lei	loro

Indicative

Present		Present Perfect	
—	—	—	—
—	—	—	—
piove	—	è/ha piovuto	—

Imperfect		Past Perfect	
—	—	—	—
—	—	—	—
pioveva	—	era/aveva piovuto	—

Absolute Past		Preterite Perfect	
—	—	—	—
—	—	—	—
piovve	—	fu/ebbe piovuto	—

Future		Future Perfect	
—	—	—	—
—	—	—	—
pioverà	—	sarà/avrà piovuto	—

Subjunctive

Present		Past	
—	—	—	—
—	—	—	—
piova	—	sia/abbia piovuto	—

Imperfect		Past Perfect	
—	—	—	—
—	—	—	—
piovesse	—	fosse/avesse piovuto	—

Conditional

Present		Past	
—	—	—	—
—	—	—	—
pioverebbe	—	sarebbe/avrebbe piovuto	—

Imperative

—	—
—	—
piova!	—

Participles
Present
piovente
Past
piovuto

Gerund
piovendo

Related Words

pioggia	*rain*	spiovente	*drooping, sloping*
piovoso	*rainy*		

106 **portare** to wear, to carry

Regular
Transitive

	io	noi
	tu	voi
	lui/lei	loro

Indicative

Present
porto	portiamo
porti	portate
porta	portano

Present Perfect
ho portato	abbiamo portato
hai portato	avete portato
ha portato	hanno portato

Imperfect
portavo	portavamo
portavi	portavate
portava	portavano

Past Perfect
avevo portato	avevamo portato
avevi portato	avevate portato
aveva portato	avevano portato

Absolute Past
portai	portammo
portasti	portaste
portò	portarono

Preterite Perfect
ebbi portato	avemmo portato
avesti portato	aveste portato
ebbe portato	ebbero portato

Future
porterò	porteremo
porterai	porterete
porterà	porteranno

Future Perfect
avrò portato	avremo portato
avrai portato	avrete portato
avrà portato	avranno portato

Subjunctive

Present
porti	portiamo
porti	portiate
porti	portino

Past
abbia portato	abbiamo portato
abbia portato	abbiate portato
abbia portato	abbiano portato

Imperfect
portassi	portassimo
portassi	portaste
portasse	portassero

Past Perfect
avessi portato	avessimo portato
avessi portato	aveste portato
avesse portato	avessero portato

Conditional

Present
porterei	porteremmo
porteresti	portereste
porterebbe	porterebbero

Past
avrei portato	avremmo portato
avresti portato	avreste portato
avrebbe portato	avrebbero portato

Imperative
—	portiamo!
porta!	portate!
porti!	portino!

Participles
Present
portante
Past
portato

Gerund
portando

Related Words
portabile	*portable*	portacenere	*ashtray*
portafogli	*wallet*	portalettere	*postman*
portarsi	*to move, to behave*	portata	*reach, range*

138

107 potere can, to be able

Irregular
Modal*

	io	noi
	tu	voi
	lui/lei	loro

Indicative

Present

posso	possiamo
puoi	potete
può	possono

Present Perfect

ho potuto	abbiamo potuto
hai potuto	avete potuto
ha potuto	hanno potuto

Imperfect

potevo	potevamo
potevi	potevate
poteva	potevano

Past Perfect

avevo potuto	avevamo potuto
avevi potuto	avevate potuto
aveva potuto	avevano potuto

Absolute Past

potei	potemmo
potesti	poteste
potè	poterono

Preterite Perfect

ebbi potuto	avemmo potuto
avesti potuto	aveste potuto
ebbe potuto	ebbero potuto

Future

potrò	potremo
potrai	potreste
potrà	potranno

Future Perfect

avrò potuto	avremo potuto
avrai potuto	avrete potuto
avrà potuto	avranno potuto

Subjunctive

Present

possa	possiamo
possa	possiate
possa	possano

Past

abbia potuto	abbiamo potuto
abbia potuto	abbiate potuto
abbia potuto	abbiano potuto

Imperfect

potessi	potessimo
potessi	poteste
potesse	potessero

Past Perfect

avessi potuto	avessimo potuto
avessi potuto	aveste potuto
avesse potuto	avessero potuto

Conditional

Present

potrei	potremmo
potresti	potreste
potrebbe	potrebbero

Past

avrei potuto	avremmo potuto
avresti potuto	avreste potuto
avrebbe potuto	avrebbero potuto

Imperative

—	possiamo!
puoi!	possiate!
possa!	possano!

Participles

Present
potente
Past
potuto

Gerund

potendo

Related Words

possibile	possible	potenziale	potential
potente	powerful, influential	potere	power, authority
		potenza	might, power

*Potere is conjugated with essere when it is followed by an infinitive that is conjugated with essere, e.g., sono potuto andare.

108 pranzare to dine

Regular
Intransitive

	io	noi
	tu	voi
	lui/lei	loro

Indicative

Present		Present Perfect	
pranzo	pranziamo	ho pranzato	abbiamo pranzato
pranzi	pranzate	hai pranzato	avete pranzato
pranza	pranzano	ha pranzato	hanno pranzato

Imperfect		Past Perfect	
pranzavo	pranzavamo	avevo pranzato	avevamo pranzato
pranzavi	pranzavate	avevi pranzato	avevate pranzato
pranzava	pranzavano	aveva pranzato	avevano pranzato

Absolute Past		Preterite Perfect	
pranzai	pranzammo	ebbi pranzato	avemmo pranzato
pranzasti	pranzaste	avesti pranzato	aveste pranzato
pranzò	pranzarono	ebbe pranzato	ebbero pranzato

Future		Future Perfect	
pranzerò	pranzeremo	avrò pranzato	avremo pranzato
pranzerai	pranzerete	avrai pranzato	avrete pranzato
pranzerà	pranzeranno	avrà pranzato	avranno pranzato

Subjunctive

Present		Past	
pranzi	pranziamo	abbia pranzato	abbiamo pranzato
pranzi	pranziate	abbia pranzato	abbiate pranzato
pranzi	pranzino	abbia pranzato	abbiano pranzato

Imperfect		Past Perfect	
pranzassi	pranzassimo	avessi pranzato	avessimo pranzato
pranzassi	pranzaste	avessi pranzato	aveste pranzato
pranzasse	pranzassero	avesse pranzato	avessero pranzato

Conditional

Present		Past	
pranzerei	pranzeremmo	avrei pranzato	avremmo pranzato
pranzeresti	pranzereste	avresti pranzato	avreste pranzato
pranzerebbe	pranzerebbero	avrebbe pranzato	avrebbero pranzato

Imperative

—	pranziamo!
pranza!	pranzate!
pranzi!	pranzino!

Participles

Present
pranzante

Past
pranzato

Gerund

pranzando

Related Words

pranzo	*lunch*	dopo pranzo	*early afternoon*

109 preferire to prefer

-isc- verb[†]
Transitive

	io	noi
	tu	voi
	lui/lei	loro

Indicative

Present

		Present Perfect	
preferisco	preferiamo	ho preferito	abbiamo preferito
preferisci	preferite	hai preferito	avete preferito
preferisce	preferiscono	ha preferito	hanno preferito

Imperfect

		Past Perfect	
preferivo	preferivamo	avevo preferito	avevamo preferito
preferivi	preferivate	avevi preferito	avevate preferito
preferiva	preferivano	aveva preferito	avevano preferito

Absolute Past

		Preterite Perfect	
preferii	preferimmo	ebbi preferito	avemmo preferito
preferisti	preferiste	avesti preferito	aveste preferito
preferì	preferirono	ebbe preferito	ebbero preferito

Future

		Future Perfect	
preferirò	preferiremo	avrò preferito	avremo preferito
preferirai	preferirete	avrai preferito	avrete preferito
preferirà	preferiranno	avrà preferito	avranno preferito

Subjunctive

Present

		Past	
preferisca	preferiamo	abbia preferito	abbiamo preferito
preferisca	preferiate	abbia preferito	abbiate preferito
preferisca	preferiscano	abbia preferito	abbiano preferito

Imperfect

		Past Perfect	
preferissi	preferissimo	avessi preferito	avessimo preferito
preferissi	preferiste	avessi preferito	aveste preferito
preferisse	preferissero	avesse preferito	avessero preferito

Conditional

Present

		Past	
preferirei	preferiremmo	avrei preferito	avremmo preferito
preferiresti	preferireste	avresti preferito	avreste preferito
preferirebbe	preferirebbero	avrebbe preferito	avrebbero preferito

Imperative

—	preferiamo!
preferisci!	preferite!
preferisca!	preferiscano!

Participles

Present
preferente

Past
preferito

Gerund

preferendo

Related Words

preferenza	*preference*	preferito	*favorite*
preferibile	*preferable*		

[†] *Preferire* inserts *-isc-* between its stem and the present indicative and present subjunctive endings in all but the first and second person plural forms.

110 **pregare** to pray

Regular
Intransitive

	io	noi
	tu	voi
	lui/lei	loro

Indicative

Present

prego	preghiamo
preghi	pregate
prega	pregano

Present Perfect

ho pregato	abbiamo pregato
nai pregato	avete pregato
ha pregato	hanno pregato

Imperfect

pregavo	pregavamo
pregavi	pregavate
pregava	pregavano

Past Perfect

avevo pregato	avevamo pregato
avevi pregato	avevate pregato
aveva pregato	avevano pregato

Absolute Past

pregai	pregammo
pregasti	pregaste
pregò	pregarono

Preterite Perfect

ebbi pregato	avemmo pregato
avesti pregato	aveste pregato
ebbe pregato	ebbero pregato

Future

pregherò	pregheremo
pregherai	pregherete
pregherà	pregheranno

Future Perfect

avrò pregato	avremo pregato
avrai pregato	avrete pregato
avrà pregato	avranno pregato

Subjunctive

Present

preghi	preghiamo
preghi	preghiate
preghi	preghino

Past

abbia pregato	abbiamo pregato
abbia pregato	abbiate pregato
abbia pregato	abbiano pregato

Imperfect

pregassi	pregassimo
pregassi	pregaste
pregasse	pregassero

Past Perfect

avessi pregato	avessimo pregato
avessi pregato	aveste pregato
avesse pregato	avessero pregato

Conditional

Present

pregherei	pregheremmo
pregheresti	preghereste
pregherebbe	pregherebbero

Past

avrei pregato	avremmo pregato
avresti pregato	avreste pregato
avrebbe pregato	avrebbero pregato

Imperative

—	preghiamo!
prega!	pregate!
preghi!	preghino!

Participles

Present
pregante

Past
pregato

Gerund
pregando

Related Words

preghiera	*prayer*

111 prendere to take, to fetch, to catch

Irregular
Transitive

	io	noi
	tu	voi
	lui/lei	loro

Indicative

Present
prendo	prendiamo
prendi	prendete
prende	prendono

Present Perfect
ho preso	abbiamo preso
hai preso	avete preso
ha preso	hanno preso

Imperfect
prendevo	prendevamo
prendevi	prendevate
prendeva	prendevano

Past Perfect
avevo preso	avevamo preso
avevi preso	avevate preso
aveva preso	avevano preso

Absolute Past
presi	prendemmo
prendesti	prendeste
prese	presero

Preterite Perfect
ebbi preso	avemmo preso
avesti preso	aveste preso
ebbe preso	ebbero preso

Future
prenderò	prenderemo
prenderai	prenderete
prenderà	prenderanno

Future Perfect
avrò preso	avremo preso
avrai preso	avrete preso
avrà preso	avranno preso

Subjunctive

Present
prenda	prendiamo
prenda	prendiate
prenda	prendano

Past
abbia preso	abbiamo preso
abbia preso	abbiate preso
abbia preso	abbiano preso

Imperfect
prendessi	prendessimo
prendessi	prendeste
prendesse	prendessero

Past Perfect
avessi preso	avessimo preso
avessi preso	aveste preso
avesse preso	avessero preso

Conditional

Present
prenderei	prenderemmo
prenderesti	prendereste
prenderebbe	prenderebbero

Past
avrei preso	avremmo preso
avresti preso	avreste preso
avrebbe preso	avrebbero preso

Imperative
—	prendiamo!
prendi!	prendete!
prenda!	prendano!

Participles

Present
prendente

Past
preso

Gerund
prendendo

Related Words

presa	*hold, grip, handle*	prendere un granchio	*to make a blunder*
prendere per il naso	*to lead by the nose*	prendersela con	*to become angry with*

143

112 **preparare** to prepare

Regular
Transitive

	io	noi
	tu	voi
	lui/lei	loro

Indicative

Present
preparo	prepariamo
prepari	preparate
prepara	preparano

Present Perfect
ho preparato	abbiamo preparato
hai preparato	avete preparato
ha preparato	hanno preparato

Imperfect
preparavo	preparavamo
preparavi	preparavate
preparava	preparavano

Past Perfect
avevo preparato	avevamo preparato
avevi preparato	avevate preparato
aveva preparato	avevano preparato

Absolute Past
preparai	preparammo
preparasti	preparaste
preparò	prepararono

Preterite Perfect
ebbi preparato	avemmo preparato
avesti preparato	aveste preparato
ebbe preparato	ebbero preparato

Future
preparerò	prepareremo
preparerai	preparerete
preparerà	prepareranno

Future Perfect
avrò preparato	avremo preparato
avrai preparato	avrete preparato
avrà preparato	avranno preparato

Subjunctive

Present
prepari	prepariamo
prepari	prepariate
prepari	preparino

Past
abbia preparato	abbiamo preparato
abbia preparato	abbiate preparato
abbia preparato	abbiano preparato

Imperfect
preparassi	preparassimo
preparassi	preparaste
preparasse	preparassero

Past Perfect
avessi preparato	avessimo preparato
avessi preparato	aveste preparato
avesse preparato	avessero preparato

Conditional

Present
preparerei	prepareremmo
prepareresti	preparereste
preparerebbe	preparerebbero

Past
avrei preparato	avremmo preparato
avresti preparato	avreste preparato
avrebbe preparato	avrebbero preparato

Imperative
—	prepariamo!
prepara!	preparate!
prepari!	preparino!

Participles
Present
preparante
Past
preparato

Gerund
preparando

Related Words

preparativo	*preparatory, preparation*	preparatorio	*preparatory*
preparato	*prepared*	preparazione	*preparation*

113 presentare to present, to introduce

Regular
Transitive

	io	noi
	tu	voi
	lui/lei	loro

Indicative

Present
presento	presentiamo
presenti	presentate
presenta	presentano

Present Perfect
ho presentato	abbiamo presentato
hai presentato	avete presentato
ha presentato	hanno presentato

Imperfect
presentavo	presentavamo
presentavi	presentavate
presentava	presentavano

Past Perfect
avevo presentato	avevamo presentato
avevi presentato	avevate presentato
aveva presentato	avevano presentato

Absolute Past
presentai	presentammo
presentasti	presentaste
presentò	presentarono

Preterite Perfect
ebbi presentato	avemmo presentato
avesti presentato	aveste presentato
ebbe presentato	ebbero presentato

Future
presenterò	presenteremo
presenterai	presenterete
presenterà	presenteranno

Future Perfect
avrò presentato	avremo presentato
avrai presentato	avrete presentato
avrà presentato	avranno presentato

Subjunctive

Present
presenti	presentiamo
presenti	presentiate
presenti	presentino

Past
abbia presentato	abbiamo presentato
abbia presentato	abbiate presentato
abbia presentato	abbiano presentato

Imperfect
presentassi	presentassimo
presentassi	presentaste
presentasse	presentassero

Past Perfect
avessi presentato	avessimo presentato
avessi presentato	aveste presentato
avesse presentato	avessero presentato

Conditional

Present
presenterei	presenteremmo
presenteresti	presentereste
presenterebbe	presenterebbero

Past
avrei presentato	avremmo presentato
avresti presentato	avreste presentato
avrebbe presentato	avrebbero presentato

Imperative

—	presentiamo!
presenta!	presentate!
presenti!	presentino!

Participles

Present
presentante

Past
presentato

Gerund

presentando

Related Words

presentarsi	to introduce oneself
presentazione	presentation, introduction
presentabile	presentable
presentemente	presently, now

114 prestare to lend, to loan

Regular
Transitive

	io	noi
	tu	voi
	lui/lei	loro

Indicative

Present
presto	prestiamo
presti	prestate
presta	prestano

Present Perfect
ho prestato	abbiamo prestato
hai prestato	avete prestato
ha prestato	hanno prestato

Imperfect
prestavo	prestavamo
prestavi	prestavate
prestava	prestavano

Past Perfect
avevo prestato	avevamo prestato
avevi prestato	avevate prestato
aveva prestato	avevano prestato

Absolute Past
prestai	prestammo
prestasti	prestaste
prestò	prestarono

Preterite Perfect
ebbi prestato	avemmo prestato
avesti prestato	aveste prestato
ebbe prestato	ebbero prestato

Future
presterò	presteremo
presterai	presterete
presterà	presteranno

Future Perfect
avrò prestato	avremo prestato
avrai prestato	avrete prestato
avrà prestato	avranno prestato

Subjunctive

Present
presti	prestiamo
presti	prestiate
presti	prestino

Past
abbia prestato	abbiamo prestato
abbia prestato	abbiate prestato
abbia prestato	abbiano prestato

Imperfect
prestassi	prestassimo
prestassi	prestaste
prestasse	prestassero

Past Perfect
avessi prestato	avessimo prestato
avessi prestato	aveste prestato
avesse prestato	avessero prestato

Conditional

Present
presterei	presteremmo
presteresti	prestereste
presterebbe	presterebbero

Past
avrei prestato	avremmo prestato
avresti prestato	avreste prestato
avrebbe prestato	avrebbero prestato

Imperative
—	prestiamo!
presta!	prestate!
presti!	prestino!

Participles
Present
prestante
Past
prestato

Gerund
prestando

Related Words

prestito	*borrowing, loan*	prestante	*strong, vigorous*
prestatore d'opera	*labor*		

115 provare to try, to test

Regular
Transitive

	io	noi
	tu	voi
	lui/lei	loro

Indicative

Present
provo	proviamo
provi	provate
prova	provano

Present Perfect
ho provato	abbiamo provato
hai provato	avete provato
ha provato	hanno provato

Imperfect
provavo	provavamo
provavi	provavate
provava	provavano

Past Perfect
avevo provato	avevamo provato
avevi provato	avevate provato
aveva provato	avevano provato

Absolute Past
provai	provammo
provasti	provaste
provò	provarono

Preterite Perfect
ebbi provato	avemmo provato
avesti provato	aveste provato
ebbe provato	ebbero provato

Future
proverò	proveremo
proverai	proverete
proverà	proveranno

Future Perfect
avrò provato	avremo provato
avrai provato	avrete provato
avrà provato	avranno provato

Subjunctive

Present
provi	proviamo
provi	proviate
provi	provino

Past
abbia provato	abbiamo provato
abbia provato	abbiate provato
abbia provato	abbiano provato

Imperfect
provassi	provassimo
provassi	provaste
provasse	provassero

Past Perfect
avessi provato	avessimo provato
avessi provato	aveste provato
avesse provato	avessero provato

Conditional

Present
proverei	proveremmo
proveresti	provereste
proverebbe	proverebbero

Past
avrei provato	avremmo provato
avresti provato	avreste provato
avrebbe provato	avrebbero provato

Imperative
—	proviamo!
prova!	provate!
provi!	provino!

Participles
Present
provante
Past
provato

Gerund
provando

Related Words

prova	*proof, trial, test*	provabile	*provable*
provarsi	*to attempt*	provatamente	*surely, certainly*

147

116 pulire to clean

-isc- verb[†]
Transitive

	io	noi
	tu	voi
	lui/lei	loro

Indicative

Present
pulisco	puliamo
pulisci	pulite
pulisce	puliscono

Present Perfect
ho pulito	abbiamo pulito
hai pulito	avete pulito
ha pulito	hanno pulito

Imperfect
pulivo	pulivamo
pulivi	pulivate
puliva	pulivano

Past Perfect
avevo pulito	avevamo pulito
avevi pulito	avevate pulito
aveva pulito	avevano pulito

Absolute Past
pulii	pulimmo
pulisti	puliste
pulì	pulirono

Preterite Perfect
ebbi pulito	avemmo pulito
avesti pulito	aveste pulito
ebbe pulito	ebbero pulito

Future
pulirò	puliremo
pulirai	pulirete
pulirà	puliranno

Future Perfect
avrò pulito	avremo pulito
avrai pulito	avrete pulito
avrà pulito	avranno pulito

Subjunctive

Present
pulisca	puliamo
pulisca	puliate
pulisca	puliscano

Past
abbia pulito	abbiamo pulito
abbia pulito	abbiate pulito
abbia pulito	abbiano pulito

Imperfect
pulissi	pulissimo
pulissi	puliste
pulisse	pulissero

Past Perfect
avessi pulito	avessimo pulito
avessi pulito	aveste pulito
avesse pulito	avessero pulito

Conditional

Present
pulirei	puliremmo
puliresti	pulireste
pulirebbe	pulirebbero

Past
avrei pulito	avremmo pulito
avresti pulito	avreste pulito
avrebbe pulito	avrebbero pulito

Imperative
—	puliamo!
pulisci!	pulite!
pulisca!	puliscano!

Participles
Present
pulente
Past
pulito

Gerund
pulendo

Related Words

pulitura	*cleaning*	pulizia	*cleanliness*
pulitura a secco	*dry cleaning*	pulito	*clean*

[†] *Pulire* inserts *-isc-* between its stem and the present indicative and present subjunctive endings in all but the first and second person plural forms.

117 **raccontare** to tell, to narrate

Regular
Transitive

io   noi
tu   voi
lui/lei   loro

Indicative

Present

		Present Perfect	
racconto	raccontiamo	ho raccontato	abbiamo raccontato
racconti	raccontate	hai raccontato	avete raccontato
racconta	raccontano	ha raccontato	hanno raccontato

Imperfect

		Past Perfect	
raccontavo	raccontavamo	avevo raccontato	avevamo raccontato
raccontavi	raccontavate	avevi raccontato	avevate raccontato
raccontava	raccontavano	aveva raccontato	avevano raccontato

Absolute Past

		Preterite Perfect	
raccontai	raccontammo	ebbi raccontato	avemmo raccontato
raccontasti	raccontaste	avesti raccontato	aveste raccontato
raccontò	raccontarono	ebbe raccontato	ebbero raccontato

Future

		Future Perfect	
racconterò	racconteremo	avrò raccontato	avremo raccontato
racconterai	racconterete	avrai raccontato	avrete raccontato
racconterà	racconteranno	avrà raccontato	avranno raccontato

Subjunctive

Present

		Past	
racconti	raccontiamo	abbia raccontato	abbiamo raccontato
racconti	raccontiate	abbia raccontato	abbiate raccontato
racconti	raccontino	abbia raccontato	abbiano raccontato

Imperfect

		Past Perfect	
raccontassi	raccontassimo	avessi raccontato	avessimo raccontato
raccontassi	raccontaste	avessi raccontato	aveste raccontato
raccontasse	raccontassero	avesse raccontato	avessero raccontato

Conditional

Present

		Past	
racconterei	racconteremmo	avrei raccontato	avremmo raccontato
racconteresti	raccontereste	avresti raccontato	avreste raccontato
racconterebbe	racconterebbero	avrebbe raccontato	avrebbero raccontato

Imperative

—	raccontiamo!
racconta!	raccontate!
racconti!	raccontino!

Participles

Present
raccontante

Past
raccontato

Gerund

raccontando

Related Words

racconto   *tale*

118 regalare to present

Regular   io   noi
Transitive   tu   voi
                                                 lui/lei loro

Indicative

Present
		Present Perfect	
regalo	regaliamo	ho regalato	abbiamo regalato
regali	regalate	hai regalato	avete regalato
regala	regalano	ha regalato	hanno regalato

Imperfect
		Past Perfect	
regalavo	regalavamo	avevo regalato	avevamo regalato
regalavi	regalavate	avevi regalato	avevate regalato
regalava	regalavano	aveva regalato	avevano regalato

Absolute Past
		Preterite Perfect	
regalai	regalammo	ebbi regalato	avemmo regalato
regalasti	regalaste	avesti regalato	aveste regalato
regalò	regalarono	ebbe regalato	ebbero regalato

Future
		Future Perfect	
regalerò	regaleremo	avrò regalato	avremo regalato
regalerai	regalerete	avrai regalato	avrete regalato
regalerà	regaleranno	avrà regalato	avranno regalato

Subjunctive

Present
		Past	
regali	regaliamo	abbia regalato	abbiamo regalato
regali	regaliate	abbia regalato	abbiate regalato
regali	regalino	abbia regalato	abbiano regalato

Imperfect
		Past Perfect	
regalassi	regalassimo	avessi regalato	avessimo regalato
regalassi	regalaste	avessi regalato	aveste regalato
regalasse	regalassero	avesse regalato	avessero regalato

Conditional

Present
		Past	
regalerei	regaleremmo	avrei regalato	avremmo regalato
regaleresti	regalereste	avresti regalato	avreste regalato
regalerebbe	regalerebbero	avrebbe regalato	avrebbero regalato

Imperative | Participles | Gerund

		Present	
—	regaliamo!	regalante	regalando
regala!	regalate!	**Past**	
regali!	regalino!	regalato	

Related Words

regalie	*gratuity*	regalo	*present*

150

119 restare to stay, to remain

Regular
Intransitive

	io	noi
	tu	voi
	lui/lei	loro

Indicative

Present

resto	restiamo
resti	restate
resta	restano

Present Perfect

sono restato(a)	siamo restati(e)
sei restato(a)	siete restati(e)
è restato(a)	sono restati(e)

Imperfect

restavo	restavamo
restavi	restavate
restava	restavano

Past Perfect

ero restato(a)	eravamo restati(e)
eri restato(a)	eravate restati(e)
era restato(a)	erano restati(e)

Absolute Past

restai	restammo
restasti	restaste
restò	restarono

Preterite Perfect

fui restato(a)	fummo restati(e)
fosti restato(a)	foste restati(e)
fu restato(a)	furono restati(e)

Future

resterò	resteremo
resterai	resterete
resterà	resteranno

Future Perfect

sarò restato(a)	saremo restati(e)
sarai restato(a)	sarete restati(e)
sarà restato(a)	saranno restati(e)

Subjunctive

Present

resti	restiamo
resti	restiate
resti	restino

Past

sia restato(a)	siamo restati(e)
sia restato(a)	siate restati(e)
sia restato(a)	siano restati(e)

Imperfect

restassi	restassimo
restassi	restaste
restasse	restassero

Past Perfect

fossi restato(a)	fossimo restati(e)
fossi restato(a)	foste restati(e)
fosse restato(a)	fossero restati(e)

Conditional

Present

resterei	resteremmo
resteresti	restereste
resterebbe	resterebbero

Past

sarei restato(a)	saremmo restati(e)
saresti restato(a)	sareste restati(e)
sarebbe restato(a)	sarebbero restati(e)

Imperative

—	restiamo!
resta!	restate!
resti!	restino!

Participles

Present
restante

Past
restato

Gerund

restando

Related Words

restante	*remaining*	restio	*balky, restive*
resto	*(money) change*		

120 restituire to return, to give back

-isc- verb[†]
Transitive

	io	noi
tu	voi
lui/lei	loro

Indicative

Present
restituisco	restituiamo
restituisci	restituite
restituisce	restituiscono

Present Perfect
ho restituito	abbiamo restituito
hai restituito	avete restituito
ha restituito	hanno restituito

Imperfect
restituivo	restituivamo
restituivi	restituivate
restituiva	restituivano

Past Perfect
avevo restituito	avevamo restituito
avevi restituito	avevate restituito
aveva restituito	avevano restituito

Absolute Past
restituii	restituimmo
restituisti	restituiste
restitui	restituirono

Preterite Perfect
ebbi restituito	avemmo restituito
avesti restituito	aveste restituito
ebbe restituito	ebbero restituito

Future
restituirò	restituiremo
restituirai	restituirete
restituirà	restituiranno

Future Perfect
avrò restituito	avremo restituito
avrai restituito	avrete restituito
avrà restituito	avranno restituito

Subjunctive

Present
restituisca	restituiamo
restituisca	restituiate
restituisca	restituiscano

Past
abbia restituito	abbiamo restituito
abbia restituito	abbiate restituito
abbia restituito	abbiano restituito

Imperfect
restituissi	restituissimo
restituissi	restituiste
restituisse	restituissero

Past Perfect
avessi restituito	avessimo restituito
avessi restituito	aveste restituito
avesse restituito	avessero restituito

Conditional

Present
restituirei	restituiremmo
restituiresti	restituireste
restituirebbe	restituirebbero

Past
avrei restituito	avremmo restituito
avresti restituito	avreste restituito
avrebbe restituito	avrebbero restituito

Imperative
—	restituiamo!
restituisci!	restituite!
restituisca!	restituiscano!

Participles

Present
restituente

Past
restituito

Gerund
restituendo

Related Words
restituzione   *restitution, return*

[†]*Restituire* inserts *-isc-* between its stem and the present indicative and present subjunctive endings in all but the first and second person plural forms.

121 ricevere to receive

Regular

Transitive

io noi
tu voi
lui/lei loro

Indicative

Present

ricevo	riceviamo
ricevi	ricevete
riceve	ricevono

Present Perfect

ho ricevuto	abbiamo ricevuto
hai ricevuto	avete ricevuto
ha ricevuto	hanno ricevuto

Imperfect

ricevevo	ricevevamo
ricevevi	ricevevate
riceveva	ricevevano

Past Perfect

avevo ricevuto	avevamo ricevuto
avevi ricevuto	avevate ricevuto
aveva ricevuto	avevano ricevuto

Absolute Past

ricevetti	ricevemmo
ricevesti	riceveste
ricevette	ricevettero

Preterite Perfect

ebbi ricevuto	avemmo ricevuto
avesti ricevuto	aveste ricevuto
ebbe ricevuto	ebbero ricevuto

Future

riceverò	riceveremo
riceverai	riceverete
riceverà	riceveranno

Future Perfect

avrò ricevuto	avremo ricevuto
avrai ricevuto	avrete ricevuto
avrà ricevuto	avranno ricevuto

Subjunctive

Present

riceva	riceviamo
riceva	riceviate
riceva	ricevano

Past

abbia ricevuto	abbiamo ricevuto
abbia ricevuto	abbiate ricevuto
abbia ricevuto	abbiano ricevuto

Imperfect

ricevessi	ricevessimo
ricevessi	riceveste
ricevesse	ricevessero

Past Perfect

avessi ricevuto	avessimo ricevuto
avessi ricevuto	aveste ricevuto
avesse ricevuto	avessero ricevuto

Conditional

Present

riceverei	riceveremmo
riceveresti	ricevereste
riceverebbe	riceverebbero

Past

avrei ricevuto	avremmo ricevuto
avresti ricevuto	avreste ricevuto
avrebbe ricevuto	avrebbero ricevuto

Imperative

—	riceviamo!
ricevi!	ricevete!
riceva!	ricevano!

Participles

Present
ricevente

Past
ricevuto

Gerund

ricevendo

Related Words

ricevimento	*reception*	ricezione	*reception (radio, TV)*
ricevuta	*receipt*		

122 **ricompensare** to compensate

Regular   io   noi
Transitive   tu   voi
                                                 lui/lei   loro

Indicative

Present
ricompenso	ricompensiamo	
ricompensi	ricompensate	
ricompensa	ricompensano	

Present Perfect
ho ricompensato	abbiamo ricompensato
hai ricompensato	avete ricompensato
ha ricompensato	hanno ricompensato

Imperfect
ricompensavo	ricompensavamo
ricompensavi	ricompensavate
ricompensava	ricompensavano

Past Perfect
avevo ricompensato	avevamo ricompensato
avevi ricompensato	avevate ricompensato
aveva ricompensato	avevano ricompensato

Absolute Past
ricompensai	ricompensammo
ricompensasti	ricompensaste
ricompensò	ricompensarono

Preterite Perfect
ebbi ricompensato	avemmo ricompensato
avesti ricompensato	aveste ricompensato
ebbe ricompensato	ebbero ricompensato

Future
ricompenserò	ricompenseremo
ricompenserai	ricompenserete
ricompenserà	ricompenseranno

Future Perfect
avrò ricompensato	avremo ricompensato
avrai ricompensato	avrete ricompensato
avrà ricompensato	avranno ricompensato

Subjunctive

Present
ricompensi	ricompensiamo
ricompensi	ricompensiate
ricompensi	ricompensino

Past
abbia ricompensato	abbiamo ricompensato
abbia ricompensato	abbiate ricompensato
abbia ricompensato	abbiano ricompensato

Imperfect
ricompensassi	ricompensassimo
ricompensassi	ricompensaste
ricompensasse	ricompensassero

Past Perfect
avessi ricompensato	avessimo ricompensato
avessi ricompensato	aveste ricompensato
avesse ricompensato	avessero ricompensato

Conditional

Present
ricompenserei	ricompenseremmo
ricompenseresti	ricompensereste
ricompenserebbe	ricompenserebbero

Past
avrei ricompensato	avremmo ricompensato
avresti ricompensato	avreste ricompensato
avrebbe ricompensato	avrebbero ricompensato

Imperative
—	ricompensiamo!
ricompensa!	ricompensate!
ricompensi!	ricompensino!

Participles
Present
ricompensante
Past
ricompensato

Gerund
ricompensando

Related Words
ricompensa   *reward*

123 ricordarsi to remember

Regular
Reflexive

	io	noi
	tu	voi
	lui/lei	loro

Indicative

Present

mi ricordo	ci ricordiamo
ti ricordi	vi ricordate
si ricorda	si ricordano

Present Perfect

mi sono ricordato(a)	ci siamo ricordati(e)
ti sei ricordato(a)	vi siete ricordati(e)
si è ricordato(a)	si sono ricordati(e)

Imperfect

mi ricordavo	ci ricordavamo
ti ricordavi	vi ricordavate
si ricordava	si ricordavano

Past Perfect

mi ero ricordato(a)	ci eravamo ricordati(e)
ti eri ricordato(a)	vi eravate ricordati(e)
si era ricordato(a)	si erano ricordati(e)

Absolute Past

mi ricordai	ci ricordammo
ti ricordasti	vi ricordaste
si ricordò	si ricordarono

Preterite Perfect

mi fui ricordato(a)	ci fummo ricordati(e)
ti fosti ricordato(a)	vi foste ricordati(e)
si fu ricordato(a)	si furono ricordati(e)

Future

mi ricorderò	ci ricorderemo
ti ricorderai	vi ricorderete
si ricorderà	si ricorderanno

Future Perfect

mi sarò ricordato(a)	ci saremo ricordati(e)
ti sarai ricordato(a)	vi sarete ricordati(e)
si sarà ricordato(a)	si saranno ricordati(e)

Subjunctive

Present

mi ricordi	ci ricordiamo
ti ricordi	vi ricordiate
si ricordi	si ricordino

Past

mi sia ricordato(a)	ci siamo ricordati(e)
ti sia ricordato(a)	vi siate ricordati(e)
si sia ricordato(a)	si siano ricordati(e)

Imperfect

mi ricordassi	ci ricordassimo
ti ricordassi	vi ricordaste
si ricordasse	si ricordassero

Past Perfect

mi fossi ricordato(a)	ci fossimo ricordati(e)
ti fossi ricordato(a)	vi foste ricordati(e)
si fosse ricordato(a)	si fossero ricordati(e)

Conditional

Present

mi ricorderei	ci ricorderemmo
ti ricorderesti	vi ricordereste
si ricorderebbe	si ricorderebbero

Past

mi sarei ricordato(a)	ci saremmo ricordati(e)
ti saresti ricordato(a)	vi sareste ricordati(e)
si sarebbe ricordato(a)	si sarebbero ricordati(e)

Imperative

—	ricordiamoci!
ricordati!	ricordatevi!
si ricordi!	si ricordino!

Participles

Present
ricordantesi

Past
ricordatosi

Gerund

ricordandosi

Related Words

ricordo	*memory*	ricordare	*to call to mind*

124 ridere to laugh

Irregular
Intransitive

	io	noi
	tu	voi
	lui/lei	loro

Indicative

Present
rido	ridiamo
ridi	ridete
ride	ridono

Present Perfect
ho riso	abbiamo riso
hai riso	avete riso
ha riso	hanno riso

Imperfect
ridevo	ridevamo
ridevi	ridevate
rideva	ridevano

Past Perfect
avevo riso	avevamo riso
avevi riso	avevate riso
aveva riso	avevano riso

Absolute Past
risi	ridemmo
ridesti	rideste
rise	risero

Preterite Perfect
ebbi riso	avemmo riso
avesti riso	aveste riso
ebbe riso	ebbero riso

Future
riderò	rideremo
riderai	riderete
riderà	rideranno

Future Perfect
avrò riso	avremo riso
avrai riso	avrete riso
avrà riso	avranno riso

Subjunctive

Present
rida	ridiamo
rida	ridiate
rida	ridano

Past
abbia riso	abbiamo riso
abbia riso	abbiate riso
abbia riso	abbiano riso

Imperfect
ridessi	ridessimo
ridessi	rideste
ridesse	ridessero

Past Perfect
avessi riso	avessimo riso
avessi riso	aveste riso
avesse riso	avessero riso

Conditional

Present
riderei	rideremmo
rideresti	ridereste
riderebbe	riderebbero

Past
avrei riso	avremmo riso
avresti riso	avreste riso
avrebbe riso	avrebbero riso

Imperative
—	ridiamo!
ridi!	ridete!
rida!	ridano!

Participles

Present
ridente

Past
riso

Gerund
ridendo

Related Words

ridicolo	*ridicolous*	risata	*outburst of laughter*
sorridere	*to smile*	sorriso	*smile*

156

125 rimanere to remain

Irregular

Intransitive

	io	noi
	tu	voi
	lui/lei	loro

Indicative

Present

rimango	rimaniamo
rimani	rimanete
rimane	rimangono

Present Perfect

sono rimasto(a)	siamo rimasti(e)
sei rimasto(a)	siete rimasti(e)
è rimasto(a)	sono rimasti(e)

Imperfect

rimanevo	rimanevamo
rimanevi	rimanevate
rimaneva	rimanevano

Past Perfect

ero rimasto(a)	eravamo rimasti(e)
eri rimasto(a)	eravate rimasti(e)
era rimasto(a)	erano rimasti(e)

Absolute Past

rimasi	rimanemmo
rimanesti	rimaneste
rimase	rimasero

Preterite Perfect

fui rimasto(a)	fummo rimasti(e)
fosti rimasto(a)	foste rimasti(e)
fu rimasto(a)	furono rimasti(e)

Future

rimarrò	rimarremo
rimarrai	rimarrete
rimarrà	rimarranno

Future Perfect

sarò rimasto(a)	saremo rimasti(e)
sarai rimasto(a)	sarete rimasti(e)
sarà rimasto(a)	saranno rimasti(e)

Subjunctive

Present

rimanga	rimaniamo
rimanga	rimaniate
rimanga	rimangano

Past

sia rimasto(a)	siamo rimasti(e)
sia rimasto(a)	siate rimasti(e)
sia rimasto(a)	siano rimasti(e)

Imperfect

rimanessi	rimanessimo
rimanessi	rimaneste
rimanesse	rimanessero

Past Perfect

fossi rimasto(a)	fossimo rimasti(e)
fossi rimasto(a)	foste rimasti(e)
fosse rimasto(a)	fossero rimasti(e)

Conditional

Present

rimarrei	rimarremmo
rimarresti	rimarreste
rimarrebbe	rimarrebbero

Past

sarei rimasto(a)	saremmo rimasti(e)
saresti rimasto(a)	sareste rimasti(e)
sarebbe rimasto(a)	sarebbero rimasti(e)

Imperative

—	rimaniamo!
rimani!	rimanete!
rimanga!	rimangano!

Participles

Present

rimanente

Past

rimasto

Gerund

rimanendo

Related Words

rimanerci	*to die*

157

126 rispondere to answer

Irregular
Intransitive

	io	noi
	tu	voi
	lui/lei	loro

Indicative

Present		Present Perfect	
rispondo	rispondiamo	ho risposto	abbiamo risposto
rispondi	rispondete	hai risposto	avete risposto
risponde	rispondono	ha risposto	hanno risposto

Imperfect		Past Perfect	
rispondevo	rispondevamo	avevo risposto	avevamo risposto
rispondevi	rispondevate	avevi risposto	avevate risposto
rispondeva	rispondevano	aveva risposto	avevano risposto

Absolute Past		Preterite Perfect	
risposi	rispondemmo	ebbi risposto	avemmo risposto
rispondesti	rispondeste	avesti risposto	aveste risposto
rispose	risposero	ebbe risposto	ebbero risposto

Future		Future Perfect	
risponderò	risponderemo	avrò risposto	avremo risposto
risponderai	risponderete	avrai risposto	avrete risposto
risponderà	risponderanno	avrà risposto	avranno risposto

Subjunctive

Present		Past	
risponda	rispondiamo	abbia risposto	abbiamo risposto
risponda	rispondiate	abbia risposto	abbiate risposto
risponda	rispondano	abbia risposto	abbiano risposto

Imperfect		Past Perfect	
rispondessi	rispondessimo	avessi risposto	avessimo risposto
rispondessi	rispondeste	avessi risposto	aveste risposto
rispondesse	rispondessero	avesse risposto	avessero risposto

Conditional

Present		Past	
risponderei	risponderemmo	avrei risposto	avremmo risposto
risponderesti	rispondereste	avresti risposto	avreste risposto
risponderebbe	risponderebbero	avrebbe risposto	avrebbero risposto

Imperative

—	rispondiamo!
rispondi!	rispondete!
risponda!	rispondano!

Participles
Present
rispondente
Past
risposto

Gerund
rispondendo

Related Words

risposta	answer	rispondere picche	to say no

127 **ritornare** to return, to come back

Regular
Transitive/Intransitive*

	io	noi
	tu	voi
	lui/lei	loro

Indicative

Present		Present Perfect	
ritorno	ritorniamo	sono ritornato(a)	siamo ritornati(e)
ritorni	ritornate	sei ritornato(a)	siete ritornati(e)
ritorna	ritornano	è ritornato(a)	sono ritornati(e)

Imperfect		Past Perfect	
ritornavo	ritornavamo	ero ritornato(a)	eravamo ritornati(e)
ritornavi	ritornavate	eri ritornato(a)	eravate ritornati(e)
ritornava	ritornavano	era ritornato(a)	erano ritornati(e)

Absolute Past		Preterite Perfect	
ritornai	ritornammo	fui ritornato(a)	fummo ritornati(e)
ritornasti	ritornaste	fosti ritornato(a)	foste ritornati(e)
ritornò	ritornarono	fu ritornato(a)	furono ritornati(e)

Future		Future Perfect	
ritornerò	ritorneremo	sarò ritornato(a)	saremo ritornati(e)
ritornerai	ritornerete	sarai ritornato(a)	sarete ritornati(e)
ritornerà	ritorneranno	sarà ritornato(a)	saranno ritornati(e)

Subjunctive

Present		Past	
ritorni	ritorniamo	sia ritornato(a)	siamo ritornati(e)
ritorni	ritorniate	sia ritornato(a)	siate ritornati(e)
ritorni	ritornino	sia ritornato(a)	siano ritornati(e)

Imperfect		Past Perfect	
ritornassi	ritornassimo	fossi ritornato(a)	fossimo ritornati(e)
ritornassi	ritornaste	fossi ritornato(a)	foste ritornati(e)
ritornasse	ritornassero	fosse ritornato(a)	fossero ritornati(e)

Conditional

Present		Past	
ritornerei	ritorneremmo	sarei ritornato(a)	saremmo ritornati(e)
ritorneresti	ritornereste	saresti ritornato(a)	sareste ritornati(e)
ritornerebbe	ritornerebbero	sarebbe ritornato(a)	sarebbero ritornati(e)

Imperative

—	ritorniamo!
ritorna!	ritornate!
ritorni!	ritornino!

Participles

Present
ritornante
Past
ritornato

Gerund

ritornando

Related Words

ritorno	*coming back*	ritornello	*refrain*

Ritornare is conjugated with *avere* when it takes a direct object and with *essere* when it takes no direct object.

128 rivoltare to turn inside out

Regular
Transitive

		io	noi
		tu	voi
		lui/lei	loro

Indicative

Present		Present Perfect	
rivolto	rivoltiamo	ho rivoltato	abbiamo rivoltato
rivolti	rivoltate	hai rivoltato	avete rivoltato
rivolta	rivoltano	ha rivoltato	hanno rivoltato

Imperfect		Past Perfect	
rivoltavo	rivoltavamo	avevo rivoltato	avevamo rivoltato
rivoltavi	rivoltavate	avevi rivoltato	avevate rivoltato
rivoltava	rivoltavano	aveva rivoltato	avevano rivoltato

Absolute Past		Preterite Perfect	
rivoltai	rivoltammo	ebbi rivoltato	avemmo rivoltato
rivoltasti	rivoltaste	avesti rivoltato	aveste rivoltato
rivoltò	rivoltarono	ebbe rivoltato	ebbero rivoltato

Future		Future Perfect	
rivolterò	rivolteremo	avrò rivoltato	avremo rivoltato
rivolterai	rivolterete	avrai rivoltato	avrete rivoltato
rivolterà	rivolteranno	avrà rivoltato	avranno rivoltato

Subjunctive

Present		Past	
rivolti	rivoltiamo	abbia rivoltato	abbiamo rivoltato
rivolti	rivoltiate	abbia rivoltato	abbiate rivoltato
rivolti	rivoltino	abbia rivoltato	abbiano rivoltato

Imperfect		Past Perfect	
rivoltassi	rivoltassimo	avessi rivoltato	avessimo rivoltato
rivoltassi	rivoltaste	avessi rivoltato	aveste rivoltato
rivoltasse	rivoltassero	avesse rivoltato	avessero rivoltato

Conditional

Present		Past	
rivolterei	rivolteremmo	avrei rivoltato	avremmo rivoltato
rivolteresti	rivoltereste	avresti rivoltato	avreste rivoltato
rivolterebbe	rivolterebbero	avrebbe rivoltato	avrebbero rivoltato

Imperative

		Participles	Gerund
—	rivoltiamo!	**Present**	rivoltando
rivolta!	rivoltate!	rivoltante	
rivolti!	rivoltino!	**Past**	
		rivoltato	

Related Words

risvolto	cuff, lapel, inside flap	rivoltante	revolting, disgusting
rivolta	revolt	rivoltella	revolver

160

129 rompere to break

Regular
Transitive

	io	noi
	tu	voi
	lui/lei	loro

Indicative

Present
rompo	rompiamo
rompi	rompete
rompe	rompono

Present Perfect
ho rotto	abbiamo rotto
hai rotto	avete rotto
ha rotto	hanno rotto

Imperfect
rompevo	rompevamo
rompevi	rompevate
rompeva	rompevano

Past Perfect
avevo rotto	avevamo rotto
avevi rotto	avevate rotto
aveva rotto	avevano rotto

Absolute Past
ruppi	rompemmo
rompesti	rompeste
ruppe	ruppero

Preterite Perfect
ebbi rotto	avemmo rotto
avesti rotto	aveste rotto
ebbe rotto	ebbero rotto

Future
romperò	romperemo
romperai	romperete
romperà	romperanno

Future Perfect
avrò rotto	avremo rotto
avrai rotto	avrete rotto
avrà rotto	avranno rotto

Subjunctive

Present
rompa	rompiamo
rompa	rompiate
rompa	rompano

Past
abbia rotto	abbiamo rotto
abbia rotto	abbiate rotto
abbia rotto	abbiano rotto

Imperfect
rompessi	rompessimo
rompessi	rompeste
rompesse	rompessero

Past Perfect
avessi rotto	avessimo rotto
avessi rotto	aveste rotto
avesse rotto	avessero rotto

Conditional

Present
romperei	romperemmo
romperesti	rompereste
romperebbe	romperebbero

Past
avrei rotto	avremmo rotto
avresti rotto	avreste rotto
avrebbe rotto	avrebbero rotto

Imperative
—	rompiamo!
rompi!	rompete!
rompa!	rompano!

Participles
Present
rompente
Past
rotto

Gerund
rompendo

Related Words

rompersi	*to get broken*	rompibile	*breakable*
rompicapo	*annoyance, worry*	rompitesta	*puzzle, riddle*
corrompere	*to corrupt*	interrompere	*to interrupt*

130 rubare to steal

Regular
Transitive

	io	noi
	tu	voi
	lui/lei	loro

Indicative

Present
rubo	rubiamo
rubi	rubate
ruba	rubano

Present Perfect
ho rubato	abbiamo rubato
hai rubato	avete rubato
ha rubato	hanno rubato

Imperfect
rubavo	rubavamo
rubavi	rubavate
rubava	rubavano

Past Perfect
avevo rubato	avevamo rubato
avevi rubato	avevate rubato
aveva rubato	avevano rubato

Absolute Past
rubai	rubammo
rubasti	rubaste
rubò	rubarono

Preterite Perfect
ebbi rubato	avemmo rubato
avesti rubato	aveste rubato
ebbe rubato	ebbero rubato

Future
ruberò	ruberemo
ruberai	ruberete
ruberà	ruberanno

Future Perfect
avrò rubato	avremo rubato
avrai rubato	avrete rubato
avrà rubato	avranno rubato

Subjunctive

Present
rubi	rubiamo
rubi	rubiate
rubi	rubino

Past
abbia rubato	abbiamo rubato
abbia rubato	abbiate rubato
abbia rubato	abbiano rubato

Imperfect
rubassi	rubassimo
rubassi	rubaste
rubasse	rubassero

Past Perfect
avessi rubato	avessimo rubato
avessi rubato	aveste rubato
avesse rubato	avessero rubato

Conditional

Present
ruberei	ruberemmo
ruberesti	rubereste
ruberebbe	ruberebbero

Past
avrei rubato	avremmo rubato
avresti rubato	avreste rubato
avrebbe rubato	avrebbero rubato

Imperative
—	rubiamo!
ruba!	rubate!
rubi!	rubino!

Participles

Present
rubante

Past
rubato

Gerund
rubando

Related Words

rubacuori	*lady-killer, vamp*	ruberia	*thieving, stealing*
andar a ruba	*to sell like hot cakes*	rubato	*stolen*

131 salvare to save

Regular   io   noi
Transitive   tu   voi
     lui/lei   loro

Indicative

Present
salvo	salviamo		
salvi	salvate		
salva	salvano		

Present Perfect
ho salvato	abbiamo salvato		
hai salvato	avete salvato		
ha salvato	hanno salvato		

Imperfect
salvavo	salvavamo
salvavi	salvavate
salvava	salvavano

Past Perfect
avevo salvato	avevamo salvato
avevi salvato	avevate salvato
aveva salvato	avevano salvato

Absolute Past
salvai	salvammo
salvasti	salvaste
salvò	salvarono

Preterite Perfect
ebbi salvato	avemmo salvato
avesti salvato	aveste salvato
ebbe salvato	ebbero salvato

Future
salverò	salveremo
salverai	salverete
salverà	salveranno

Future Perfect
avrò salvato	avremo salvato
avrai salvato	avrete salvato
avrà salvato	avranno salvato

Subjunctive

Present
salvi	salviamo
salvi	salviate
salvi	salvino

Past
abbia salvato	abbiamo salvato
abbia salvato	abbiate salvato
abbia salvato	abbiano salvato

Imperfect
salvassi	salvassimo
salvassi	salvaste
salvasse	salvassero

Past Perfect
avessi salvato	avessimo salvato
avessi salvato	aveste salvato
avesse salvato	avessero salvato

Conditional

Present
salverei	salveremmo
salveresti	salvereste
salverebbe	salverebbero

Past
avrei salvato	avremmo salvato
avresti salvato	avreste salvato
avrebbe salvato	avrebbero salvato

Imperative
—	salviamo!
salva!	salvate!
salvi!	salvino!

Participles
Present
salvante
Past
salvato

Gerund
salvando

Related Words
salvadanaio	*piggy bank*	salvataggio	*rescue*
salvagente	*life preserver*	salvezza	*salvation, safety*

163

132 sapere to know

Irregular
Transitive

io   noi
tu   voi
lui/lei   loro

Indicative

Present		Present Perfect	
so	sappiamo	ho saputo	abbiamo saputo
sai	sapete	hai saputo	avete saputo
sa	sanno	ha saputo	hanno saputo

Imperfect		Past Perfect	
sapevo	sapevamo	avevo saputo	avevamo saputo
sapevi	sapevate	avevi saputo	avevate saputo
sapeva	sapevano	aveva saputo	avevano saputo

Absolute Past		Preterite Perfect	
seppi	sapemmo	ebbi saputo	avemmo saputo
sapesti	sapeste	avesti saputo	aveste saputo
seppe	seppero	ebbe saputo	ebbero saputo

Future		Future Perfect	
saprò	sapremo	avrò saputo	avremo saputo
saprai	saprete	avrai saputo	avrete saputo
saprà	sapranno	avrà saputo	avranno saputo

Subjunctive

Present		Past	
sappia	sappiamo	abbia saputo	abbiamo saputo
sappia	sappiate	abbia saputo	abbiate saputo
sappia	sappiano	abbia saputo	abbiano saputo

Imperfect		Past Perfect	
sapessi	sapessimo	avessi saputo	avessimo saputo
sapessi	sapeste	avessi saputo	aveste saputo
sapesse	sapessero	avesse saputo	avessero saputo

Conditional

Present		Past	
saprei	sapremmo	avrei saputo	avremmo saputo
sapresti	sapreste	avresti saputo	avreste saputo
saprebbe	saprebbero	avrebbe saputo	avrebbero saputo

Imperative

—	sappiamo!
sappi!	sappiate!
sappia!	sappiano!

Participles ___ Gerund ___

Present
sapiente

Past
saputo

sapendo

Related Words

sapiente	*wise, talented*	sapienza	*knowledge*

133 scegliere to choose

Irregular   io   noi
Transitive   tu   voi
            lui/lei   loro

Indicative

Present
scelgo	scegliamo
scegli	scegliete
sceglie	scelgono

Present Perfect
ho scelto	abbiamo scelto
hai scelto	avete scelto
ha scelto	hanno scelto

Imperfect
sceglievo	sceglievamo
sceglievi	sceglievate
sceglieva	sceglievano

Past Perfect
avevo scelto	avevamo scelto
avevi scelto	avevate scelto
aveva scelto	avevano scelto

Absolute Past
scelsi	scegliemmo
scegliesti	sceglieste
scelse	scelsero

Preterite Perfect
ebbi scelto	avemmo scelto
avesti scelto	aveste scelto
ebbe scelto	ebbero scelto

Future
sceglierò	sceglieremo
sceglierai	sceglierete
sceglierà	sceglieranno

Future Perfect
avrò scelto	avremo scelto
avrai scelto	avrete scelto
avrà scelto	avranno scelto

Subjunctive

Present
scelga	scegliamo
scelga	scegliate
scelga	scelgano

Past
abbia scelto	abbiamo scelto
abbia scelto	abbiate scelto
abbia scelto	abbiano scelto

Imperfect
scegliessi	scegliessimo
scegliessi	scegliese
scegliesse	scegliessero

Past Perfect
avessi scelto	avessimo scelto
avessi scelto	aveste scelto
avesse scelto	avessero scelto

Conditional

Present
sceglierei	sceglieremmo
scegliersti	scegliereste
sceglierebbe	sceglierebbero

Past
avrei scelto	avremmo scelto
avresti scelto	avreste scelto
avrebbe scelto	avrebbero scelto

Imperative
—	scegliamo!
scegli!	scegliete!
scelga!	scelgano!

Participles
Present
scegliente
Past
scelto

Gerund
scegliendo

Related Words
scelta	*choice*

134 scherzare to mock, to joke

Regular
Intransitive

		io	noi
		tu	voi
		lui/lei	loro

Indicative

Present

scherzo	scherziamo
scherzi	scherzate
scherza	scherzano

Present Perfect

ho scherzato	abbiamo scherzato
hai scherzato	avete scherzato
ha scherzato	hanno scherzato

Imperfect

scherzavo	scherzavamo
scherzavi	scherzavate
scherzava	scherzavano

Past Perfect

avevo scherzato	avevamo scherzato
avevi scherzato	avevate scherzato
aveva scherzato	avevano scherzato

Absolute Past

scherzai	scherzammo
scherzasti	scherzaste
scherzò	scherzarono

Preterite Perfect

ebbi scherzato	avemmo scherzato
avesti scherzato	aveste scherzato
ebbe scherzato	ebbero scherzato

Future

scherzerò	scherzeremo
scherzerai	scherzerete
scherzerà	scherzeranno

Future Perfect

avrò scherzato	avremo scherzato
avrai scherzato	avrete scherzato
avrà scherzato	avranno scherzato

Subjunctive

Present

scherzi	scherziamo
scherzi	scherziate
scherzi	scherzino

Past

abbia scherzato	abbiamo scherzato
abbia scherzato	abbiate scherzato
abbia scherzato	abbiano scherzato

Imperfect

scherzassi	scherzassimo
scherzassi	scherzaste
scherzasse	scherzassero

Past Perfect

avessi scherzato	avessimo scherzato
avessi scherzato	aveste scherzato
avesse scherzato	avessero scherzato

Conditional

Present

scherzerei	scherzeremmo
scherzeresti	scherzereste
scherzerebbe	scherzerebbero

Past

avrei scherzato	avremmo scherzato
avresti scherzato	avreste scherzato
avrebbe scherzato	avrebbero scherzato

Imperative

—	scherziamo!
scherza!	scherzate!
scherzi!	scherzino!

Participles

Present
scherzante

Past
scherzato

Gerund

scherzando

Related Words

scherzo	*joke*

135 sciare to ski

Regular
Intransitive

	io	noi
	tu	voi
	lui/lei	loro

Indicative

Present		**Present Perfect**	
scio	sciamo	ho sciato	abbiamo sciato
scii	sciate	hai sciato	avete sciato
scia	sciano	ha sciato	hanno sciato

Imperfect		**Past Perfect**	
sciavo	sciavamo	avevo sciato	avevamo sciato
sciavi	sciavate	avevi sciato	avevate sciato
sciava	sciavano	aveva sciato	avevano sciato

Absolute Past		**Preterite Perfect**	
sciai	sciammo	ebbi sciato	avemmo sciato
sciasti	sciaste	avesti sciato	aveste sciato
sciò	sciarono	ebbe sciato	ebbero sciato

Future		**Future Perfect**	
scierò	scieremo	avrò sciato	avremo sciato
scierai	scierete	avrai sciato	avrete sciato
scierà	scieranno	avrà sciato	avranno sciato

Subjunctive

Present		**Past**	
scii	sciamo	abbia sciato	abbiamo sciato
scii	sciate	abbia sciato	abbiate sciato
scii	sciino	abbia sciato	abbiano sciato

Imperfect		**Past Perfect**	
sciassi	sciassimo	avessi sciato	avessimo sciato
sciassi	sciaste	avessi sciato	aveste sciato
sciasse	sciassero	avesse sciato	avessero sciato

Conditional

Present		**Past**	
scierei	scieremmo	avrei sciato	avremmo sciato
scieresti	sciereste	avresti sciato	avreste sciato
scierebbe	scierebbero	avrebbe sciato	avrebbero sciato

Imperative

—	sciamo!
scia!	sciate!
scii!	sciino!

Participles

Present
sciante

Past
sciato

Gerund

sciando

Related Words

sci	*ski*	scia	*wake, track, trail*
sciatore	*skier*		

136 scoprire to discover

Irregular
Transitive

	io	noi
	tu	voi
	lui/lei	loro

Indicative

Present
		Present Perfect	
scopro	scopriamo	ho scoperto	abbiamo scoperto
scopri	scoprite	hai scoperto	avete scoperto
scopre	scoprono	ha scoperto	hanno scoperto

Imperfect
		Past Perfect	
scoprivo	scoprivamo	avevo scoperto	avevamo scoperto
scoprivi	scoprivate	avevi scoperto	avevate scoperto
scopriva	scoprivano	aveva scoperto	avevano scoperto

Absolute Past
		Preterite Perfect	
scoprii	scoprimmo	ebbi scoperto	avemmo scoperto
scopristi	scopriste	avesti scoperto	aveste scoperto
scoprì	scoprirono	ebbe scoperto	ebbero scoperto

Future
		Future Perfect	
scoprirò	scopriremo	avrò scoperto	avremo scoperto
scoprirai	scoprirete	avrai scoperto	avrete scoperto
scoprirà	scopriranno	avrà scoperto	avranno scoperto

Subjunctive

Present
		Past	
scopra	scopriamo	abbia scoperto	abbiamo scoperto
scopra	scopriate	abbia scoperto	abbiate scoperto
scopra	scoprano	abbia scoperto	abbiano scoperto

Imperfect
		Past Perfect	
scoprissi	scoprissimo	avessi scoperto	avessimo scoperto
scoprissi	scopriste	avessi scoperto	aveste scoperto
scoprisse	scoprissero	avesse scoperto	avessero scoperto

Conditional

Present
		Past	
scoprirei	scopriremmo	avrei scoperto	avremmo scoperto
scopriresti	scoprireste	avresti scoperto	avreste scoperto
scoprirebbe	scoprirebbero	avrebbe scoperto	avrebbero scoperto

Imperative

—	scopriamo!
scopri!	scoprite!
scopra!	scoprano!

Participles

Present
scoprente

Past
scoperto

Gerund

scoprendo

Related Words

scoperta	*discovery*	scopritore	*discoverer*

137 scrivere to write

Irregular
Transitive

	io	noi
	tu	voi
	lui/lei	loro

Indicative

Present
scrivo	scriviamo
scrivi	scrivete
scrive	scrivono

Present Perfect
ho scritto	abbiamo scritto
hai scritto	avete scritto
ha scritto	hanno scritto

Imperfect
scrivevo	scrivevamo
scrivevi	scrivevate
scriveva	scrivevano

Past Perfect
avevo scritto	avevamo scritto
avevi scritto	avevate scritto
aveva scritto	avevano scritto

Absolute Past
scrissi	scrivemmo
scrivesti	scriveste
scrisse	scrissero

Preterite Perfect
ebbi scritto	avemmo scritto
avesti scritto	aveste scritto
ebbe scritto	ebbero scritto

Future
scriverò	scriveremo
scriverai	scriverete
scriverà	scriveranno

Future Perfect
avrò scritto	avremo scritto
avrai scritto	avrete scritto
avrà scritto	avranno scritto

Subjunctive

Present
scriva	scriviamo
scriva	scriviate
scriva	scrivano

Past
abbia scritto	abbiamo scritto
abbia scritto	abbiate scritto
abbia scritto	abbiano scritto

Imperfect
scrivessi	scrivessimo
scrivessi	scriveste
scrivesse	scrivessero

Past Perfect
avessi scritto	avessimo scritto
avessi scritto	aveste scritto
avesse scritto	avessero scritto

Conditional

Present
scriverei	scriveremmo
scriveresti	scrivereste
scriverebbe	scriverebbero

Past
avrei scritto	avremmo scritto
avresti scritto	avreste scritto
avrebbe scritto	avrebbero scritto

Imperative
—	scriviamo!
scrivi!	scrivete!
scriva!	scrivano!

Participles
Present
scrivente
Past
scritto

Gerund
scrivendo

Related Words

scritto	*manuscript*	scrittura	*handwriting*
scritta	*sign (written)*	scrittore	*writer*
scrivania	*desk*	iscrivere	*to register, to sign up*

138a sedersi* to sit down

Irregular
Reflexive

io noi
tu voi
lui/lei loro

Indicative

Present
mi siedo	ci sediamo
ti siedi	vi sedete
si siede	si siedono

Present Perfect
mi sono seduto(a)	ci siamo seduti(e)
ti sei seduto(a)	vi siete seduti(e)
si è seduto(a)	si sono seduti(e)

Imperfect
mi sedevo	ci sedevamo
ti sedevi	vi sedevate
si sedeva	si sedevano

Past Perfect
mi ero seduto(a)	ci eravamo seduti(e)
ti eri seduto(a)	vi eravate seduti(e)
si era seduto(a)	si erano seduti(e)

Absolute Past
mi sedei	ci sedemmo
ti sedesti	vi sedeste
si sedè	si sederono

Preterite Perfect
mi fui seduto(a)	ci fummo seduti(e)
ti fosti seduto(a)	vi foste seduti(e)
si fu seduto(a)	si furono seduti(e)

Future
mi sederò	ci sederemo
ti sederai	vi sederete
si sederà	si sederanno

Future Perfect
mi sarò seduto(a)	ci saremo seduti(e)
ti sarai seduto(a)	vi sarete seduti(e)
si sarà seduto(a)	si saranno seduti(e)

Subjunctive

Present
mi sieda	ci sediamo
ti sieda	vi sediate
si sieda	si siedano

Past
mi sia seduto(a)	ci siamo seduti(e)
ti sia seduto(a)	vi siate seduti(e)
si sia seduto(a)	si siano seduti(e)

Imperfect
mi sedessi	ci sedessimo
ti sedessi	vi sedeste
si sedesse	si sedessero

Past Perfect
mi fossi seduto(a)	ci fossimo seduti(e)
ti fossi seduto(a)	vi foste seduti(e)
si fosse seduto(a)	si fossero seduti(e)

Conditional

Present
mi sederei	ci sederemmo
ti sederesti	vi sedereste
si sederebbe	si sederebbero

Past
mi sarei seduto(a)	ci saremmo seduti(e)
ti saresti seduto(a)	vi sareste seduti(e)
si sarebbe seduto(a)	si sarebbero seduti(e)

Imperative
—	sediamoci!
siediti!	sedetevi!
si sieda	si siedano

Participles
Present
sedentesi
Past
sedutosi

Gerund
sedendosi

Related Words
sedia	*chair*	seggiolone	*highchair, easy chair*
sede	*seat*	sedere	*to sit, to be sitting*
possedere	*to possess, to own*	sedentario	*sedentary*

* The verb sedersi has two accepted conjugations. See next page for alternative conjugation.

138b sedersi to sit down

Irregular

Reflexive

(Alternate Conjugation)

io   noi

tu   voi

lui/lei   loro

Indicative

Present

		Present Perfect	
mi seggo	ci sediamo	mi sono seduto(a)	ci siamo seduti(e)
ti siedi	vi sedete	ti sei seduto(a)	vi siete seduti(e)
si siede	si seggono	si è seduto(a)	si sono seduti(e)

Imperfect

		Past Perfect	
mi sedevo	ci sedevamo	mi ero seduto(a)	ci erevamo seduti(e)
ti sedevi	vi sedevate	ti eri seduto(a)	vi erevate seduti(e)
si sedeva	si sedevano	si era seduto(a)	si erano seduti(e)

Absolute Past

		Preterite Perfect	
mi sedetti	ci sedemmo	mi fui seduto(a)	ci fummo seduti(e)
ti sedesti	vi sedeste	ti fosti seduto(a)	vi foste seduti(e)
si sedette	si sedettero	si fu seduto(a)	si furono seduti(e)

Future

		Future Perfect	
mi siederò	ci siederemo	mi sarò seduto(a)	ci saremo seduti(e)
ti siederai	vi siederete	ti sarai seduto(a)	vi sarete seduti(e)
si siederà	si siederanno	si sarà seduto(a)	si saranno seduti(e)

Subjunctive

Present

		Past	
mi segga	ci sediamo	mi sia seduto(a)	ci siamo seduti(e)
ti segga	vi sediate	ti sia seduto(a)	vi siate seduti(e)
si segga	si seggano	si sia seduto(a)	si siano seduti(e)

Imperfect

		Past Perfect	
mi sedessi	ci sedessimo	mi fossi seduto(a)	ci fossimo seduti(e)
ti sedessi	vi sedeste	ti fossi seduto(a)	vi foste seduti(e)
si sedesse	si sedessero	si fosse seduto(a)	si fossero seduti(e)

Conditional

Present

		Past	
mi siederei	ci siederemmo	mi sarei seduto(a)	ci saremmo seduti(e)
ti siederesti	vi siedereste	ti saresti seduto(a)	vi sareste seduti(e)
si siederebbi	si siederebbero	si sarebbe seduto(a)	si sarebbero seduti(e)

Imperative

—	sediamoci!
siediti!	sedetevi!
si segga!	si seggano!

Participles

Present

sedentesi

Past

sedutosi

Gerund

sedendosi

Related Words

seggiola   *chair*

139 sembrare to seem, to appear

Regular

Transitive

	io	noi
	tu	voi
	lui/lei	loro

Indicative

Present
sembro	sembriamo
sembri	sembrate
sembra	sembrano

Present Perfect
ho sembrato	abbiamo sembrato
hai sembrato	avete sembrato
ha sembrato	hanno sembrato

Imperfect
sembravo	sembravamo
sembravi	sembravate
sembrava	sembravano

Past Perfect
avevo sembrato	avevamo sembrato
avevi sembrato	avevate sembrato
aveva sembrato	avevano sembrato

Absolute Past
sembrai	sembrammo
sembrasti	sembraste
sembrò	sembrarono

Preterite Perfect
ebbi sembrato	avemmo sembrato
avesti sembrato	aveste sembrato
ebbe sembrato	ebbero sembrato

Future
sembrerò	sembreremo
sembrerai	sembrerete
sembrerà	sembreranno

Future Perfect
avrò sembrato	avremo sembrato
avrai sembrato	avrete sembrato
avrà sembrato	avranno sembrato

Subjunctive

Present
sembri	sembriamo
sembri	sembriate
sembri	sembrino

Past
abbia sembrato	abbiamo sembrato
abbia sembrato	abbiate sembrato
abbia sembrato	abbiano sembrato

Imperfect
sembrassi	sembrassimo
sembrassi	sembraste
sembrasse	sembrassero

Past Perfect
avessi sembrato	avessimo sembrato
avessi sembrato	aveste sembrato
avesse sembrato	avessero sembrato

Conditional

Present
sembrerei	sembreremmo
sembreresti	sembrereste
sembrerebbe	sembrerebbero

Past
avrei sembrato	avremmo sembrato
avresti sembrato	avreste sembrato
avrebbe sembrato	avrebbero sembrato

Imperative
—	sembriamo!
sembra!	sembrate!
sembri!	sembrino!

Participles
Present
sembrante
Past
sembrato

Gerund
sembrando

Related Words

sembiante	*semblance, appearance*	sembianza	*look, features*

140 sentire to hear, to feel

Regular
Transitive

	io	noi
	tu	voi
	lui/lei	loro

Indicative

Present
sento	sentiamo
senti	sentite
sente	sentono

Present Perfect
ho sentito	abbiamo sentito
hai sentito	avete sentito
ha sentito	hanno sentito

Imperfect
sentivo	sentivamo
sentivi	sentivate
sentiva	sentivano

Past Perfect
avevo sentito	avevamo sentito
avevi sentito	avevate sentito
aveva sentito	avevano sentito

Absolute Past
sentii	sentimmo
sentisti	sentiste
sentì	sentirono

Preterite Perfect
ebbi sentito	avemmo sentito
avesti sentito	aveste sentito
ebbe sentito	ebbero sentito

Future
sentirò	sentiremo
sentirai	sentirete
sentirà	sentiranno

Future Perfect
avrò sentito	avremo sentito
avrai sentito	avrete sentito
avrà sentito	avranno sentito

Subjunctive

Present
senta	sentiamo
senta	sentiate
senta	sentano

Past
abbia sentito	abbiamo sentito
abbia sentito	abbiate sentito
abbia sentito	abbiano sentito

Imperfect
sentissi	sentissimo
sentissi	sentiste
sentisse	sentissero

Past Perfect
avessi sentito	avessimo sentito
avessi sentito	aveste sentito
avesse sentito	avessero sentito

Conditional

Present
sentirei	sentiremmo
sentiresti	sentireste
sentirebbe	sentirebbero

Past
avrei sentito	avremmo sentito
avresti sentito	avreste sentito
avrebbe sentito	avrebbero sentito

Imperative
—	sentiamo!
senti!	sentite!
senta!	sentano!

Participles

Present
sentente

Past
sentito

Gerund
sentendo

Related Words

sentenza	*sentence*	sentirsi	*to feel*
sentimento	*feeling*	sentore	*inkling, feeling*
consentire	*to allow, to permit*	per sentito dire	*by hearsay*

141 servire to serve

Regular
Transitive

io   noi
tu   voi
lui/lei   loro

Indicative

Present
servo	serviamo
servi	servite
serve	servono

Present Perfect
ho servito	abbiamo servito
hai servito	avete servito
ha servito	hanno servito

Imperfect
servivo	servivamo
servivi	servivate
serviva	servivano

Past Perfect
avevo servito	avevamo servito
avevi servito	avevate servito
aveva servito	avevano servito

Absolute Past
servii	servimmo
servisti	serviste
servì	servirono

Preterite Perfect
ebbi servito	avemmo servito
avesti servito	aveste servito
ebbe servito	ebbero servito

Future
servirò	serviremo
servirai	servirete
servirà	serviranno

Future Perfect
avrò servito	avremo servito
avrai servito	avrete servito
avrà servito	avranno servito

Subjunctive

Present
serva	serviamo
serva	serviate
serva	servano

Past
abbia servito	abbiamo servito
abbia servito	abbiate servito
abbia servito	abbiano servito

Imperfect
servissi	servissimo
servissi	serviste
servisse	servissero

Past Perfect
avessi servito	avessimo servito
avessi servito	aveste servito
avesse servito	avessero servito

Conditional

Present
servirei	serviremmo
serviresti	servireste
servirebbe	servirebbero

Past
avrei servito	avremmo servito
avresti servito	avreste servito
avrebbe servito	avrebbero servito

Imperative
—	serviamo!
servi!	servite!
serva!	servano!

Participles

Present
servente

Past
servito

Gerund
servendo

Related Words

servito	*served*	servo / servitore	*servant*
servizio	*service*	Gli serve.	*He needs it.*

142 sgridare to scold, to chide

Regular

Transitive

	io	noi
	tu	voi
	lui/lei	loro

Indicative

Present
sgrido	sgridiamo
sgridi	sgridate
sgrida	sgridano

Present Perfect
ho sgridato	abbiamo sgridato
hai sgridato	avete sgridato
ha sgridato	hanno sgridato

Imperfect
sgridavo	sgridavamo
sgridavi	sgridavate
sgridava	sgridavano

Past Perfect
avevo sgridato	avevamo sgridato
avevi sgridato	avevate sgridato
aveva sgridato	avevano sgridato

Absolute Past
sgridai	sgridammo
sgridasti	sgridaste
sgridò	sgridarono

Preterite Perfect
ebbi sgridato	avemmo sgridato
avesti sgridato	aveste sgridato
ebbe sgridato	ebbero sgridato

Future
sgriderò	sgrideremo
sgriderai	sgriderete
sgriderà	sgrideranno

Future Perfect
avrò sgridato	avremo sgridato
avrai sgridato	avrete sgridato
avrà sgridato	avranno sgridato

Subjunctive

Present
sgridi	sgridiamo
sgridi	sgridiate
sgridi	sgridino

Past
abbia sgridato	abbiamo sgridato
abbia sgridato	abbiate sgridato
abbia sgridato	abbiano sgridato

Imperfect
sgridassi	sgridassimo
sgridassi	sgridaste
sgridasse	sgridassero

Past Perfect
avessi sgridato	avessimo sgridato
avessi sgridato	aveste sgridato
avesse sgridato	avessero sgridato

Conditional

Present
sgriderei	sgrideremmo
sgrideresti	sgridereste
sgriderebbe	sgriderebbero

Past
avrei sgridato	avremmo sgridato
avresti sgridato	avreste sgridato
avrebbe sgridato	avrebbero sgridato

Imperative
—	sgridiamo!
sgrida!	sgridate!
sgridi!	sgridino!

Participles

Present
sgridante

Past
sgridato

Gerund
sgridando

Related Words

sgridata	*scolding*

143 sognare to dream, to imagine

Regular
Transitive

	io	noi
	tu	voi
	lui/lei	loro

Indicative

Present		Present Perfect	
sogno	sogniamo	ho sognato	abbiamo sognato
sogni	sognate	hai sognato	avete sognato
sogna	sognano	ha sognato	hanno sognato

Imperfect		Past Perfect	
sognavo	sognavamo	avevo sognato	avevamo sognato
sognavi	sognavate	avevi sognato	avevate sognato
sognava	sognavano	aveva sognato	avevano sognato

Absolute Past		Preterite Perfect	
sognai	sognammo	ebbi sognato	avemmo sognato
sognasti	sognaste	avesti sognato	aveste sognato
sognò	sognarono	ebbe sognato	ebbero sognato

Future		Future Perfect	
sognerò	sogneremo	avrò sognato	avremo sognato
sognerai	sognerete	avrai sognato	avrete sognato
sognerà	sogneranno	avrà sognato	avranno sognato

Subjunctive

Present		Past	
sogni	sogniamo	abbia sognato	abbiamo sognato
sogni	sogniate	abbia sognato	abbiate sognato
sogni	sognino	abbia sognato	abbiano sognato

Imperfect		Past Perfect	
sognassi	sognassimo	avessi sognato	avessimo sognato
sognassi	sognaste	avessi sognato	aveste sognato
sognasse	sognassero	avesse sognato	avessero sognato

Conditional

Present		Past	
sognerei	sogneremmo	avrei sognato	avremmo sognato
sogneresti	sognereste	avresti sognato	avreste sognato
sognerebbe	sognerebbero	avrebbe sognato	avrebbero sognato

Imperative

—	sogniamo!
sogna!	sognate!
sogni!	sognino!

Participles

Present
sognante

Past
sognato

Gerund

sognando

Related Words

sognabile	imaginable, conceivable	sognatore	dreamer
sogno	dream	Tu ti sogni!	You're dreaming!

144 spegnere to extinguish, to turn off

Irregular

Transitive

	io	noi
	tu	voi
	lui/lei	loro

Indicative

Present

spengo	spegniamo
spegni	spegnete
spegne	spengono

Present Perfect

ho spento	abbiamo spento
hai spento	avete spento
ha spento	hanno spento

Imperfect

spegnevo	spegnevamo
spegnevi	spegnevate
spegneva	spegnevano

Past Perfect

avevo spento	avevamo spento
avevi spento	avevate spento
aveva spento	avevano spento

Absolute Past

spensi	spegnemmo
spegnesti	spegneste
spense	spensero

Preterite Perfect

ebbi spento	avemmo spento
avesti spento	aveste spento
ebbe spento	ebbero spento

Future

spegnerò	spegneremo
spegnerai	spegnerete
spegnerà	spegneranno

Future Perfect

avrò spento	avremo spento
avrai spento	avrete spento
avrà spento	avranno spento

Subjunctive

Present

spenga	spegniamo
spenga	spegniate
spenga	spengano

Past

abbia spento	abbiamo spento
abbia spento	abbiate spento
abbia spento	abbiano spento

Imperfect

spegnessi	spegnessimo
spegnessi	spegneste
spegnesse	spegnessero

Past Perfect

avessi spento	avessimo spento
avessi spento	aveste spento
avesse spento	avessero spento

Conditional

Present

spegnerei	spegneremmo
spegneresti	spegnereste
spegnerebbe	spegnerebbero

Past

avrei spento	avremmo spento
avresti spento	avreste spento
avrebbe spento	avrebbero spento

Imperative

—	spegniamo!
spegni!	spegnete!
spenga!	spengano!

Participles

Present
spegnente

Past
spento

Gerund

spegnendo

Related Words

spento	*turned off*	spegnere la luce	*to turn off the light*
spegnere il motore	*to turn off the engine*	spegnere una sigaretta	*to put out a cigarette*

145 sporcare to dirty, to soil

Regular
Transitive

	io	noi
	tu	voi
	lui/lei	loro

Indicative

Present
sporco	sporchiamo
sporchi	sporcate
sporca	sporcano

Present Perfect
ho sporcato	abbiamo sporcato
hai sporcato	avete sporcato
ha sporcato	hanno sporcato

Imperfect
sporcavo	sporcavamo
sporcavi	sporcavate
sporcava	sporcavano

Past Perfect
avevo sporcato	avevamo sporcato
avevi sporcato	avevate sporcato
aveva sporcato	avevano sporcato

Absolute Past
sporcai	sporcammo
sporcasti	sporcaste
sporcò	sporcarono

Preterite Perfect
ebbi sporcato	avemmo sporcato
avesti sporcato	aveste sporcato
ebbe sporcato	ebbero sporcato

Future
sporcherò	sporcheremo
sporcherai	sporcherete
sporcherà	sporcheranno

Future Perfect
avrò sporcato	avremo sporcato
avrai sporcato	avrete sporcato
avrà sporcato	avranno sporcato

Subjunctive

Present
sporchi	sporchiamo
sporchi	sporchiate
sporchi	sporchino

Past
abbia sporcato	abbiamo sporcato
abbia sporcato	abbiate sporcato
abbia sporcato	abbiano sporcato

Imperfect
sporcassi	sporcassimo
sporcassi	sporcaste
sporcasse	sporcassero

Past Perfect
avessi sporcato	avessimo sporcato
avessi sporcato	aveste sporcato
avesse sporcato	avessero sporcato

Conditional

Present
sporcherei	sporcheremmo
sporcheresti	sporchereste
sporcherebbe	sporcherebbero

Past
avrei sporcato	avremmo sporcato
avresti sporcato	avreste sporcato
avrebbe sporcato	avrebbero sporcato

Imperative
—	sporchiamo!
sporca!	sporcate!
sporchi!	sporchino!

Participles

Present
sporcante

Past
sporcato

Gerund
sporcando

Related Words

sporco/ sporcizia	dirt, filth	farla sporca	to pull a dirty trick
sporcaccione	filthy person	sporco	dirty

146 sposarsi to get married

Regular
Reflexive

		io	noi
		tu	voi
		lui/lei	loro

Indicative

Present
mi sposo	ci sposiamo
ti sposi	vi sposate
si sposa	si sposano

Present Perfect
mi sono sposato(a)	ci siamo sposati(e)
ti sei sposato(a)	vi siete sposati(e)
si è sposato(a)	si sono sposati(e)

Imperfect
mi sposavo	ci sposavamo
ti sposavi	vi sposavate
si sposava	si sposavano

Past Perfect
mi ero sposato(a)	ci eravamo sposati(e)
ti eri sposato(a)	vi eravate sposati(e)
si era sposato(a)	si erano sposati(e)

Absolute Past
mi sposai	ci sposammo
ti sposasti	vi sposaste
si sposò	si sposarono

Preterite Perfect
mi fui sposato(a)	ci fummo sposati(e)
ti fosti sposato(a)	vi foste sposati(e)
si fu sposato(a)	si furono sposati(e)

Future
mi sposerò	ci sposeremo
ti sposerai	vi sposerete
si sposerà	si sposeranno

Future Perfect
mi sarò sposato(a)	ci saremo sposati(e)
ti sarai sposato(a)	vi sarete sposati(e)
si sarà sposato(a)	si saranno sposati(e)

Subjunctive

Present
mi sposi	ci sposiamo
ti sposi	vi sposiate
si sposi	si sposino

Past
mi sia sposato(a)	ci siamo sposati(e)
ti sia sposato(a)	vi siate sposati(e)
si sia sposato(a)	si siano sposati(e)

Imperfect
mi sposassi	ci sposassimo
ti sposassi	vi sposaste
si sposasse	si sposassero

Past Perfect
mi fossi sposato(a)	ci fossimo sposati(e)
ti fossi sposato(a)	vi foste sposati(e)
si fosse sposato(a)	si fossero sposati(e)

Conditional

Present
mi sposerei	ci sposeremmo
ti sposeresti	vi sposereste
si sposerebbe	si sposerebbero

Past
mi sarei sposato(a)	ci saremmo sposati(e)
ti saresti sposato(a)	vi sareste sposati(e)
si sarebbe sposato(a)	si sarebbero sposati(e)

Imperative
—	sposiamoci!
sposati!	sposatevi!
si sposi!	si sposino!

Participles

Present
sposantesi

Past
sposatosi

Gerund
sposandosi

Related Words

sposa	*bride, wife*	sposo	*bridegroom, husband*
sposare	*to give in marriage*	sposato	*married*

147 spostare to move, to shift

Regular		io	noi
Transitive		tu	voi
		lui/lei	loro

Indicative

Present
sposto	spostiamo
sposti	spostate
sposta	spostano

Present Perfect
ho spostato	abbiamo spostato
hai spostato	avete spostato
ha spostato	hanno spostato

Imperfect
spostavo	spostavamo
spostavi	spostavate
spostava	spostavano

Past Perfect
avevo spostato	avevamo spostato
avevi spostato	avevate spostato
aveva spostato	avevano spostato

Absolute Past
spostai	spostammo
spostasti	spostaste
spostò	spostarono

Preterite Perfect
ebbi spostato	avemmo spostato
avesti spostato	aveste spostato
ebbe spostato	ebbero spostato

Future
sposterò	sposteremo
sposterai	sposterete
sposterà	sposteranno

Future Perfect
avrò spostato	avremo spostato
avrai spostato	avrete spostato
avrà spostato	avranno spostato

Subjunctive

Present
sposti	spostiamo
sposti	spostiate
sposti	spostino

Past
abbia spostato	abbiamo spostato
abbia spostato	abbiate spostato
abbia spostato	abbiano spostato

Imperfect
spostassi	spostassimo
spostassi	spostaste
spostasse	spostassero

Past Perfect
avessi spostato	avessimo spostato
avessi spostato	aveste spostato
avesse spostato	avessero spostato

Conditional

Present
sposterei	sposteremmo
sposteresti	spostereste
sposterebbe	sposterebbero

Past
avrei spostato	avremmo spostato
avresti spostato	avreste spostato
avrebbe spostato	avrebbero spostato

Imperative
—	spostiamo!
sposta!	spostate!
sposti!	spostino!

Participles
Present
spostante
Past
spostato

Gerund
spostando

Related Words
spostamento	*shift*	posto	*place*

148 stare to stay, to be

Irregular
Intransitive

	io	noi
	tu	voi
	lui/lei	loro

Indicative

Present		Present Perfect	
sto	stiamo	sono stato(a)	siamo stati(e)
stai	state	sei stato(a)	siete stati(e)
sta	stanno	è stato(a)	sono stati(e)

Imperfect		Past Perfect	
stavo	stavamo	ero stato(a)	eravamo stati(e)
stavi	stavate	eri stato(a)	eravate stati(e)
stava	stavano	era stato(a)	erano stati(e)

Absolute Past		Preterite Perfect	
stetti	stemmo	fui stato(a)	fummo stati(e)
stesti	steste	fosti stato(a)	foste stati(e)
stette	stettero	fu stato(a)	furono stati(e)

Future		Future Perfect	
starò	staremo	sarò stato(a)	saremo stati(e)
starai	starete	sarai stato(a)	sarete stati(e)
starà	staranno	sarà stato(a)	saranno stati(e)

Subjunctive

Present		Past	
stia	stiamo	sia stato(a)	siamo stati(e)
stia	stiate	sia stato(a)	siate stati(e)
stia	stiano	sia stato(a)	siano stati(e)

Imperfect		Past Perfect	
stessi	stessimo	fossi stato(a)	fossimo stati(e)
stessi	steste	fossi stato(a)	foste stati(e)
stesse	stessero	fosse stato(a)	fossero stati(e)

Conditional

Present		Past	
starei	staremmo	sarei stato(a)	saremmo stati(e)
staresti	stareste	saresti stato(a)	sareste stati(e)
starebbe	starebbero	sarebbe stato(a)	sarebbero stati(e)

Imperative		Participles	Gerund
—	stiamo!	**Present**	stando
stai! *or* sta'!	state!	stante	
stia!	stiano!	**Past**	
		stato	

Related Words

stare bene	*to be well*	starci	*to agree with*
stare a cuore	*to deem important*	stato	*state, status*

149 studiare to study

Regular
Transitive

io   noi
tu   voi
lui/lei   loro

Indicative

Present

studio	studiamo
studi	studiate
studia	studiano

Present Perfect

ho studiato	abbiamo studiato
hai studiato	avete studiato
ha studiato	hanno studiato

Imperfect

studiavo	studiavamo
studiavi	studiavate
studiava	studiavano

Past Perfect

avevo studiato	avevamo studiato
avevi studiato	avevate studiato
aveva studiato	avevano studiato

Absolute Past

studiai	studiammo
studiasti	studiaste
studiò	studiarono

Preterite Perfect

ebbi studiato	avemmo studiato
avesti studiato	aveste studiato
ebbe studiato	ebbero studiato

Future

studierò	studieremo
studierai	studierete
studierà	studieranno

Future Perfect

avrò studiato	avremo studiato
avrai studiato	avrete studiato
avrà studiato	avranno studiato

Subjunctive

Present

studi	studiamo
studi	studiate
studi	studino

Past

abbia studiato	abbiamo studiato
abbia studiato	abbiate studiato
abbia studiato	abbiano studiato

Imperfect

studiassi	studiassimo
studiassi	studiaste
studiasse	studiassero

Past Perfect

avessi studiato	avessimo studiato
avessi studiato	aveste studiato
avesse studiato	avessero studiato

Conditional

Present

studierei	studieremmo
studieresti	studiereste
studierebbe	studierebbero

Past

avrei studiato	avremmo studiato
avresti studiato	avreste studiato
avrebbe studiato	avrebbero studiato

Imperative

—	studiamo!
studia!	studiate!
studi!	studino!

Participles

Present
studiante

Past
studiato

Gerund

studiando

Related Words

studente	*student*	studio	*study, study room*
studiato	*studied, affected*	studioso	*studious, diligent*

150 succedere to happen, to follow

			io	noi
Irregular				
Intransitive			tu	voi
Impersonal			lui/lei	loro

Indicative

Present		Present Perfect	
—	—	—	—
—	—	—	—
succede	—	è successo	—

Imperfect		Past Perfect	
—	—	—	—
—	—	—	—
succedeva	—	era successo	—

Absolute Past		Preterite Perfect	
—	—	—	—
—	—	—	—
successe	—	fu successo	—

Future		Future Perfect	
—	—	—	—
—	—	—	—
succederà	—	sarà successo	—

Subjunctive

Present		Past	
—	—	—	—
—	—	—	—
succeda	—	sia successo	—

Imperfect		Past Perfect	
—	—	—	—
—	—	—	—
succedesse	—	fosse successo	—

Conditional

Present		Past	
—	—	—	—
—	—	—	—
succederebbe	—	sarebbe successo	—

Imperative

—	—
—	—
succeda!	—

Participles
Present
succedente
Past
successo

Gerund
succedendo

Related Words

successivo	*successive*	successo	*success*
Cosa succede?	*What's happening?*	successione	*succession*
		succedimento	*happening*

183

151 svegliarsi to wake up

Regular
Reflexive

io   noi
tu   voi
lui/lei   loro

Indicative

Present

mi sveglio	ci svegliamo
ti svegli	vi svegliate
si sveglia	si svegliano

Present Perfect

mi sono svegliato(a)	ci siamo svegliati(e)
ti sei svegliato(a)	vi siete svegliati(e)
si è svegliato(a)	si sono svegliati(e)

Imperfect

mi svegliavo	ci svegliavamo
ti svegliavi	vi svegliavate
si svegliava	si svegliavano

Past Perfect

mi ero svegliato(a)	ci eravamo svegliati(e)
ti eri svegliato(a)	vi eravate svegliati(e)
si era svegliato(a)	si erano svegliati(e)

Absolute Past

mi svegliai	ci svegliammo
ti svegliasti	vi svegliaste
si svegliò	si svegliarono

Preterite Perfect

mi fui svegliato(a)	ci fummo svegliati(e)
ti fosti svegliato(a)	vi foste svegliati(e)
si fu svegliato(a)	si furono svegliati(e)

Future

mi sveglierò	ci sveglieremo
ti sveglierai	vi sveglierete
si sveglierà	si sveglieranno

Future Perfect

mi sarò svegliato(a)	ci saremo svegliati(e)
ti sarai svegliato(a)	vi sarete svegliati(e)
si sarà svegliato(a)	si saranno svegliati(e)

Subjunctive

Present

mi svegli	ci svegliamo
ti svegli	vi svegliate
si svegli	si sveglino

Past

mi sia svegliato(a)	ci siamo svegliati(e)
ti sia svegliato(a)	vi siate svegliati(e)
si sia svegliato(a)	si siano svegliati(e)

Imperfect

mi svegliassi	ci svegliassimo
ti svegliassi	vi svegliaste
si svegliasse	si svegliassero

Past Perfect

mi fossi svegliato(a)	ci fossimo svegliati(e)
ti fossi svegliato(a)	vi foste svegliati(e)
si fosse svegliato(a)	si fossero svegliati(e)

Conditional

Present

mi sveglierei	ci sveglieremmo
ti svegliaresti	vi svegliereste
si sveglierebbe	si sveglierebbero

Past

mi sarei svegliato(a)	ci saremmo svegliati(e)
ti saresti svegliato(a)	vi sareste svegliati(e)
si sarebbe svegliato(a)	si sarebbero svegliati(e)

Imperative

—	svegliamoci!
svegliati!	svegliatevi!
si svegli!	si sveglino!

Participles

Present
svegliantesi
Past
svegliatosi

Gerund

svegliandosi

Related Words

| sveglia | *alarm clock* | sveglio | *awake, alert* |

152 **telefonare** to telephone, to call

Regular
Intransitive

io   noi
tu   voi
lui/lei   loro

Indicative

Present

telefono	telefoniamo
telefoni	telefonate
telefona	telefonano

Present Perfect

ho telefonato	abbiamo telefonato
hai telefonato	avete telefonato
ha telefonato	hanno telefonato

Imperfect

telefonavo	telefonavamo
telefonavi	telefonavate
telefonava	telefonavano

Past Perfect

avevo telefonato	avevamo telefonato
avevi telefonato	avevate telefonato
aveva telefonato	avevano telefonato

Absolute Past

telefonai	telefonammo
telefonasti	telefonaste
telefonò	telefonarono

Preterite Perfect

ebbi telefonato	avemmo telefonato
avesti telefonato	aveste telefonato
ebbe telefonato	ebbero telefonato

Future

telefonerò	telefoneremo
telefonerai	telefonerete
telefonerà	telefoneranno

Future Perfect

avrò telefonato	avremo telefonato
avrai telefonato	avrete telefonato
avrà telefonato	avranno telefonato

Subjunctive

Present

telefoni	telefoniamo
telefoni	telefoniate
telefoni	telefonino

Past

abbia telefonato	abbiamo telefonato
abbia telefonato	abbiate telefonato
abbia telefonato	abbiano telefonato

Imperfect

telefonassi	telefonassimo
telefonassi	telefonaste
telefonasse	telefonassero

Past Perfect

avessi telefonato	avessimo telefonato
avessi telefonato	aveste telefonato
avesse telefonato	avessero telefonato

Conditional

Present

telefonerei	telefoneremmo
telefoneresti	telefonereste
telefonerebbe	telefonerebbero

Past

avrei telefonato	avremmo telefonato
avresti telefonato	avreste telefonato
avrebbe telefonato	avrebbero telefonato

Imperative

—	telefoniamo!
telefona!	telefonate!
telefoni!	telefonino!

Participles

Present
telefonante

Past
telefonato

Gerund
telefonando

Related Words

telefonata	*telephone call*	telefono	*telephone*
telefonista	*operator*		

185

153 tenere to hold, to keep

Irregular
Transitive

io	noi
tu	voi
lui/lei	loro

Indicative

Present		Present Perfect	
tengo	teniamo	ho tenuto	abbiamo tenuto
tieni	tenete	hai tenuto	avete tenuto
tiene	tengono	ha tenuto	hanno tenuto

Imperfect		Past Perfect	
tenevo	tenevamo	avevo tenuto	avevamo tenuto
tenevi	tenevate	avevi tenuto	avevate tenuto
teneva	tenevano	aveva tenuto	avevano tenuto

Absolute Past		Preterite Perfect	
tenni	tenemmo	ebbi tenuto	avemmo tenuto
tenesti	teneste	avesti tenuto	aveste tenuto
tenne	tennero	ebbe tenuto	ebbero tenuto

Future		Future Perfect	
terrò	terremo	avrò tenuto	avremo tenuto
terrai	terrete	avrai tenuto	avrete tenuto
terrà	terranno	avrà tenuto	avranno tenuto

Subjunctive

Present		Past	
tenga	teniamo	abbia tenuto	abbiamo tenuto
tenga	teniate	abbia tenuto	abbiate tenuto
tenga	tengano	abbia tenuto	abbiano tenuto

Imperfect		Past Perfect	
tenessi	tenessimo	avessi tenuto	avessimo tenuto
tenessi	teneste	avessi tenuto	aveste tenuto
tenesse	tenessero	avesse tenuto	avessero tenuto

Conditional

Present		Past	
terrei	terremmo	avrei tenuto	avremmo tenuto
terresti	terreste	avresti tenuto	avreste tenuto
terrebbe	terrebbero	avrebbe tenuto	avrebbero tenuto

Imperative

—	teniamo!
tieni!	tenete!
tenga!	tengano!

Participles
Present
tenente
Past
tenuto

Gerund
tenendo

Related Words

tenuta	*estate*	tenere a	*to care about*
tenere a mente	*to keep in mind*	tenere la parola	*to keep one's word*
tenere a distanza	*to keep at a distance*	tenere per mano	*to hold by the hand*

186

154 tornare to return, to go back

io	noi
tu	voi
lui/lei	loro

Indicative

Present

torno	torniamo
torni	tornate
torna	tornano

Present Perfect

sono tornato(a)	siamo tornati(e)
sei tornato(a)	siete tornati(e)
è tornato(a)	sono tornati(e)

Imperfect

tornavo	tornavamo
tornavi	tornavate
tornava	tornavano

Past Perfect

ero tornato(a)	eravamo tornati(e)
eri tornato(a)	eravate tornati(e)
era tornato(a)	erano tornati(e)

Absolute Past

tornai	tornammo
tornasti	tornaste
tornò	tornarono

Preterite Perfect

fui tornato(a)	fummo tornati(e)
fosti tornato(a)	foste tornati(e)
fu tornato(a)	furono tornati(e)

Future

tornerò	torneremo
tornerai	tornerete
tornerà	torneranno

Future Perfect

sarò tornato(a)	saremo tornati(e)
sarai tornato(a)	sarete tornati(e)
sarà tornato(a)	saranno tornati(e)

Subjunctive

Present

torni	torniamo
torni	torniate
torni	tornino

Past

sia tornato(a)	siamo tornati(e)
sia tornato(a)	siate tornati(e)
sia tornato(a)	siano tornati(e)

Imperfect

tornassi	tornassimo
tornassi	tornaste
tornasse	tornassero

Past Perfect

fossi tornato(a)	fossimo tornati(e)
fossi tornato(a)	foste tornati(e)
fosse tornato(a)	fossero tornati(e)

Conditional

Present

tornerei	torneremmo
torneresti	tornereste
tornerebbe	tornerebbero

Past

sarei tornato(a)	saremmo tornati(e)
saresti tornato(a)	sareste tornati(e)
sarebbe tornato(a)	sarebbero tornati(e)

Imperative

—	torniamo!
torna!	tornate!
torni!	tornino!

Participles

Present
tornante

Past
tornato

Gerund

tornando

Related Words

tornante	*curve*	torneo	*tournament*
tornasole	*litmus*		

155 **tradurre** to translate

Irregular
Transitive

	io	noi
	tu	voi
	lui/lei	loro

Indicative

Present
traduco	traduciamo
traduci	traducete
traduce	traducono

Present Perfect
ho tradotto	abbiamo tradotto
hai tradotto	avete tradotto
ha tradotto	hanno tradotto

Imperfect
traducevo	traducevamo
traducevi	traducevate
traduceva	traducevano

Past Perfect
avevo tradotto	avevamo tradotto
avevi tradotto	avevate tradotto
aveva tradotto	avevano tradotto

Absolute Past
tradussi	traducemmo
traducesti	traduceste
tradusse	tradussero

Preterite Perfect
ebbi tradotto	avemmo tradotto
avesti tradotto	aveste tradotto
ebbe tradotto	ebbero tradotto

Future
tradurrò	tradurremo
tradurrai	tradurrete
tradurrà	tradurranno

Future Perfect
avrò tradotto	avremo tradotto
avrai tradotto	avrete tradotto
avrà tradotto	avranno tradotto

Subjunctive

Present
traduca	traduciamo
traduca	traduciate
traduca	traducano

Past
abbia tradotto	abbiamo tradotto
abbia tradotto	abbiate tradotto
abbia tradotto	abbiano tradotto

Imperfect
traducessi	traducessimo
traducessi	traduceste
traducesse	traducessero

Past Perfect
avessi tradotto	avessimo tradotto
avessi tradotto	aveste tradotto
avesse tradotto	avessero tradotto

Conditional

Present
tradurrei	tradurremmo
tradurresti	tradurreste
tradurrebbe	tradurrebbero

Past
avrei tradotto	avremmo tradotto
avresti tradotto	avreste tradotto
avrebbe tradotto	avrebbero tradotto

Imperative
—	traduciamo!
traduci!	traducete!
traduca!	traducano!

Participles
Present
traducente
Past
tradotto

Gerund
traducendo

Related Words
traduttore	*translator*	traduzione	*translation*
traducibile	*translatable*		

156 tremare to shake, to tremble, to quiver

Regular
Intransitive

	io	noi
	tu	voi
	lui/lei	loro

Indicative

Present		Present Perfect	
tremo	tremiamo	ho tremato	abbiamo tremato
tremi	tremate	hai tremato	avete tremato
trema	tremano	ha tremato	hanno tremato

Imperfect		Past Perfect	
tremavo	tremavamo	avevo tremato	avevamo tremato
tremavi	tremavate	avevi tremato	avevate tremato
tremava	tremavano	aveva tremato	avevano tremato

Absolute Past		Preterite Perfect	
tremai	tremammo	ebbi tremato	avemmo tremato
tremasti	tremaste	avesti tremato	aveste tremato
tremò	tremarono	ebbe tremato	ebbero tremato

Future		Future Perfect	
tremerò	tremeremo	avrò tremato	avremo tremato
tremerai	tremerete	avrai tremato	avrete tremato
tremerà	tremeranno	avrà tremato	avranno tremato

Subjunctive

Present		Past	
tremi	tremiamo	abbia tremato	abbiamo tremato
tremi	tremiate	abbia tremato	abbiate tremato
tremi	tremino	abbia tremato	abbiano tremato

Imperfect		Past Perfect	
tremassi	tremassimo	avessi tremato	avessimo tremato
tremassi	tremaste	avessi tremato	aveste tremato
tremasse	tremassero	avesse tremato	avessero tremato

Conditional

Present		Past	
tremerei	tremeremmo	avrei tremato	avremmo tremato
tremeresti	tremereste	avresti tremato	avreste tremato
tremerebbe	tremerebbero	avrebbe tremato	avrebbero tremato

Imperative

—	tremiamo!
trema!	tremate!
tremi!	tremino!

Participles
Present
tremante
Past
tremato

Gerund
tremando

Related Words

tremolo	*tremolous*	tremore	*shaking*
tremacuore	*palpitation, anxiety*	terremoto	*earthquake*

157 trovare to find

Regular
Transitive

io noi
tu voi
lui/lei loro

Indicative

Present
trovo	troviamo
trovi	trovate
trova	trovano

Present Perfect
ho trovato	abbiamo trovato
hai trovato	avete trovato
ha trovato	hanno trovato

Imperfect
trovavo	trovavamo
trovavi	trovavate
trovava	trovavano

Past Perfect
avevo trovato	avevamo trovato
avevi trovato	avevate trovato
aveva trovato	avevano trovato

Absolute Past
trovai	trovammo
trovasti	trovaste
trovò	trovarono

Preterite Perfect
ebbi trovato	avemmo trovato
avesti trovato	aveste trovato
ebbe trovato	ebbero trovato

Future
troverò	troveremo
troverai	troverete
troverà	troveranno

Future Perfect
avrò trovato	avremo trovato
avrai trovato	avrete trovato
avrà trovato	avranno trovato

Subjunctive

Present
trovi	troviamo
trovi	troviate
trovi	trovino

Past
abbia trovato	abbiamo trovato
abbia trovato	abbiate trovato
abbia trovato	abbiano trovato

Imperfect
trovassi	trovassimo
trovassi	trovaste
trovasse	trovassero

Past Perfect
avessi trovato	avessimo trovato
avessi trovato	aveste trovato
avesse trovato	avessero trovato

Conditional

Present
troverei	troveremmo
troveresti	trovereste
troverebbe	troverebbero

Past
avrei trovato	avremmo trovato
avresti trovato	avreste trovato
avrebbe trovato	avrebbero trovato

Imperative
—	troviamo!
trova!	trovate!
trovi!	trovino!

Participles

Present
trovante

Past
trovato

Gerund
trovando

Related Words
trovarsi	*to be situated*	trovamento	*finding, discovery*
trovata	*discovery*		

158 usare to use

Regular
Transitive

	io	noi
	tu	voi
	lui/lei	loro

Indicative

Present
uso	usiamo
usi	usate
usa	usano

Present Perfect
ho usato	abbiamo usato
hai usato	avete usato
ha usato	hanno usato

Imperfect
usavo	usavamo
usavi	usavate
usava	usavano

Past Perfect
avevo usato	avevamo usato
avevi usato	avevate usato
aveva usato	avevano usato

Absolute Past
usai	usammo
usasti	usaste
usò	usarono

Preterite Perfect
ebbi usato	avemmo usato
avesti usato	aveste usato
ebbe usato	ebbero usato

Future
userò	useremo
userai	userete
userà	useranno

Future Perfect
avrò usato	avremo usato
avrai usato	avrete usato
avrà usato	avranno usato

Subjunctive

Present
usi	usiamo
usi	usiate
usi	usino

Past
abbia usato	abbiamo usato
abbia usato	abbiate usato
abbia usato	abbiano usato

Imperfect
usassi	usassimo
usassi	usaste
usasse	usassero

Past Perfect
avessi usato	avessimo usato
avessi usato	aveste usato
avesse usato	avessero usato

Conditional

Present
userei	useremmo
useresti	usereste
userebbe	userebbero

Past
avrei usato	avremmo usato
avresti usato	avreste usato
avrebbe usato	avrebbero usato

Imperative
—	usiamo!
usa!	usate!
usi!	usino!

Participles
Present
usante
Past
usato

Gerund
usando

Related Words

usanza	*usage*	usatamente	*commonly, usually*
usarsi	*to be in use*	usato	*used, worn out*

191

159 uscire to go out

Irregular
Intransitive

	io	noi
	tu	voi
	lui/lei	loro

Indicative

Present
esco	usciamo
esci	uscite
esce	escono

Present Perfect
sono uscito(a)	siamo usciti(e)
sei uscito(a)	siete usciti(e)
è uscito(a)	sono usciti(e)

Imperfect
uscivo	uscivamo
uscivi	uscivate
usciva	uscivano

Past Perfect
ero uscito(a)	eravamo usciti(e)
eri uscito(a)	eravate usciti(e)
era uscito(a)	erano usciti(e)

Absolute Past
uscii	uscimmo
uscisti	usciste
uscì	uscirono

Preterite Perfect
fui uscito(a)	fummo usciti(e)
fosti uscito(a)	foste usciti(e)
fu uscito(a)	furono usciti(e)

Future
uscirò	usciremo
uscirai	uscirete
uscirà	usciranno

Future Perfect
sarò uscito(a)	saremo usciti(e)
sarai uscito(a)	sarete usciti(e)
sarà uscito(a)	saranno usciti(e)

Subjunctive

Present
esca	usciamo
esca	usciate
esca	escano

Past
sia uscito(a)	siamo usciti(e)
sia uscito(a)	siate usciti(e)
sia uscito(a)	siano usciti(e)

Imperfect
uscissi	uscissimo
uscissi	usciste
uscisse	uscissero

Past Perfect
fossi uscito(a)	fossimo usciti(e)
fossi uscito(a)	foste usciti(e)
fosse uscito(a)	fossero usciti(e)

Conditional

Present
uscirei	usciremmo
usciresti	uscireste
uscirebbe	uscirebbero

Past
sarei uscito(a)	saremmo usciti(e)
saresti uscito(a)	sareste usciti(e)
sarebbe uscito(a)	sarebbero usciti(e)

Imperative
—	usciamo!
esci!	uscite!
esca!	escano!

Participles

Present
uscente

Past
uscito

Gerund
uscendo

Related Words
uscio	door	uscire dai gangheri	to get mad
uscita	exit		

160 vantarsi to brag, to boast

Regular
Reflexive

	io	noi
	tu	voi
	lui/lei	loro

Indicative

Present

mi vanto	ci vantiamo
ti vanti	vi vantate
si vanta	si vantano

Present Perfect

mi sono vantato(a)	ci siamo vantati(e)
ti sei vantato(a)	vi siete vantati(e)
si è vantato(a)	si sono vantati(e)

Imperfect

mi vantavo	ci vantavamo
ti vantavi	vi vantavate
si vantava	si vantavano

Past Perfect

mi ero vantato(a)	ci eravamo vantati(e)
ti eri vantato(a)	vi eravate vantati(e)
si era vantato(a)	si erano vantati(e)

Absolute Past

mi vantai	ci vantammo
ti vantasti	vi vantaste
si vantò	si vantarono

Preterite Perfect

mi fui vantato(a)	ci fummo vantati(e)
ti fosti vantato(a)	vi foste vantati(e)
si fu vantato(a)	si furono vantati(e)

Future

mi vanterò	ci vanteremo
ti vanterai	vi vanterete
si vanterà	si vanteranno

Future Perfect

mi sarò vantato(a)	ci saremo vantati(e)
ti sarai vantato(a)	vi sarete vantati(e)
si sarà vantato(a)	si saranno vantati(e)

Subjunctive

Present

mi vanti	ci vantiamo
ti vanti	vi vantiate
si vanti	si vantino

Past

mi sia vantato(a)	ci siamo vantati(e)
ti sia vantato(a)	vi siate vantati(e)
si sia vantato(a)	si siano vantati(e)

Imperfect

mi vantassi	ci vantassimo
ti vantassi	vi vantaste
si vantasse	si vantassero

Past Perfect

mi fossi vantato(a)	ci fossimo vantati(e)
ti fossi vantato(a)	vi foste vantati(e)
si fosse vantato(a)	si fossero vantati(e)

Conditional

Present

mi vanterei	ci vanteremmo
ti vanteresti	vi vantereste
si vanterebbe	si vanterebbero

Past

mi sarei vantato(a)	ci saremmo vantati(e)
ti saresti vantato(a)	vi sareste vantati(e)
si sarebbe vantato(a)	si sarebbero vantati(e)

Imperative

—	vantiamoci!
vantati!	vantatevi!
si vanti!	si vantino!

Participles

Present
vantantesi

Past
vantatosi

Gerund

vantandosi

Related Words

vanto	*brag, boast*

161 vedere to see

Irregular
Transitive

io noi
tu voi
lui/lei loro

Indicative

Present		Present Perfect	
vedo	vediamo	ho visto	abbiamo visto
vedi	vedete	hai visto	avete visto
vede	vedono	ha visto	hanno visto

Imperfect		Past Perfect	
vedevo	vedevamo	avevo visto	avevamo visto
vedevi	vedevate	avevi visto	avevate visto
vedeva	vedevano	aveva visto	avevano visto

Absolute Past		Preterite Perfect	
vidi	vedemmo	ebbi visto	avemmo visto
vedesti	vedeste	avesti visto	aveste visto
vide	videro	ebbe visto	ebbero visto

Future		Future Perfect	
vedrò	vedremo	avrò visto	avremo visto
vedrai	vedrete	avrai visto	avrete visto
vedrà	vedranno	avrà visto	avranno visto

Subjunctive

Present		Past	
veda	vediamo	abbia visto	abbiamo visto
veda	vediate	abbia visto	abbiate visto
veda	vedano	abbia visto	abbiano visto

Imperfect		Past Perfect	
vedessi	vedessimo	avessi visto	avessimo visto
vedessi	vedeste	avessi visto	aveste visto
vedesse	vedessero	avesse visto	avessero visto

Conditional

Present		Past	
vedrei	vedremmo	avrei visto	avremmo visto
vedresti	vedreste	avresti visto	avreste visto
vedrebbe	vedrebbero	avrebbe visto	avrebbero visto

Imperative

—	vediamo!
vedi!	vedete!
veda!	vedano!

Participles

Present
vedente

Past
visto

Gerund

vedendo

Related Words

vista	*sight, eyesight*	prevedere	*to foresee*
visto	*visa*		

162 vendere to sell

Regular

Transitive

	io	noi
	tu	voi
	lui/lei	loro

Indicative

Present

vendo	vendiamo
vendi	vendete
vende	vendono

Present Perfect

ho venduto	abbiamo venduto
hai venduto	avete venduto
ha venduto	hanno venduto

Imperfect

vendevo	vendevamo
vendevi	vendevate
vendeva	vendevano

Past Perfect

avevo venduto	avevamo venduto
avevi venduto	avevate venduto
aveva venduto	avevano venduto

Absolute Past

vendetti	vendemmo
vendesti	vendeste
vendette	vendettero

Preterite Perfect

ebbi venduto	avemmo venduto
avesti venduto	aveste venduto
ebbe venduto	ebbero venduto

Future

venderò	venderemo
venderai	venderete
venderà	venderanno

Future Perfect

avrò venduto	avremo venduto
avrai venduto	avrete venduto
avrà venduto	avranno venduto

Subjunctive

Present

venda	vendiamo
venda	vendiate
venda	vendano

Past

abbia venduto	abbiamo venduto
abbia venduto	abbiate venduto
abbia venduto	abbiano venduto

Imperfect

vendessi	vendessimo
vendessi	vendeste
vendesse	vendessero

Past Perfect

avessi venduto	avessimo venduto
avessi venduto	aveste venduto
avesse venduto	avessero venduto

Conditional

Present

venderei	venderemmo
venderesti	vendereste
venderebbe	venderebbero

Past

avrei venduto	avremmo venduto
avresti venduto	avreste venduto
avrebbe venduto	avrebbero venduto

Imperative

—	vendiamo!
vendi!	vendete!
venda!	vendano!

Participles

Present
vendente

Past
venduto

Gerund

vendendo

Related Words

vendifumo	*swindler, charlatan*	in vendita	*for sale*
vendita	*sale*	venditore	*salesperson, vendor*

195

163 venire to come

Irregular
Intransitive

	io	noi
	tu	voi
	lui/lei	loro

Indicative

Present
vengo	veniamo
vieni	venite
viene	vengono

Present Perfect
sono venuto(a)	siamo venuti(e)
sei venuto(a)	siete venuti(e)
è venuto(a)	sono venuti(e)

Imperfect
venivo	venivamo
venivi	venivate
veniva	venivano

Past Perfect
ero venuto(a)	eravamo venuti(e)
eri venuto(a)	eravate venuti(e)
era venuto(a)	erano venuti(e)

Absolute Past
venni	venimmo
venisti	veniste
venne	vennero

Preterite Perfect
fui venuto(a)	fummo venuti(e)
fosti venuto(a)	foste venuti(e)
fu venuto(a)	furono venuti(e)

Future
verrò	verremo
verrai	verrete
verrà	verranno

Future Perfect
sarò venuto(a)	saremo venuti(e)
sarai venuto(a)	sarete venuti(e)
sarà venuto(a)	saranno venuti(e)

Subjunctive

Present
venga	veniamo
venga	veniate
venga	vengano

Past
sia venuto(a)	siamo venuti(e)
sia venuto(a)	siate venuti(e)
sia venuto(a)	siano venuti(e)

Imperfect
venissi	venissimo
venissi	veniste
venisse	venissero

Past Perfect
fossi venuto(a)	fossimo venuti(e)
fossi venuto(a)	foste venuti(e)
fosse venuto(a)	fossero venuti(e)

Conditional

Present
verrei	verremmo
verresti	verreste
verrebbe	verrebbero

Past
sarei venuto(a)	saremmo venuti(e)
saresti venuto(a)	sareste venuti(e)
sarebbe venuto(a)	sarebbero venuti(e)

Imperative
—	veniamo!
vieni!	venite!
venga!	vengano!

Participles
Present
venente/viniente
Past
venuto

Gerund
venendo

Related Words

avvenente	*attractive*	venir via	
venire ai ferri corti	*to come into open conflict*	venir meno	*to give way* / *to fail to keep one's word*

164 vestirsi to dress oneself

Regular
Reflexive

	io	noi
	tu	voi
	lui/lei	loro

Indicative

Present
mi vesto	ci vestiamo
ti vesti	vi vestite
si veste	si vestono

Present Perfect
mi sono vestito(a)	ci siamo vestiti(e)
ti sei vestito(a)	vi siete vestiti(e)
si è vestito(a)	si sono vestiti(e)

Imperfect
mi vestivo	ci vestivamo
ti vestivi	vi vestivate
si vestiva	si vestivano

Past Perfect
mi ero vestito(a)	ci eravamo vestiti(e)
ti eri vestito(a)	vi eravate vestiti(e)
si era vestito(a)	si erano vestiti(e)

Absolute Past
mi vestii	ci vestimmo
ti vestisti	vi vestiste
si vestì	si vestirono

Preterite Perfect
mi fui vestito(a)	ci fummo vestiti(e)
ti fosti vestito(a)	vi foste vestiti(e)
si fu vestito(a)	si furono vestiti(e)

Future
mi vestirò	ci vestiremo
ti vestirai	vi vestirete
si vestirà	si vestiranno

Future Perfect
mi sarò vestito(a)	ci saremo vestiti(e)
ti sarai vestito(a)	vi sarete vestiti(e)
si sarà vestito(a)	si saranno vestiti(e)

Subjunctive

Present
mi vesta	ci vestiamo
ti vesta	vi vestiate
si vesta	si vestano

Past
mi sia vestito(a)	ci siamo vestiti(e)
ti sia vestito(a)	vi siate vestiti(e)
si sia vestito(a)	si siano vestiti(e)

Imperfect
mi vestissi	ci vestissimo
ti vestissi	vi vestiste
si vestisse	si vestissero

Past Perfect
mi fossi vestito(a)	ci fossimo vestiti(e)
ti fossi vestito(a)	vi foste vestiti(e)
si fosse vestito(a)	si fossero vestiti(e)

Conditional

Present
mi vestirei	ci vestiremmo
ti vestiresti	vi vestireste
si vestirebbe	si vestirebbero

Past
mi sarei vestito(a)	ci saremmo vestiti(e)
ti saresti vestito(a)	vi sareste vestiti(e)
si sarebbe vestito(a)	si sarebbero vestiti(e)

Imperative
—	vestiamoci!
vestiti!	vestitevi!
si vesta!	si vestano!

Participles
Present
vestentesi
Past
vestitosi

Gerund
vestendosi

Related Words
investitura	*investiture*	in veste di	*in quality of*
vestito, veste	*dress*		

165 viaggiare to travel

Regular
Intransitive

	io	noi
	tu	voi
	lui/lei	loro

Indicative

Present		Present Perfect	
viaggio	viaggiamo	ho viaggiato	abbiamo viaggiato
viaggi	viaggiate	hai viaggiato	avete viaggiato
viaggia	viaggiano	ha viaggiato	hanno viaggiato

Imperfect		Past Perfect	
viaggiavo	viaggiavamo	avevo viaggiato	avevamo viaggiato
viaggiavi	viaggiavate	avevi viaggiato	avevate viaggiato
viaggiava	viaggiavano	aveva viaggiato	avevano viaggiato

Absolute Past		Preterite Perfect	
viaggiai	viaggiammo	ebbi viaggiato	avemmo viaggiato
viaggiasti	viaggiaste	avesti viaggiato	aveste viaggiato
viaggiò	viaggiarono	ebbe viaggiato	ebbero viaggiato

Future		Future Perfect	
viaggierò	viaggieremo	avrò viaggiato	avremo viaggiato
viaggierai	viaggierete	avrai viaggiato	avrete viaggiato
viaggierà	viaggieranno	avrà viaggiato	avranno viaggiato

Subjunctive

Present		Past	
viaggi	viaggiamo	abbia viaggiato	abbiamo viaggiato
viaggi	viaggiate	abbia viaggiato	abbiate viaggiato
viaggi	viaggino	abbia viaggiato	abbiano viaggiato

Imperfect		Past Perfect	
viaggiassi	viaggiassimo	avessi viaggiato	avessimo viaggiato
viaggiassi	viaggiaste	avessi viaggiato	aveste viaggiato
viaggiasse	viaggiassero	avesse viaggiato	avessero viaggiato

Conditional

Present		Past	
viaggierei	viaggieremmo	avrei viaggiato	avremmo viaggiato
viaggieresti	viaggiereste	avresti viaggiato	avreste viaggiato
viaggierebbe	viaggierebbero	avrebbe viaggiato	avrebbero viaggiato

Imperative

—	viaggiamo!
viaggia!	viaggiate!
viaggi!	viaggino!

Participles

Present
viaggiante

Past
viaggiato

Gerund

viaggiando

Related Words

viaggio	*journey, trip*	viaggetto	*jaunt*
viaggiatore	*traveler*		

166 visitare to visit

Regular
Transitive

	io	noi
	tu	voi
	lui/lei	loro

Indicative

Present

visito	visitiamo
visiti	visitate
visita	visitano

Present Perfect

ho visitato	abbiamo visitato
hai visitato	avete visitato
ha visitato	hanno visitato

Imperfect

visitavo	visitavamo
visitavi	visitavate
visitava	visitavano

Past Perfect

avevo visitato	avevamo visitato
avevi visitato	avevate visitato
aveva visitato	avevano visitato

Absolute Past

visitai	visitammo
visitasti	visitaste
visitò	visitarono

Preterite Perfect

ebbi visitato	avemmo visitato
avesti visitato	aveste visitato
ebbe visitato	ebbero visitato

Future

visiterò	visiteremo
visiterai	visiterete
visiterà	visiteranno

Future Perfect

avrò visitato	avremo visitato
avrai visitato	avrete visitato
avrà visitato	avranno visitato

Subjunctive

Present

visiti	visitiamo
visiti	visitiate
visiti	visitino

Past

abbia visitato	abbiamo visitato
abbia visitato	abbiate visitato
abbia visitato	abbiano visitato

Imperfect

visitassi	visitassimo
visitassi	visitaste
visitasse	visitassero

Past Perfect

avessi visitato	avessimo visitato
avessi visitato	aveste visitato
avesse visitato	avessero visitato

Conditional

Present

visiterei	visiteremmo
visiteresti	visitereste
visiterebbe	visiterebbero

Past

avrei visitato	avremmo visitato
avresti visitato	avreste visitato
avrebbe visitato	avrebbero visitato

Imperative

—	visitiamo!
visita!	visitate!
visiti!	visitino!

Participles

Present
visitante

Past
visitato

Gerund

visitando

Related Words

visita	*visit*	visitamento	*visitation*
visitatore	*visitor*		

167 vivere to live

Irregular
Intransitive*

	io	noi
	tu	voi
	lui/lei	loro

Indicative

Present		**Present Perfect**	
vivo	viviamo	ho vissuto	abbiamo vissuto
vivi	vivete	hai vissuto	avete vissuto
vive	vivono	ha vissuto	hanno vissuto

Imperfect		**Past Perfect**	
vivevo	vivevamo	avevo vissuto	avevamo vissuto
vivevi	vivevate	avevi vissuto	avevate vissuto
viveva	vivevano	aveva vissuto	avevano vissuto

Absolute Past		**Preterite Perfect**	
vissi	vivemmo	ebbi vissuto	avemmo vissuto
vivesti	viveste	avesti vissuto	aveste vissuto
visse	vissero	ebbe vissuto	ebbero vissuto

Future		**Future Perfect**	
vivrò	vivremo	avrò vissuto	avremo vissuto
vivrai	vivrete	avrai vissuto	avrete vissuto
vivrà	vivranno	avrà vissuto	avranno vissuto

Subjunctive

Present		**Past**	
viva	viviamo	abbia vissuto	abbiamo vissuto
viva	viviate	abbia vissuto	abbiate vissuto
viva	vivano	abbia vissuto	abbiano vissuto

Imperfect		**Past Perfect**	
vivessi	vivessimo	avessi vissuto	avessimo vissuto
vivessi	viveste	avessi vissuto	aveste vissuto
vivesse	vivessero	avesse vissuto	avessero vissuto

Conditional

Present		**Past**	
vivrei	vivremmo	avrei vissuto	avremmo vissuto
vivresti	vivreste	avresti vissuto	avreste vissuto
vivrebbe	vivrebbero	avrebbe vissuto	avrebbero vissuto

Imperative

—	viviamo!
vivi!	vivete!
viva!	vivano!

Participles

Present
vivente

Past
vissuto

Gerund

vivendo

Related Words

vita	*life*	vivo	*alive*
vitale	*living, essential*	vivificare	*vivify*

Vivere can be conjugated with *avere* or *essere*.

168 volere to want

Irregular
Modal*

Indicative

Present
voglio	vogliamo		
vuoi	volete		
vuole	vogliono		

Present Perfect
ho voluto	abbiamo voluto
hai voluto	avete voluto
ha voluto	hanno voluto

Imperfect
volevo	volevamo
volevi	volevate
voleva	volevano

Past Perfect
avevo voluto	avevamo voluto
avevi voluto	avevate voluto
aveva voluto	avevano voluto

Absolute Past
volli	volemmo
volesti	voleste
volle	vollero

Preterite Perfect
ebbi voluto	avemmo voluto
avesti voluto	aveste voluto
ebbe voluto	ebbero voluto

Future
vorrò	vorremo
vorrai	vorrete
vorrà	vorranno

Future Perfect
avrò voluto	avremo voluto
avrai voluto	avrete voluto
avrà voluto	avranno voluto

Subjunctive

Present
voglia	vogliamo
voglia	vogliate
voglia	vogliano

Past
abbia voluto	abbiamo voluto
abbia voluto	abbiate voluto
abbia voluto	abbiano voluto

Imperfect
volessi	volessimo
volessi	voleste
volesse	volessero

Past Perfect
avessi voluto	avessimo voluto
avessi voluto	aveste voluto
avesse voluto	avessero voluto

Conditional

Present
vorrei	vorremmo
vorresti	vorreste
vorrebbe	vorrebbero

Past
avrei voluto	avremmo voluto
avresti voluto	avreste voluto
avrebbe voluto	avrebbero voluto

Imperative
—	vogliamo!
vuoi!	volete!
voglia!	vogliano!

Participles

Present
volente

Past
voluto

Gerund
volendo

Related Words
volente o nolente	*willy-nilly*	volontà	*will, volition*
volentieri	*gladly, willingly*	volontario	*volunteer*
volere	*will, wish*	volenteroso	*willing, well disposed*

*Volere is conjugated with *essere* when it is followed by an infinitive that is conjugated with *essere*, e.g., *sono voluto andare*.

Conversation
Manual

INTRODUCTION

Welcome to *Living Language*® *Skill Builder: Italian Verbs*. The course consists of 40 lessons with three sections each. Section A introduces the verb forms. After a brief explanation, you will conjugate a model verb. Section B reinforces and expands upon what you've learned about a particular verb by presenting real-life conversations between native speakers. In Section C you will have the opportunity to check your progress and to see whether you've mastered the lesson. Study with *Skill Builder: Italian Verbs* as often as you wish to review and reinforce your language skills. Now, let's begin.

PART I: TALKING ABOUT PRESENT ACTIONS

LESSON 1: THE PRESENT INDICATIVE OF *ESSERE*

1.A.

The present indicative is used in statements about the present and expresses certainty, fact, or objectivity. It is the equivalent of such English forms as "I speak, I am speaking," and "I do speak," but it may often translate as "I will speak" and "I am going to speak," as well.

The singular subject pronouns in Italian are: *io*—"I," *tu*—"you (familiar)," *lui*—"he," *lei*—"she," or "you (formal)." The formal "you" has the same verbal form as the third person singular, "he" and "she," and will, therefore, not be given separately on this recording. Instead, "he," "she" and the formal "you" will alternate. The plural subject pronouns are: *noi*—"we," *voi*—"you, (both familiar and formal)," and *loro*— "they," or "you (formal)." In Italian, subject pronouns are usually omitted, as the form of the verb reveals who is speaking or being addressed. They may, however, be used for emphasis or clarity.

The *tu* form of the verb is used for informal address: with children, friends, relatives, and among young people of the same age. The *Lei* form is used for formal or polite address: with business associates, acquaintances, and most daily encounters among adults. In Italian, there is no corresponding pronoun for the English "it." Instead, the third person singular form of the verb is used alone.

And now let's begin working with our first verb: *essere* "to be." Listen first and then repeat after the native speakers in the pauses provided.

I am	**io sono**
I am Italian.	**Sono italiano.**
you are	**tu sei**
Are you American?	**Sei americana?**
he is	**lui è**
Marco is nice.	**Marco è simpatico.**
she is	**lei è**
Francesca is a nice girl.	**Francesca è una ragazza simpatica.**
you are	**Lei è**
Mr. Rossi, are you ready?	**Signor Rossi, è pronto?**
we are	**noi siamo**
We are foreigners.	**Siamo stranieri.**
you are	**voi siete**
Are you Lorenzo's friends?	**Siete gli amici di Lorenzo?**
they are	**loro sono**
They are not very tired.	**Loro non sono molto stanchi.**

A very useful construction with the verb *essere* is: *c'è* "there is," and *ci sono* "there are." Listen first to a few examples, and then repeat after the native speaker.

There is a museum nearby.	**C'è un museo qui vicino.**
There are several frescoes.	**Ci sono parecchi affreschi.**

Ci + a form of *essere* can also mean "to be in" or "to be here or there."

Will you be in on Monday?	**Ci sei lunedì?**
No, I won't.	**No, non ci sono.**

On the telephone you might hear:

Hello, is Andrea there, please?	**Pronto, c'è Andrea, per favore?**

Essere can also be used to say:

What time is it?	**Che ore sono?**
It's ten o' clock.	**Sono le dieci.**

Notice that, in Italian, "time" is plural because it refers to the number of hours. The singular form of *essere*—*è*—is used only with one o'clock, *mezzogiorno* and *mezzanote*.

It's one o'clock.	**È l'una.**

To make a simple negative statement in Italian, place the word *non* directly before the verb. Compare:

Marco is American.	**Marco è americano.**
Marco is not American.	**Marco non è americano.**

There are two basic ways to ask a question in Italian. First, you can simply raise your voice at the end of the sentence, as in English.

Marco is American?	**Marco è americano?**

Second, you can place the verb at the beginning of the sentence. The subject may either directly follow the verb or come at the very end of the sentence.

Is Marco American?	**È Marco americano?**
	È americano Marco?

1.B.

Now listen to the following dialogue.

IL TURISTA:	*Dov'è la stazione ferroviaria, per favore?*
IL PASSANTE:	*È in fondo al viale, a destra.*
IL TURISTA:	*È molto lontana?*

IL PASSANTE: *No, è a cinque minuti da qui.*
IL TURISTA: *Grazie mille! Lei è molto gentile.*
IL PASSANTE: *Prego.*

Now listen and repeat after the native speakers.

Where is the train station, please?	**Dov'è la stazione ferroviaria, per favore?**
It's at the end of the street, to the right.	**È in fondo al viale, a destra.**
Is it very far?	**È molto lontana?**
No, it is five minutes from here.	**No, è a cinque minuti da qui.**
Thank you very much.	**Grazie mille!**
You are very kind.	**Lei è molto gentile.**
You're welcome.	**Prego.**

1.C.

Now it's time to check your progress. Please answer the following questions with a full sentence, using the cues provided. Listen carefully to the example.

Di dove sei? (di New York)   *Sono di New York.*

Now it's your turn.

Di dov'è Lei? (di Siena)   ☜ *Sono di Siena.*
C'è Margherita, per favore? (no)   ☜ *No, Margherita non c'è.*
Sono aperti i negozi dopo le otto di sera? (no)   ☜ *No, i negozi non sono aperti dopo le otto di sera.*
Che ore sono? (le due e mezzo)   ☜ *Sono le due e mezzo.*
Siete pronti? (no)   ☜ *No, non siamo pronti.*

209

LESSON 2: THE PRESENT INDICATIVE OF *AVERE*

2.A.

The verb *avere* "to have" is irregular in the present indicative.

I have	**io ho**
I have many friends.	**Ho molti amici.**
you have	**tu hai**
You have little experience in this field.	**Hai poca esperienza in questo settore.**
she has	**lei ha**
Does Francesca have many questions?	**Ha molte domande Francesca?**
we have	**noi abbiamo**
We have no money.	**Non abbiamo soldi.**
you have	**voi avete**
You have a good reputation.	**Voi avete una buona reputazione.**
they have	**loro hanno**
They have a bad attitude.	**Hanno un atteggiamento ostile.**

Avere is also used in many common idiomatic expressions, indicating feelings or temporary physical states.

Are you hot?	**Avete caldo?**
I'm very cold.	**Ho molto freddo.**
Paolo is always hungry.	**Paolo ha sempre fame.**
After this jog, I'm very thirsty.	**Dopo questa corsa ho molta sete.**
In the morning, we're always in a hurry.	**Di mattina abbiamo sempre fretta.**
Do you feel like having strawberries with whipped cream?	**Hai voglia di fragole e panna?**

210

Avere is also used to tell your age.

How old are you?   **Quanti anni hai?**
I'm 18 years old.   **Ho diciotto anni.**

2.B.

Listen to the following dialogue.

> SIGNORA MANCINI: *Hai fretta?*
> SIGNOR RANIERI: *Sì, ho molta fretta. Ho il treno per Roma a mezzogiorno e mezzo.*
> SIGNORA MANCINI: *Così hai un'ora di tempo. Hai voglia di uno spuntino veloce?*
> SIGNOR RANIERI: *No, grazie, è tardi.*
> SIGNORA MANCINI: *Hai bisogno di un passaggio fino alla stazione?*
> SIGNOR RANIERI: *Grazie mille!*
> SIGNORA MANCINI: *Prego.*

Now please repeat.

Are you in a hurry?   **Hai fretta?**
Yes, I'm in a big hurry.   **Sì, ho molta fretta.**
I have a train for Rome at   **Ho il treno per Roma a mez-**
12:30.   **zogiorno e mezzo.**
So you have one hour.   **Così hai un'ora di tempo.**
Do you feel like having a   **Hai voglia di uno spuntino**
quick bite?   **veloce?**
No, thank you, it's late.   **No, grazie, è tardi.**
Do you need a ride to the   **Hai bisogno di un passaggio**
train station?   **fino alla stazione?**
Thank you so much!   **Grazie mille!**
You're welcome.   **Prego.**

211

2.C.

Answer the questions using the cues provided. First, listen to the example.

Hai caldo o freddo? (molto freddo)   *Ho molto freddo.*

Now it's your turn.

Avete voglia di una cioccolata calda? (no, grazie)   ☞ *No, grazie, non abbiamo voglia di una cioccolata calda.*

Hanno fretta Maria ed Anna? (sì, molta)   ☞ *Sì, Maria ed Anna hanno molta fretta.*

Quanti anni ha la tua amica? (trentotto)   ☞ *La mia amica ha trentotto anni.*

Lei ha molta esperienza in questo settore? (no)   ☞ *No, non ho molta esperienza in questo settore.*

Hai bisogno di aiuto? (sì)   ☞ *Sì, ho bisogno di aiuto.*

LESSON 3: THE PRESENT INDICATIVE OF REGULAR -*ARE* VERBS

3.A.

Italian verbs belong to one of three groups, which are determined by the ending of the infinitive form. Verbs ending in -*are*, such as *parlare* "to speak," belong to the first conjugation. To form the present tense of -*are* verbs, delete the infinitive -*are* ending and replace it with the appropriate present indicative endings: -*o, -i, -a, -iamo, -ate, -ano*. Let's see how it works with *parlare*.

I speak	**io parlo**
I speak Italian.	**Parlo l'italiano.**
you speak	**tu parli**
You speak very well.	**Parli molto bene.**
you speak	**Lei parla**
You speak many languages.	**Lei parla molte lingue.**
we speak	**noi parliamo**
We are only talking to you.	**Parliamo solo con te.**
you speak	**voi parlate**
You speak to her several times a day.	**Parlate con lei parecchie volte al giorno.**
they speak	**loro parlano**
They are talking about their vacation.	**Loro parlano delle loro vacanze.**

Let's try a few more regular -*are* verbs.

I live in Florence.	**Io abito a Firenze.**
We love the Italian landscape.	**Amiamo i paesaggi italiani.**
The airplane arrives at five.	**L'aereo arriva alle cinque.**
Tonight they're having dinner at home.	**Stasera cenano a casa.**
Do you buy many clothes in Italy?	**Compra molti vestiti in Italia?**

Do you also work in the evening?	**Lavori anche di sera?**
Do you learn verbs easily?	**Imparate facilmente i verbi?**
Monday we will have lunch together.	**Lunedì pranziamo insieme.**

Several groups of verbs are conjugated like *parlare* but undergo some minor spelling changes. For instance, verbs ending in *-care* and *-gare*, like *mancare* "to miss, to lack," *dimenticare* "to forget," and *pagare* "to pay," add an *-h* to their stem in the second person singular and first person plural forms, in order to retain the hard *c* and *g* sounds.

You always pay late.	**Paghi sempre in ritardo.**
We don't pay much in that restaurant.	**Non paghiamo molto in quel ristorante.**
You lack courage.	**Manchi di coraggio.**
We always forget the suitcase on the train.	**Dimentichiamo sempre la valigia in treno.**
You often forget her telephone number.	**Dimentichi spesso il suo numero di telefono.**

Some common verbs ending in *-ciare, -giare,* and *-iare,* like *baciare* "to kiss," *cominciare* "to begin," *mangiare* "to eat," *lasciare* "to leave," and *studiare* "to study," drop the final *-i* from their stem in the second person singular and first person plural forms. Others, like *avviare* "to start," *inviare* "to send," and *sciare* "to ski," retain the *-i* in the second person singular form but drop it in the first person plural form. Compare:

You always kiss your friends.	**Tu baci sempre i tuoi amici.**
You're not starting the car engine.	**Tu non avvii il motore della macchina.**
We are starting the morning off well!	**Cominciamo bene la mattina!**

214

You send a letter to your brother every week.	**Tu invii una lettera a tuo fratello ogni settimana.**
What do you eat for breakfast?	**Cosa mangi a colazione?**
You ski every weekend.	**Tu scii tutti i fine settimana.**
You don't study enough.	**Tu non studi abbastanza.**

3.B.

Listen to the following conversation.

PAOLO: *Parli spesso con tua cugina Valeria?*
MARINA: *Sì, parlo spesso con Valeria, ma al telefono.*
PAOLO: *Lei non abita qui in città?*
MARINA: *No, abita in periferia.*
PAOLO: *Però lavora in città, vero?*
MARINA: *Sì, certo. Ma non ci incontriamo mai. Lei mi manca molto.*
PAOLO: *E tu sicuramente manchi a lei.*

Now repeat.

Do you often talk to your cousin, Valeria?	**Parli spesso con tua cugina Valeria?**
Yes, I talk to Valeria often, but over the phone.	**Sì, parlo spesso con Valeria, ma al telefono.**
She doesn't live in the city?	**Lei non abita qui in città?**
No, she lives in the outskirts.	**No, abita in periferia.**
But she works in the city, right?	**Però lavora in città, vero?**
Yes, of course.	**Sì, certo.**
But we never see each other.	**Ma non ci incontriamo mai.**
I miss her a lot.	**Lei mi manca molto.**
And she surely misses you.	**E tu sicuramente manchi a lei.**

215

3.C.

Listen to the following example. Then answer the questions accordingly.

A che ora arriva l'aereo da
  New York? (alle sei di sera)

L'aereo da New York arriva
  alle sei di sera.

Now it's your turn.

Dove abiti? (a New York)

☞ Abito a New York.

Cosa mangiate a colazione?
  (pane, burro e marmellata)

☞ A colazione mangiamo pane,
  burro e marmellata.

A che ora arriva il treno da
  Milano? (alle otto e cinque)

☞ Il treno da Milano arriva
  alle otto e cinque.

Scii tutti gli inverni? (Sì)

☞ Sì, scio tutti gli inverni.

Pagate voi il conto? (Sì)

☞ Sì, paghiamo noi il conto.

LESSON 4: THE PRESENT INDICATIVE OF REGULAR -*ERE* VERBS

4.A.

Verbs of the second conjugation, ending in -*ere*, also replace their infinitive ending with the proper personal endings. In the present indicative, they are: -*o*, -*i*, -*e*, -*iamo*, -*ete*, -*ono*. We'll use *vedere* "to see" as an example.

I see	**io vedo**
I see the stars very well.	**Vedo molto bene le stelle.**
you see	**tu vedi**
Don't you see me?	**Non mi vedi?**
he sees	**lui vede**
Paolo sees his friends every evening.	**Paolo vede i suoi amici ogni sera.**
we see	**noi vediamo**
Now we see everything much more clearly.	**Adesso vediamo tutto più chiaro.**
you see	**voi vedete**
Don't you see they are right!	**Non vedete che hanno ragione!**
they see	**loro vedono**
They are looking forward to seeing you.	**Non vedono l'ora di vederti.**

Let's try a few more regular -*ere* verbs.

Why don't you ask him if he drinks wine?	**Perché non gli chiedete se beve vino?**
Maria reads and writes all day.	**Maria legge e scrive tutto il giorno.**
I'm taking an aspirin for my cold.	**Prendo un'aspirina per il raffreddore.**
You receive many letters every day.	**Ricevi molte lettere ogni giorno.**

| They always answer every question correctly. | **Rispondono sempre correttamente ad ogni domanda.** |

4.B.

Listen to the following dialogue.

MASSIMO: *Telefono alla stazione ferroviaria . . . Ma non risponde nessuno. Ah, ecco.*

LIVIA: *Perché non chiedi a che ora è il prossimo treno per Venezia?*

MASSIMO: *È alle dieci.*

LIVIA: *Allora, prendiamo il treno alle dieci.*

MASSIMO: *Va bene.*

Now repeat.

I'm calling the train station.	**Telefono alla stazione ferroviaria.**
But no one's answering.	**Ma non risponde nessuno.**
Oh, here they are.	**Ah, ecco.**
Why don't you ask when the next train for Venice leaves?	**Perché non chiedi a che ora è il prossimo treno per Venezia?**
It's at ten.	**È alle dieci.**
So, we're taking the train at ten o'clock!	**Allora, prendiamo il treno alle dieci!**
All right.	**Va bene.**

4.C.

Answer the following questions using the cues provided.

Chi vedete stasera? (tutti i nostri amici)   ☞ *Stasera vediamo tutti i nostri amici.*

Lei riceve molte lettere dalla sua amica Elena? (sì, molte)

☞ Sì, ricevo molte lettere dalla mia amica Elena.

Quando prendono il treno i Signori Borghese? (alle dieci di sera)

☞ I Signori Borghese prendono il treno alle dieci di sera.

Cosa legge Mario di mattina? (il giornale)

☞ Di mattina Mario legge il giornale.

LESSON 5: THE PRESENT INDICATIVE OF REGULAR -*IRE* VERBS

5.A.

Let's turn to the third conjugation: verbs ending in -*ire*. Their personal endings in the present indicative are: -*o*, -*i*, -*e*, -*iamo*, -*ite*, -*ono*. Let's conjugate *sentire* "to hear" or "to feel."

I hear	io sento
I don't hear very well.	Io non sento chiaramente.
you hear	tu senti
Don't you hear all this noise?	Non senti che confusione?
she feels	lei sente
Maria feels that Paolo is not sincere.	Maria sente che Paolo non è sincero.
we feel	noi sentiamo
We feel the fatigue of the trip.	Sentiamo la stanchezza del viaggio.
you feel	voi sentite
You don't feel his absence.	Non sentite la sua mancanza.
they hear	loro sentono
They hear the music.	Sentono la musica.

Let's try a few more regular -*ire* verbs.

Do you always sleep in the afternoon?	Dormi sempre di pomeriggio?
Dinner is on us tonight.	Offriamo noi la cena stasera.
Are you all leaving from Milan at five?	Partite tutti alle cinque da Milano?

5.B.

Listen to the dialogue.

> MANUELA: *Parti stasera?*
> ALBERTO: *Sì, parto per l'Italia.*
> MANUELA: *Perché non dormi un paio d'ore?*
> ALBERTO: *Non dormo mai di pomeriggio.*
> MANUELA: *Allora, ti servo la cena adesso?*
> ALBERTO: *Sì, grazie. Non offre niente di buono il menù dell'aereo.*

Now repeat.

Are you leaving this evening?	**Parti stasera?**
Yes, I am leaving for Italy.	**Sì, parto per l'Italia.**
Why don't you sleep for a couple of hours?	**Perché non dormi un paio d'ore?**
I never sleep in the afternoon.	**Non dormo mai di pomeriggio.**
So, now can I serve you your dinner?	**Allora, ti servo la cena adesso?**
Yes, thank you.	**Sì, grazie.**
They don't offer anything good on the plane.	**Non offre niente di buono il menù dell'aereo.**

5.C.

Answer the questions using the cues provided.

Sentite la stanchezza del viaggio? (sì, molto)	☞*Sì, sentiamo molto la stanchezza del viaggio.*
Chi offre la cena stasera? (Marco ed Alessandra)	☞*Marco ed Alessandra offrono la cena stasera.*
Signor Ranieri, quante ore dorme per notte? (sette)	☞*Dormo sette ore per notte.*
Adesso senti meglio la radio? (sì)	☞*Sì, adesso sento meglio la radio.*

221

LESSON 6: THE PRESENT INDICATIVE OF COMMON IRREGULAR VERBS

6.A.

In this and the following chapters, we will cover many irregular verbs common to everyday conversation. Let's start with *andare* "to go."

I go	**io vado**
I'm going home in an hour.	**Vado a casa tra un'ora.**
you go	**tu vai**
You walk to work.	**Tu vai al lavoro a piedi.**
you go	**Lei va**
You're going to Venice by train?	**Lei va a Venezia in treno?**
we go	**noi andiamo**
We are going on vacation to Italy.	**Andiamo in vacanza in Italia.**
you go	**voi andate**
You are going to the theater tonight.	**Andate a teatro stasera.**
they go	**loro vanno**
They are going to the shore in July.	**Vanno al mare in luglio.**

Andare is commonly used to say:

How's it going?	**Come va?**
Fine, thank you.	**Va bene, grazie.**

Andare can also be followed by an infinitive introduced by the preposition *a*.

When are you going to study in Italy?	**Quando vai a studiare in Italia?**
I am going shopping this afternoon.	**Vado a fare spese oggi pomeriggio.**

222

The conjugation of *dare* "to give" resembles that of *andare*.

I give	io do
you give	tu dai
he gives	lui dà
we give	noi diamo
you give	voi date
they give	loro danno

Now let's do *fare* "to do, to make."

I do, I make	io faccio
I am doing the exercises.	Io faccio gli esercizi.
you do, you make	tu fai
You're going for a walk downtown?	Fai una passeggiata in centro?
she does, she makes	lei fa
Paola takes a nap in the afternoon.	Paola fa un sonnellino di pomeriggio.
we do, we make	noi facciamo
We usually don't make many mistakes.	Di solito, non facciamo molti errori.
you do, you make	voi fate
Are you doing Laura a favor?	Fate un favore a Laura?
they do, they make	loro fanno
They take many trips.	Loro fanno molti viaggi.

Fare is used in many idiomatic expressions.

to take a walk	fare una passeggiata
to take a nap	fare un sonnellino
to take a trip	fare un viaggio
to have breakfast	fare colazione
to take a photograph	fare una fotografia
to ask a question	fare una domanda

Fare is also used to express elapsed time. For example, "twenty years ago" corresponds to *venti anni fa*.

And now listen to *stare* "to stay, to be" which, in the present indicative, is irregular only in the *tu* and *loro* forms.

I stay/I am	**io sto**
you stay/you are	**tu stai**
he stays/he is	**lui sta**
we stay/we are	**noi stiamo**
you stay/you are	**voi state**
they stay/they are	**loro stanno**

6.B.

Listen to the dialogue.

GIOVANNI: *Cosa fai stasera?*
ROBERTO: *Maria fa una festa a casa sua. Vai anche tu?*
GIOVANNI: *Sì, vado anch'io. Mi dai un passaggio fino a casa dopo la festa?*
ROBERTO: *Certo, ma perché non stai da me stanotte?*
GIOVANNI: *Va bene, grazie.*

Now please repeat.

What are you doing tonight?	**Cosa fai stasera?**
Maria's having a party at her house.	**Maria fa una festa a casa sua.**
Are you going too?	**Vai anche tu?**
Yes, I'll go too.	**Sì, vado anch'io.**
Will you give me a ride home after the party?	**Mi dai un passaggio fino a casa dopo la festa?**
Certainly, but why don't you stay at my place tonight?	**Certo, ma perché non stai da me stanotte?**
Okay, thanks.	**Va bene, grazie.**

224

6.C.

Answer the questions using the cues provided.

Come va il lavoro? (molto bene)	☞ Il lavoro va molto bene.
Come sta Lei? (non molto bene)	☞ Non sto molto bene.
Mi dai una mano? (sì, con piacere)	☞ Sì, ti do una mano con piacere.
Chi va a Venezia oggi pomeriggio? (Marco e Luisa)	☞ Marco e Luisa vanno a Venezia oggi pomeriggio.

LESSON 7: THE PRESENT INDICATIVE
OF THE MODAL VERBS

7.A.

Dovere "to have to," *potere* "to be able to," and *volere* "to want" are known as modals. They are usually followed by another verb in the infinitive. Let's begin with *dovere*.

I have to	**io devo**
I have to leave tomorrow.	**Devo partire domani.**
you have to	**tu devi**
You have to come this evening.	**Devi venire stasera.**
he has to	**lui deve**
He has to take the train.	**Deve prendere il treno.**
we have to	**noi dobbiamo**
We have to go now.	**Ora dobbiamo andare.**
you have to	**voi dovete**
You have to listen to the lesson.	**Dovete ascoltare la lezione.**
they have to	**loro devono**
They have to know the truth.	**Devono sapere la verità.**

Dovere can also mean "to owe."

Does he owe you some money?	**Le deve dei soldi?**

Now let's turn to *potere*.

I can	**io posso**
Can I come with you?	**Posso venire con te?**
you can	**tu puoi**
You can do something for him.	**Puoi fare qualcosa per lui.**
you can	**Lei può**

Can you go out this evening?	**Lei può uscire stasera?**
we can	**noi possiamo**
We can help you tomorrow.	**Possiamo aiutarvi domani.**
you can	**voi potete**
Can you listen to us for a while?	**Potete ascoltarci per un po'?**
they can	**loro possono**
They can stay for dinner.	**Possono stare a cena.**

Useful idiomatic expressions with *potere* include:

May I come in?	**Posso entrare?**
I've had enough!	**Non ne posso più!**

And last, but not least, *volere*.

I want	**io voglio**
I want to understand your problem.	**Voglio capire il tuo problema.**
you want	**tu vuoi**
Do you want a cup of coffee?	**Vuoi un caffè?**
she wants	**lei vuole**
Anna wants to leave with us.	**Anna vuole partire con noi.**
we want	**noi vogliamo**
We want to hear his opinion.	**Vogliamo sentire il suo parere.**
you want	**voi volete**
Do you want some sugar?	**Volete dello zucchero?**
they want	**loro vogliono**
They want to listen to music.	**Vogliono ascoltare la musica.**

7.B.

Listen to the dialogue.

MARIO VALLI: *Deve venire alla festa, domani sera. D'accordo?*

LUCIA D'ANGIO: *Se posso ... voglio tanto venire, ma devo lavorare fino a tardi.*

MARIO VALLI: *Come vuole.*

LUCIA D'ANGIO: *Può prendermi alla stazione prima della festa?*

MARIO VALLI: *Sì, certo.*

LUCIA D'ANGIO: *Grazie mille. Allora, vado sicuramente.*

And now repeat.

You have to come to the party tomorrow night.	**Deve venire alla festa, domani sera.**
All right?	**D'accordo?**
If I can ... I really want to come, but I have to work late.	**Se posso ... voglio tanto venire, ma devo lavorare fino a tardi.**
As you wish.	**Come vuole.**
Can you pick me up at the station before the party?	**Può prendermi alla stazione prima della festa?**
Yes, of course.	**Sì, certo.**
Thanks a million.	**Grazie mille.**
Then I'll surely go.	**Allora, vado sicuramente.**

7.C.

Answer according to the cues provided.

Devi partire domani mattina? (sì)	☞ *Sì, devo partire domani mattina.*
Signore, vuole fare un giro in macchina? (no, a piedi)	☞ *No, voglio fare un giro a piedi.*

228

Potete prendere un caffè con me? (no)	↳ *No, non possiamo prendere un caffè con te.*
Possono assaggiare il dolce i bambini? (no)	↳ *No, i bambini non possono assaggiare il dolce.*

LESSON 8: THE PRESENT INDICATIVE OF *CONOSCERE* AND *SAPERE*

8.A.

Both *conoscere* and *sapere* mean "to know," but they have different connotations. *Conoscere* is used when referring to knowing a person or a city, and being familiar with something. *Sapere*, on the other hand, means knowing how to do something or implies knowing a fact. Let's start with *conoscere*.

I know	**io conosco**
I know Florence well.	**Conosco bene Firenze.**
you know	**tu conosci**
Do you know Mr. Rossini?	**Conosci il Signor Rossini?**
she knows	**lei conosce**
Antonia knows geography very well.	**Antonia conosce molto bene la geografia.**
we know	**noi conosciamo**
We know his habits quite well!	**Conosciamo bene le sue abitudini!**
you know	**voi conoscete**
Do you know that restaurant?	**Conoscete quel ristorante?**
they know	**loro conoscono**
They don't know Francesca's family.	**Non conoscono la famiglia di Francesca.**

Conoscere is also used to say:

Nice to meet you.	formally:	**Piacere di conoscerla.**
	informally:	**Piacere di conoscerti.**

Crescere "to grow" is another verb conjugated like *conoscere*.

This baby is growing very fast.	**Questo bambino cresce molto in fretta.**

Now let's conjugate *sapere*.

I know	**io so**
I know how to speak Italian.	**So parlare l'italiano.**
you know	**tu sai**
Do you know where my book is?	**Sai dov'è il mio libro?**
you know	**Lei sa**
You know how to write very well.	**Lei sa scrivere molto bene.**
we know	**noi sappiamo**
We don't know how to dance at all.	**Non sappiamo ballare affatto.**
you know	**voi sapete**
Do you know the latest news?	**Sapete le ultime notizie?**
they know	**loro sanno**
They know everything about him.	**Sanno tutto sul suo conto.**

Sapere can also mean "to have a certain flavor or smell."

This ice cream tastes like lemon.	**Questo gelato sa di limone.**
This room smells of lavender.	**Questa stanza sa di lavanda.**

8.B.

Listen to the following dialogue.

SIGNORINA GATTO: *Sa dov'è San Gimignano?*
SIGNOR ROSSI: *Sì, lo so. È vicino a Siena.*
SIGNORINA GATTO: *Ah, sì! E sa qual è il vino tipico locale?*
SIGNOR ROSSI: *Certo che lo so: è la Vernaccia.*
SIGNORINA GATTO: *Sì, la Vernaccia di San Gimignano.*

Now please repeat.

Do you know where San Gimignano is?	Sa dov'è San Gimignano?
Yes, I know.	Sì, lo so.
It's near Siena.	È vicino a Siena.
Oh, yes!	Ah, sì!
And do you know what the typical local wine is?	E sa qual è il vino tipico locale?
Of course I know: it's the *Vernaccia*.	Certo che lo so: è la Vernaccia.
Yes, the *Vernaccia* of San Gimignano.	Sì, la Vernaccia di San Gimignano.

8.C.

Answer the questions with *Sì* or *No*, as indicated.

Conosci Gianni? (sì, molto bene)	ɛ.ˢ *Sì, conosco Gianni molto bene.*
Signora, Lei sa parlare l'italiano? (no)	ɛ.ˢ *No, non so parlare l'italiano.*
Conoscete Milano molto bene? (sì)	ɛ.ˢ *Sì, conosciamo Milano molto bene.*
Cresce bene il bambino? (sì, molto bene)	ɛ.ˢ *Sì, il bambino cresce molto bene.*

232

LESSON 9: THE PRESENT INDICATIVE OF
TRADURRE AND *BERE*

9.A.

Let's continue with more irregular verbs. First, *tradurre* "to translate."

I translate	**io traduco**
I'm translating this book.	**Traduco questo libro.**
you translate	**tu traduci**
Will you translate this word for us?	**Traduci per noi questa parola?**
you translate	**Lei traduce**
You don't translate literally.	**Lei non traduce alla lettera.**
we translate	**noi traduciamo**
We are translating a poem by Ungaretti	**Traduciamo una poesia di Ungaretti.**
you translate	**voi traducete**
Are you translating the documents?	**Traducete i documenti?**
they translate	**loro traducono**
They don't translate contracts well.	**Non traducono bene i contratti.**

Now let's do *bere* "to drink."

I drink	**io bevo**
I do not drink mineral water.	**Non bevo acqua minerale.**
you drink	**tu bevi**
You drink only red wine.	**Tu bevi soltanto vino rosso.**
he drinks	**lui beve**
He drinks too many soft drinks.	**Lui beve troppe bibite gasate.**
we drink	**noi beviamo**
We drink to forget.	**Noi beviamo per dimenticare.**

| they drink | **loro bevono** |
| They always drink very good wine. | **Bevono sempre dell'ottimo vino.** |

9.B.

Listen to the dialogue.

> MARIA: *Michele traduce tutto il giorno.*
> FEDERICO: *Sì, e di sera beve troppo.*
> MARIA: *Ultimamente il suo lavoro non è più come una volta!*
> FEDERICO: *È vero. Ora traduco meglio io.*
> MARIA: *Sì, ma tu non bevi!*

Now repeat.

Michele translates all day.	**Michele traduce tutto il giorno.**
Yes, and at night he drinks too much.	**Sì, e di sera beve troppo.**
Lately his work is not like it was once!	**Ultimamente il suo lavoro non è più come una volta!**
It's true.	**È vero.**
Now I translate better.	**Ora traduco meglio io.**
Yes, but you don't drink!	**Sì, ma tu non bevi!**

9.C.

Answer according to the cues provided.

Cosa beviamo a cena? (solo vino bianco)	↳ *A cena beviamo solo vino bianco.*
Traducete i contratti? (sì)	↳ *Sì, traduciamo i contratti.*
Bevi un Campari con me? (sì, volentieri)	↳ *Sì, bevo volentieri un Campari con te.*
Chi traduce questo libro? (loro)	↳ *Loro traducono questo libro.*

234

LESSON 10: THE PRESENT INDICATIVE OF
RIMANERE, SPEGNERE, AND TENERE

10.A.

Now let's conjugate *rimanere* "to remain, to stay."

I stay	io rimango
I am staying home tonight.	Rimango a casa stasera.
you stay	tu rimani
You are staying at the beach all summer.	Rimani al mare per tutta l'estate.
he stays	lui rimane
Massimo often stays in the city in August.	Massimo rimane spesso in città in agosto.
we remain	noi rimaniamo
We all remain in silence when he speaks.	Rimaniamo tutti in silenzio quando lui parla.
you stay	voi rimanete
Are you staying for dinner at our house?	Rimanete a cena da noi?
they stay	loro rimangono
They stay in bed until late.	Rimangono a letto fino a tardi.

Now listen to *spegnere* "to turn off, to extinguish."

I turn off	io spengo
I always turn off the light.	Spengo sempre la luce.
you turn off	tu spegni
Don't you turn off the car engine?	Non spegni il motore della macchina?
she turns off	lei spegne
Maria is putting out her cigarette.	Maria spegne la sua sigaretta.
we turn off	noi spegniamo

We put out the fire in the fireplace.	Spegniamo il fuoco nel caminetto.
you turn off	voi spegnete
You never turn off the television.	Non spegnete mai il televisore.
they turn off	loro spengono
They turn off the air conditioning at night.	Loro spengono l'aria condizionata di notte.

And finally, let's do *tenere* "to keep, to hold."

I keep	io tengo
I keep everything inside myself.	Tengo tutto dentro di me.
you keep	tu tieni
Will you hold my bag?	Tieni la mia borsa?
you keep	Lei tiene
You are holding the lecture, right?	Lei tiene la conferenza, vero?
we keep	noi teniamo
We keep his needs in mind.	Teniamo presenti le sue esigenze.
you keep	voi tenete
You care about appearances a lot.	Tenete molto alle apparenze.
they keep	loro tengono
The children don't behave themselves.	I bambini tengono un comportamento scorretto.

A useful idiomatic construction with *tenere* is *tenere a,* meaning "to care about."

10.B.

Listen to the dialogue.

> IL FRATELLO: *Se spegni la luce, io rimango al buio.*
> LA SORELLA: *No, non spengo la luce. Hai paura del buio?*

IL FRATELLO:	*No, ma rimango sveglio per molte ore a lavorare.*
LA SORELLA:	*Davvero?*
IL FRATELLO:	*Tengo molto al mio lavoro.*
LA SORELLA:	*Tieni anche alla tua salute?*

Now it's your turn. Listen and repeat.

If you turn off the light, I'll be left in the dark.	**Se spegni la luce, io rimango al buio.**
I am not turning off the light.	**No, non spengo la luce.**
Are you afraid of the dark?	**Hai paura del buio?**
No, but I stay awake for many hours to work.	**No, ma rimango sveglio per molte ore a lavorare.**
Really?	**Davvero?**
I care about my job a lot.	**Tengo molto al mio lavoro.**
Do you care about your health, too?	**Tieni anche alla tua salute?**

10.C.

Answer the following questions.

Per favore, spenga la sigaretta. (certo, subito)	☞ *Certo, spengo subito la sigaretta.*
Prima di partire spegnete la luce? (sì, sempre)	☞ *Sì, spegniamo sempre la luce prima di partire.*
Chi tiene la conferenza all'università? (il professor Basaglia)	☞ *Il professor Basaglia tiene la conferenza all'università.*
Tieni al tuo lavoro? (sì, molto)	☞ *Sì, tengo molto al mio lavoro.*
Rimangono a cena da noi stasera? (sì)	☞ *Sì, rimangono a cena da noi stasera.*

LESSON 11: THE PRESENT INDICATIVE OF
SCEGLIERE AND *COGLIERE*

11.A.

We'll begin with *scegliere* "to choose."

I choose	**io scelgo**
I always choose a dress with great care.	**Scelgo un vestito sempre con molta cura.**
you choose	**tu scegli**
You always choose the right words.	**Scegli sempre le parole adatte.**
she chooses	**lei sceglie**
She chooses loneliness over their company.	**Lei sceglie la solitudine piuttosto che la loro compagnia.**
we choose	**noi scegliamo**
Tonight, we'll choose a restaurant.	**Stasera scegliamo noi un ristorante.**
you choose	**voi scegliete**
Won't you choose something as a memento?	**Non scegliete qualcosa come ricordo?**
they choose	**loro scelgono**
Tomasina and Anna never choose a good movie.	**Tomasina e Anna non scelgono mai un buon film.**

Now, let's do *cogliere* "to catch, to pick."

I pick	**io colgo**
I pick some flowers from my garden.	**Colgo dei fiori dal mio giardino.**
you pick	**tu cogli**
Are you picking all the fruit off the tree?	**Cogli tutti i frutti dell' albero?**
you catch	**Lei coglie**

You never catch the meaning of a word.	Lei non coglie mai il significato di una parola.
we catch	noi cogliamo
We always catch him in his weak spot.	Noi cogliamo sempre il suo punto debole.
you catch	voi cogliete
Do you get the importance of this sentence?	Cogliete l'importanza di questa frase?
they pick	loro colgono
They always pick the right moment.	Colgono sempre l'occasione opportuna.

11.B.

Listen to the following dialogue.

> ANTONIO: *Cogli sempre l'occasione per andare a fare spese?*
> FRANCESCA: *Certo, e scelgo anche i vestiti più belli.*
> ANTONIO: *Che abiti e che colori scegli?*
> FRANCESCA: *Di solito abiti dal taglio semplice e poi scelgo sempre tinte unite.*

Repeat after the native speakers.

You always grab the opportunity to go shopping?	Cogli sempre l'occasione per andare fare spese?
Of course, and I also choose the most beautiful clothes.	Certo, e scelgo anche i vestiti più belli.
What clothes and colors do you choose?	Che abiti e che colori scegli?
Usually a clean-cut dress, and then I always choose solid colors.	Di solito abiti dal taglio semplice e poi scelgo sempre tinte unite.

11.C.

Respond according to the cues provided.

Che vestito scegli? (un vestito rosso)	☞ Scelgo un vestito rosso.
Signora, coglie il senso delle mie parole? (no)	☞ No, non colgo il senso delle sue parole.
Cosa scegliete per secondo? (pesce alla griglia)	☞ Scegliamo pesce alla griglia.
Chi coglie i frutti? (Marco e Marianna)	☞ Marco e Marianna colgono i frutti.
Scegliete un ristorante italiano? (no, francese)	☞ No, scegliamo un ristorante francese.

LESSON 12: THE PRESENT INDICATIVE
OF -ISC- VERBS

12.A.

A group of *-ire* verbs insert *-isc-* in the present indicative between the stem and the endings in all but the first and second person plural. Let's see how it works with *capire* "to understand."

I understand	**io capisco**
I understand Italian very well.	**Capisco l'italiano molto bene.**
you understand	**tu capisci**
Do you understand this sentence?	**Capisci questa frase?**
you understand	**Lei capisce**
You understand what the problem is.	**Lei capisce qual è il problema.**
we understand	**noi capiamo**
We only understand English.	**Capiamo solo l'inglese.**
you understand	**voi capite**
You don't understand my ideas.	**Non capite le mie idee.**
they understand	**loro capiscono**
Do they understand the reason?	**Capiscono la ragione?**

Other common *-isc-* verbs are: *finire* "to finish," *preferire* "to prefer," *guarire* "to cure," and *favorire* "to favor."

I'm finishing the Italian exercise.	**Finisco l'esercizio d'italiano.**
Professors favor serious students.	**I professori favoriscono gli studenti seri.**
A nice vacation cures every illness.	**Una bella vacanza guarisce da tutti i mali.**
I prefer the shore to the mountains.	**Preferisco il mare alla montagna.**

241

12.B.

Listen to the following exchange.

L'IMPIEGATA:	*Quale camera preferisce?*
SIGNOR ALTMAN:	*Preferisco quella con vista su Piazza di Spagna.*
L'IMPIEGATA:	*Capisco, allora stanza 212.*
SIGNOR ALTMAN:	*Grazie. Ora posso stare a letto, così guarisco da questo terribile raffreddore!*
L'IMPIEGATA:	*Quest'anno quando finiscono le sue vacanze, Signor Altman?*
SIGNOR ALTMAN:	*Non sono sicuro. Le chiarisco tutto domani.*

Now please repeat.

Which room do you prefer?	**Quale stanza preferisce?**
I prefer the one with a view of *Piazza di Spagna.*	**Preferisco quella con vista su Piazza di Spagna.**
I understand; so, room 212.	**Capisco, allora stanza 212.**
Thank you.	**Grazie.**
Now I can stay in bed.	**Ora posso stare a letto,**
And I'll recover from this terrible cold.	**Così guarisco da questo terribile raffreddore.**
When will your vacation finish this year, Mr. Altman?	**Quest'anno quando finiscono le sue vacanze, Signor Altman?**
I'm not sure.	**Non sono sicuro.**
I'll clear everything up tomorrow.	**Le chiarisco tutto domani.**

12.C.

Respond using the cues provided.

Preferisci il mare o la montagna? (il mare)   ☞ *Preferisco il mare.*

Dottore, Marco guarisce bene dall'influenza? (sì, molto)

☞ *Sì, Marco guarisce molto bene dall'influenza.*

Quando finisce l'inverno? (il venti marzo)

☞ *L'inverno finisce il venti marzo.*

Capiscono l'italiano? (no, non)

☞ *No, non capiscono l'italiano.*

LESSON 13: THE PRESENT INDICATIVE OF *DIRE* AND *MORIRE*

13.A.

In this chapter we'll learn two more irregular verbs: *dire* "to say, to tell" and *morire* "to die." Let's begin with *dire*.

I say	**io dico**
I always tell you everything.	**Le dico sempre tutto.**
you say	**tu dici**
What do you say about some coffee?	**Cosa ne dici di un caffè?**
he says	**lui dice**
He always states his opinion.	**Dice sempre la sua opinione.**
we say	**noi diciamo**
We never say stupid things.	**Non diciamo mai stupidaggini.**
you say	**voi dite**
You never say no.	**Voi non dite mai di no.**
they say	**loro dicono**
They are telling the truth.	**Loro dicono la verità.**

And now let's do *morire*.

I die	**io muoio**
I am dying of boredom!	**Muoio di noia!**
you die	**tu muori**
You are starving.	**Tu muori di fame.**
she dies	**lei muore**
Marta is dying to see you.	**Marta muore dalla voglia di vederti.**
we die	**noi moriamo**
We are terribly angry.	**Noi moriamo di rabbia.**
you die	**voi morite**
You are very sleepy.	**Morite di sonno.**

| they die | **loro muoiono** |
| The plants are dying because of the drought. | **Le piante muoiono a causa della siccità.** |

13.B.

Listen to a dialogue between friends.

> SALVATORE: *Cosa ne dici di una passeggiata?*
> ELENA: *Volentieri, ma io muoio dal caldo.*
> SALVATORE: *Ed io muoio di noia se sto a casa.*
> ELENA: *D'accordo, ma dico io dove andiamo.*
> SALVATORE: *Va bene.*

Now repeat.

What do you say we go for a walk?	**Cosa ne dici di una passeggiata?**
Sure, but I'm dying of heat.	**Volentieri, ma io muoio dal caldo.**
And I'll die of boredom if I stay at home.	**Ed io muoio di noia se sto a casa.**
O.K. but I'll say where we're going.	**D'accordo, ma dico io dove andiamo.**
Sure.	**Va bene.**

13.C.

Answer the questions using the cues provided.

Chi muore dal caldo? (io)	☞ *Io muoio dal caldo.*
Dicono la verità? (sì, loro)	☞ *Sì, loro dicono la verità.*
Dite sempre la vostra opinione? (sì, sempre)	☞ *Sì, diciamo sempre la nostra opinione.*
Perché muoiono le piante? (a causa della siccità)	☞ *Le piante muoiono a causa della siccità.*

LESSON 14: THE PRESENT INDICATIVE OF *VENIRE* AND *USCIRE*

14.A.

Here are two more useful irregular verbs. First, *venire* "to come."

I come	**io vengo**
I am coming tonight.	**Vengo stasera.**
you come	**tu vieni**
Are you coming to the restaurant for dinner?	**Vieni a cena al ristorante?**
she comes	**lei viene**
Is Lucia coming from Florence?	**Lucia viene da Firenze?**
we come	**noi veniamo**
We're coming from Spoleto.	**Veniamo da Spoleto.**
you come	**voi venite**
How are you getting here?	**Come venite qui?**
they come	**loro vengono**
They come to Italy twice a year.	**Loro vengono in Italia due volte all'anno.**

Now let's turn to *uscire* "to go out, to exit."

I go out	**io esco**
I am going out in an hour.	**Esco fra un'ora.**
you go out	**tu esci**
At what time are you going out?	**A che ora esci?**
he goes out	**lui esce**
He never goes out in the evening.	**Lui non esce mai di sera.**
we go out	**noi usciamo**
We are going out without an umbrella.	**Usciamo senza ombrello.**

you go out	**voi uscite**
You go out too late.	**Uscite troppo tardi.**
they go out	**loro escono**
They always go out together.	**Escono sempre insieme.**

14.B.

Listen to the following dialogue.

> PIETRO: *Marco, Luisa, venite con noi a teatro stasera?*
> LUISA: *Io non esco perché devo finire un progetto.*
> MARCO: *Ma io sono libero. Quando usciamo?*
> PIETRO: *Lo spettacolo comincia alle otto. Allora vieni da me alle sette.*
> MARCO: *Chi viene con noi?*
> PIETRO: *Vengono anche Maria e Paolo.*

Now listen and repeat.

Marco, Luisa, will you come with us to the theater tonight?	**Marco, Luisa, venite con noi a teatro stasera?**
I'm not going out because I have to finish a project.	**Io non esco perché devo finire un progetto.**
But I'm free.	**Ma io sono libero.**
When are we going out?	**Quando usciamo?**
The performance begins at eight.	**Lo spettacolo comincia alle otto.**
So, come to my house at seven.	**Allora vieni da me alle sette.**
Who's coming with us?	**Chi viene con noi?**
Maria and Paolo are coming too.	**Vengono anche Maria e Paolo.**

247

14.C.

Respond according to the cues provided.

Quando vieni a casa mia? *(domani mattina)* ☞ Vengo a casa tua domani mattina.

Da dove vengono? *(da Torino)* ☞ Vengono da Torino.

A che ora uscite? *(alle due di pomeriggio)* ☞ Usciamo alle due di pomeriggio.

Venite subito? *(no, tra un'ora)* ☞ No, veniamo tra un'ora.

Perché non esce stasera, Signor Wheaton? *(perché muoio di sonno)* ☞ Non esco stasera perché muoio di sonno.

LESSON 15: THE PRESENT INDICATIVE
OF REFLEXIVE VERBS

15.A.

A verb is reflexive if the action refers back to the subject. For example: "I wash myself" corresponds to *io mi lavo*. Reflexive verbs are conjugated like regular verbs, but they always take a reflexive pronoun: *mi* "myself," *ti* "yourself," *si* "himself, herself," or "yourself (formally)," *ci* "ourselves," *vi* "yourselves," *si* "themselves" or "yourselves (very formally)." Let's conjugate *lavarsi* "to wash oneself."

I wash myself	io mi lavo
I wash myself every morning.	**Mi lavo ogni mattina.**
you wash yourself	**tu ti lavi**
You wash yourself every evening.	**Tu ti lavi tutte le sere.**
you wash yourself	**Lei si lava**
You wash yourself only with bath foam?	**Lei si lava solo con il bagno schiuma?**
we wash ourselves	**noi ci laviamo**
We wash ourselves with neutral soap.	**Noi ci laviamo con sapone neutro.**
you wash yourselves	**voi vi lavate**
Do you wash yourselves with this soap?	**Vi lavate con questo sapone?**
they wash themselves	**loro si lavano**
They wash themselves after the game.	**Loro si lavano dopo la partita.**

Let's try a few more reflexive verbs: *vestirsi* "to get dressed," *mettersi* "to put something on," *pettinarsi* "to comb one's hair."

They always comb their hair in the morning.	**Loro si pettinano sempre di mattina.**

| You always dress yourself in the latest fashion. | **Lei si veste sempre all'ultima moda.** |
| Are you going to put on your evening gown? | **Tu ti metti l'abito da sera?** |

And here's another group: *alzarsi* "to get up," *svegliarsi* "to wake up," and *sedersi* "to sit down."

At what time do you get up?	**A che ora ti alzi?**
Maria wakes up at eight.	**Maria si sveglia alle otto.**
We are going to sit down by the window.	**Noi ci sediamo vicino alla finestra.**

15.B.

Listen to the dialogue.

SIGNOR ROSSI: *Allora, sei pronta? I tuoi cugini si mettono a tavola per la colazione tra un'ora.*

SIGNORA ROSSI: *Un momento, per favore!*

SIGNOR ROSSI: *Ti svegli sempre tardi.*

SIGNORA ROSSI: *Mi lavo e mi vesto in venti minuti.*

SIGNOR ROSSI: *D'accordo. Mi siedo qui e ti aspetto.*

Now it's your turn. Listen and repeat.

So, are you ready?	**Allora, sei pronta?**
Your cousins are going to start breakfast in an hour.	**I tuoi cugini si mettono a tavola per la colazione tra un'ora.**
One moment, please!	**Un momento, per favore!**
You always wake up late.	**Ti svegli sempre tardi.**
I'll wash myself and get dressed in twenty minutes.	**Mi lavo e mi vesto in venti minuti.**
Okay.	**D'accordo.**
I'll sit down here and wait for you.	**Mi siedo qui e ti aspetto.**

15.C.

Respond using the cues provided.

Quando vi mettete a tavola?   ☜ *Ci mettiamo a tavola tra*
   (tra cinque minuti)   *cinque minuti.*

Ti lavi con il sapone o con il   ☜ *Mi lavo con il sapone.*
   bagno schiuma? (sapone)

Signora, lei si veste sempre di   ☜ *No, mi vesto anche di blu.*
   rosso? (no, anche di blu)

Quando vi svegliate di   ☜ *Di mattina ci svegliamo alle*
   mattina? (alle sei)   *sei.*

LESSON 16: THE PRESENT INDICATIVE
OF RECIPROCAL VERBS

16.A.

Reciprocal verbs express actions that the subjects, which are always plural, perform on each other. Many verbs can express reciprocal actions by using the plural reflexive pronouns *ci, vi,* and *si.* Let's look at a few examples.

to kiss each other	**baciarsi**
They kiss each other on the cheeks.	**Si baciano sulle guance.**
to understand each other	**capirsi**
They understand each other very well.	**Si capiscono molto bene.**
to run into, to meet each other	**incontrarsi**
They meet every Tuesday at the coffee shop.	**Si incontrano ogni martedì al caffè.**
to write to each other	**scriversi**
Do you write to each other every week?	**Vi scrivete ogni settimana?**
to talk over the phone	**sentirsi**
We are going to talk next week.	**Ci sentiamo la settimana prossima.**
to see each other	**vedersi**
When are we going to see each other?	**Quando ci vediamo?**

16.B.

Listen to the following dialogue.

> LORENZO: *Ciao Gioia.*
> GIOIA: *Ciao Lorenzo.*
> LORENZO: *Allora quando ci vediamo?*
> GIOIA: *Domani pomeriggio, ma ci sentiamo prima per telefono.*

252

LORENZO: *E dove ci incontriamo? Ci troviamo al "Caffè degli Artisti?" Va bene?*

Now listen and repeat.

Hi Gioia.	**Ciao Gioia.**
Hi Lorenzo.	**Ciao Lorenzo.**
So, when are we seeing each other?	**Allora quando ci vediamo?**
Tomorrow afternoon, but let's talk on the phone first.	**Domani pomeriggio, ma ci sentiamo prima per telefono.**
And where are we going to meet?	**E dove ci incontriamo?**
We'll meet at the *Caffè degli Artisti?*	**Ci troviamo al "Caffè degli Artisti"?**
Is that all right?	**Va bene?**

16.C.

Answer the questions using the cues provided.

Vi scrivete spesso? (sì, una volta al mese) ☞*Sì, ci scriviamo una volta al mese.*

Ci sentiamo questa sera? (no, domani sera) ☞*No, ci sentiamo domani sera.*

Si capiscono bene quando parlano in italiano? (no, non molto bene) ☞*No, non si capiscono molto bene quando parlano in italiano.*

Quante volte alla settimana si vedono? (tre volte) ☞*Si vedono tre volte alla settimana.*

253

LESSON 17: THE PRESENT INDICATIVE OF *PIACERE*

17.A.

The irregular verb *piacere* "to like" is used differently than its English counterpart. For example: "I like fruit" translates into Italian as *la frutta mi piace,* or literally: "fruit is pleasing to me." The subject in English becomes an indirect object in Italian. *Piacere* is used primarily in its third person singular and plural forms, though it does have a full conjugation. Let's see how it works.

I like	**mi piace**
I like Rome.	**Mi piace Roma.**
I like	**mi piacciono**
I like museums.	**Mi piacciono i musei.**

Notice that if what you like is singular, you use *piace,* and if it is plural, you use *piacciono.*

you like	**ti piacciono**
Do you like these roses?	**Ti piacciono queste rose?**
he likes	**gli piace**
He likes Italy.	**Gli piace l'Italia.**
she likes	**le piacciono**
She likes these clothes.	**Le piacciono questi vestiti.**
you like	**Le piace**
Do you like Brahms?	**Le piace Brahms?**
we like	**ci piacciono**
We like Italian wines.	**Ci piacciono i vini italiani.**
you like	**vi piace**
Do you like this movie?	**Vi piace questo film?**
they like	**a loro piacciono**
Sabina and Livia like Italian shoes.	**A Sabina e Livia piacciono le scarpe italiane.**

Piacere can also take another verb in the infinitive, in which case *piacere* is always used in the third person singular form.

I like to travel.	**Mi piace viaggiare.**
We like to take the plane.	**A noi piace prendere l'aereo.**
Luca and Gianni like to go to the beach.	**A Luca e Gianni piace andare al mare.**

17.B.

Listen to the following dialogue.

> MARCO: *Cosa vi piace di questo menù?*
> ALESSANDRA: *A me piace la pasta ai tartufi.*
> MARCO: *E a te, Francesco?*
> FRANCESCO: *Non mi piace niente. Non mi piace mangiare al ristorante.*

And now repeat.

What do you like on this menu?	**Cosa vi piace di questo menù?**
I like the pasta with truffles.	**A me piace la pasta ai tartufi.**
And you, Francesco?	**E a te, Francesco?**
I don't like anything.	**Non mi piace niente.**
I don't like eating in restaurants.	**Non mi piace mangiare al ristorante.**

17.C.

Respond using the cues.

A loro piace questo vino? (no)   ☞ *No, a loro non piace questo vino.*

Ti piacciono queste scarpe?
(non molto)

A Marco piace andare in vacanza in Italia? (sì, molto)

Vi piacciono questi affreschi?
(sì, molto)

☞ Non mi piacciono molto
queste scarpe.

☞ Sì, a Marco piace molto andare in vacanza in Italia.

☞ Sì, ci piacciono molto questi
affreschi.

LESSON 18: THE PRESENT INDICATIVE
OF IMPERSONAL VERBS

18.A.

Impersonal verbs are used only in the third person singular. They express an action or condition with a general subject. In English, the subject in impersonal constructions is usually "it."

It's raining.	**Piove.**
It rains a lot here during the spring.	**Piove molto qui durante la primavera.**
It's snowing.	**Nevica.**
In the mountains it snows all year.	**In montagna nevica tutto l'anno.**

Impersonal expressions are quite common in daily conversation. Some of the most common are followed by an infinitive.

it's necessary	**bisogna**
It's necessary to go to the airport.	**Bisogna andare all'aeroporto.**
it's necessary	**occorre**
It's necessary to buy olive oil.	**Occorre comprare l'olio d'oliva.**
it's necessary	**è necessario**
It's necessary to reserve the flight.	**È necessario prenotare il volo.**
it's easy	**è facile**
It's easy to understand Italian.	**È facile capire l'italiano.**
it suffices, it's enough	**basta**
It's enough to listen carefully.	**Basta ascoltare attentamente.**

18.B.

Listen to the following dialogue.

SIGNORA RUGGIERI: *Oggi fa molto freddo e nevica.*
SIGNOR RUGGIERI: *Sì, ma bisogna uscire lo stesso.*
SIGNORA RUGGIERI: *Perché?*
SIGNOR RUGGIERI: *È necessario andare all'ufficio postale.*
SIGNORA RUGGIERI: *Bisogna proprio andare?*
SIGNOR RUGGIERI: *Sì, bisogna inviare il pacco oggi.*

Now repeat after the native speakers.

Today it's very cold and it's snowing.	**Oggi fa molto freddo e nevica.**
Yes, but it's necessary to go out anyway.	**Sì, ma bisogna uscire lo stesso.**
Why?	**Perché?**
It's necessary to go to the post office.	**È necessario andare all'ufficio postale.**
Is it really necessary to go?	**Bisogna proprio andare?**
Yes, we have to send the package today.	**Sì, bisogna inviare il pacco oggi.**

18.C.

Answer the following questions.

Piove molto qui in primavera? (no, poco)	☞*No, piove poco qui in primavera.*
Qui nevica tutto l'anno? (no, solo d'inverno)	☞*No, qui nevica solo d'inverno.*
Cosa occorre comprare? (il caffè)	☞*Occorre comprare il caffè.*
È necessario prenotare il volo per Miami? (sì)	☞*Sì, è necessario prenotare il volo per Miami.*
Cosa bisogna prendere? (il dolce)	☞*Bisogna prendere il dolce.*

PART II: TALKING ABOUT THE PAST

LESSON 19: THE PRESENT PERFECT *(PASSATO PROSSIMO)* WITH *ESSERE*

19.A.

The present perfect expresses an action that happened and was completed in the recent past.

For example:

Yesterday I met Paolo.	**Ieri ho incontrato Paolo.**

It can also express an action that occurred a long time ago, but whose effects continue in the present.

Andrew moved here ten years ago.	**Andrea si è trasferito qui dieci anni fa.**

The present perfect is a compound tense. It is formed with the present indicative of the auxiliary verb, *avere* or *essere*, and the past participle of the main verb. To form the past participle of a regular verb, drop the infinitive ending and replace it with the appropriate past participle ending: *-ato* for *-are* verbs, *-uto* for *-ere* verbs, and *-ito* for *-ire* verbs. Let's take *parlare* as an example: Delete the infinitive ending, *-are,* and replace it with *-ato*. We now have the past participle: *parlato*. Likewise, *ricevere* becomes *ricevuto,* and *dormire—dormito*.

While most verbs take *avere* as their auxiliary, a few important ones take *essere*. Keep in mind that the past participle of the verbs that take *essere* must agree in gender and number with the subject. Let's begin with *andare* "to go."

I went	io sono andata
I went to Milan.	Sono andata a Milano.
you went	tu sei andato
Did you go to the piano lesson?	Sei andata a lezione di pianoforte?
he went	lui è andato
Francesco went out for dinner.	Francesco è andato fuori a cena.
Maria went to the movies.	Maria è andata al cinema.
Signor Rossi, did you go to the performance?	Signor Rossi, è andato allo spettacolo?
Signora Rossi, when did you leave?	Signora Rossi, quando è andata via?
we went	noi siamo andati
We went to the theater last week.	Siamo andati a teatro la settimana scorsa.
you went	voi siete andati
Maria and Luisa, did you go to the library?	Maria e Luisa, siete andate in biblioteca?
they went	loro sono andati
Mr. and Mrs. Rossi went to Florence by car.	I signori Rossi sono andati a Firenze in macchina.

Here are some other verbs that take *essere* as their auxiliary. Notice that none of them takes a direct object and that many are verbs of movement.

to arrive	arrivare
Anna and Roberto arrived late.	Anna e Roberto sono arrivati tardi.
to become	diventare
I became skeptical.	Sono diventata scettica.
to enter	entrare
Federico entered the cinema with us.	Federico è entrato al cinema con noi.
to be born	nascere
He was born in Italy.	Lui è nato in Italia.

to leave	**partire**
You left quite early.	**Tu sei partito abbastanza presto.**
to return	**tornare** *o* **ritornare**
Anna, when did you come back?	**Anna, quando sei ritornata?**
to go out	**uscire**
Last month we went out every night.	**Il mese scorso siamo usciti tutte le sere.**
to come	**venire**
I have come to this museum before.	**Sono venuta altre volte in questo museo.**
to stay	**stare**
You stayed at home?	**Siete stati a casa?**

Essere itself also takes *essere* as its auxiliary, as do all reflexive verbs.

Were you at the opera?	**Siete stati all'opera?**
I washed early this morning.	**Mi sono lavata presto questa mattina.**
You got up at eight.	**Ti sei alzata alle otto.**
You sat in the first row.	**Si è seduta in prima fila.**

Essere is also used with reciprocal and impersonal verbs.

They saw each other yesterday at the lecture.	**Si sono incontrati ieri alla conferenza.**
Did you write to each other last year?	**Vi siete scritti l'anno scorso?**
It occurred yesterday.	**È successo ieri.**
It rained all day.	**È piovuto tutto il giorno.**

19.B.

Listen to the following dialogue.

> MARCELLA: *Ciao ragazzi, dove siete andati in vacanza?*

261

MICHELE: *Siamo andati in Puglia.*
MARCELLA: *Quando siete partiti?*
MICHELE: *Siamo partiti ai primi di luglio.*
MARCELLA: *Siete andati da soli?*
MICHELE: *No, Livia e Francesca sono venute con noi.*
MARCELLA: *Ah, benissimo!*

Now please repeat.

Hi guys, where did you go on vacation?	**Ciao ragazzi, dove siete andati in vacanza?**
We went to Puglia.	**Siamo andati in Puglia.**
When did you leave?	**Quando siete partiti?**
We left at the beginning of July.	**Siamo partiti ai primi di luglio.**
Did you go alone?	**Siete andati da soli?**
No, Livia and Francesca came with us.	**No, Livia e Francesca sono venute con noi.**
Oh, great!	**Ah, benissimo!**

19.C.

Respond using the cues provided.

Sono tornati dal viaggio in Europa? (no, non)
☞ *No, non sono tornati dal viaggio in Europa.*

A che ora sei uscita di casa? (a mezzogiorno)
☞ *Sono uscita di casa a mezzogiorno.*

Signora Ranieri, con chi è stata al cinema? (con Laura)
☞ *Sono stata al cinema con Laura.*

E nevicato ieri mattina? (no, ieri sera)
☞ *No, è nevicato ieri sera.*

LESSON 20: THE PRESENT PERFECT WITH *AVERE*

20.A.

Now let's turn to verbs that take *avere* as their auxiliary. Remember that, unlike with *essere*, the past participles of these verbs DO NOT agree with the subject. Let's conjugate *parlare* in the present perfect.

I spoke	**io ho parlato**
I spoke Italian during the trip.	**Ho parlato in italiano durante il viaggio.**
you spoke	**tu hai parlato**
Have you talked to them?	**Hai parlato con loro?**
she spoke	**lei ha parlato**
Lucia never talked about this problem.	**Lucia non ha mai parlato di questo problema.**
we spoke	**noi abbiamo parlato**
We spoke only to them.	**Abbiamo parlato solo con loro.**
you spoke	**voi avete parlato**
You spoke in vain.	**Avete parlato per niente.**
they spoke	**loro hanno parlato**
They didn't even talk with us.	**Non hanno parlato neanche con noi.**

Avere itself is regular in the present perfect and takes *avere* as its auxiliary.

I didn't have time.	**Non ho avuto tempo.**

Now let's learn some useful verbs with irregular past participles.

to drink/drunk	**bere/bevuto**
You drank too much wine last night.	**Hai bevuto troppo vino ieri sera.**

to ask/asked	chiedere/chiesto
Who asked for a coffee?	Chi ha chiesto un caffè?
to say/said	dire/detto
What did you say to your friends?	Cosa avete detto ai vostri amici?
to do/done	fare/fatto
What did you do yesterday evening?	Cosa avete fatto ieri sera?
to read/read	leggere/letto
Did you read the review of the book?	Hai letto la recensione del libro?
to put/put	mettere/messo
Did you put sugar in the coffee?	Hai messo lo zucchero nel caffè?
to take/taken	prendere/preso
What did you have as an entrée?	Cosa hai preso per secondo?
to answer/answered	rispondere/risposto
She didn't answer his letter.	Non ha risposto alla sua lettera.
to see/seen	vedere/visto
Did you see the last Fellini movie?	Hai visto l'ultimo film di Fellini?

When used alone, *dovere, potere,* and *volere* are also conjugated with avere.

Lucia wanted that necklace.	**Lucia ha voluto quella collana.**

If, on the other hand, they are followed by another verb in the infinitive, they take the auxiliary required by that verb. Compare:

I couldn't leave early.	**Non sono potuto partire presto.**

264

| She wanted to buy that dress. | **Ha voluto comprare quel vestito.** |

20.B.

Listen to the dialogue.

> LUIGI: *Hai risposto alla lettera di Martina?*
> CRISTINA: *Sì, le ho scritto una lettera due giorni fa.*
> LUIGI: *Ho inviato anch'io una cartolina a Martina una settimana fa.*
> CRISTINA: *Senza dirmi nulla!*
> LUIGI: *Non ho avuto il tempo di telefonarti.*
> CRISTINA: *Certo. Ti capisco.*

Now please repeat.

Did you answer Martina's letter?	**Hai risposto alla lettera di Martina?**
Yes, I wrote the letter two days ago.	**Sì, le ho scritto una lettera due giorni fa.**
I sent a postcard to Martina, too a week ago.	**Ho inviato anch'io una cartolina a Martina una settimana fa.**
Without saying anything!	**Senza dirmi nulla!**
I didn't have the time to call you.	**Non ho avuto il tempo di telefonarti.**
Of course.	**Certo.**
I understand.	**Ti capisco.**

20.C.

Answer the following questions.

| *Avete inviato la cartolina a vostra cugina? (no, non)* | ☞ *No, non abbiamo inviato la cartolina a nostra cugina.* |

265

Hai detto ad Emanuele di ve-
nire a cena? (no, nulla)
Hanno portato i fiori? (sì)
Hai messo lo zucchero nel
caffè? (no, non)

☞ *No, non ho detto nulla ad*
Emanuele.
☞ *Sì, hanno portato i fiori.*
☞ *No, non ho messo lo zucchero*
nel caffè.

LESSON 21: THE IMPERFECT OF *ESSERE* AND *AVERE*

21.A.

The imperfect expresses a past action that occurred over a period of time. It describes what was happening or what used to happen, as well as habitual actions in the past. Let's start with *essere*, which is irregular in the imperfect.

I was	io ero
When I was a child . . .	Quando ero bambino . . .
you were	tu eri
That year you were always in Rome.	Quell'anno eri sempre a Roma.
you were	Lei era
Were you on the phone?	Lei era al telefono?
we used to be	noi eravamo
We used to be very good friends.	Noi eravamo molto amici.
you were	voi eravate
Were you in Italy last month?	Eravate in Italia il mese scorso?
they were	loro erano
They were always glad to see him.	Erano sempre contenti di vederlo.

Avere is regular in the imperfect.

I had	io avevo
As a child, I was afraid of the dark.	Da piccolo, avevo paura del buio.
you had	tu avevi
You were always in a hurry.	Tu avevi sempre fretta.
he had	lui aveva
He had many friends in Italy.	Lui aveva molti amici in Italia.

we had	noi avevamo
We always used to have the same hotel room.	Avevamo sempre la stessa camera d'hotel.
you had	voi avevate
When you were ten years old ...	Quando avevate dieci anni ...
they had	loro avevano
At one time they had more money.	Una volta avevano più soldi.

21.B.

Listen to the following dialogue.

> SIGNOR MARTIN: *A Bologna, eravamo in giro dalla mattina alla sera.*
> SIGNORA GABRIELE: *Avevate una pianta della città?*
> SIGNOR MARTIN: *Sì, ma andavamo a destra e a sinistra un po' a caso ... E poi la gente era così gentile ...*
> SIGNORA GABRIELE: *Ah, sì? Vi sono piaciuti gli italiani?*
> SIGNOR MARTIN: *Sì, certo. Avevano molta pazienza con noi.*

Now please repeat.

In Bologna, we were sightseeing from morning until evening.	A Bologna, eravamo in giro dalla mattina alla sera.
Did you have a map of the city?	Avevate una pianta della città?
Yes, but we were wandering around by chance ...	Sì, ma andavamo a destra e a sinistra un po' a caso ...
And the people were so nice.	E poi la gente era così gentile ...
Is that so?	Ah, sì?

You liked the Italians?	**Vi sono piaciuti gli italiani?**
Certainly.	**Sì, certo.**
They were very patient with us.	**Avevano molta pazienza con noi.**

21.C.

Answer the following questions.

Quando eri in Italia avevi molti amici? (sì)

☞ *Sì, quando ero in Italia avevo molti amici.*

Dov'eri ieri pomeriggio? (dal medico)

☞ *Ieri pomeriggio ero dal medico.*

Eravate in vacanza in Grecia? (sì)

☞ *Sì, eravamo in vacanza in Grecia.*

I bambini avevano paura del buio? (sì)

☞ *Sì, i bambini avevano paura del buio.*

LESSON 22: THE IMPERFECT OF REGULAR
AND IRREGULAR VERBS

22.A.

To form the imperfect tense of regular verbs, drop the *-re* ending from the infinitive and replace it with the appropriate imperfect endings, which are the same for all three verb groups: *-vo, -vi, -va, -vamo, -vate, -vano.* Let's begin with an *-are* verb: *parlare.*

I was speaking	**io parlavo**
you were speaking	**tu parlavi**
he was speaking	**lui parlava**
we were speaking	**noi parlavamo**
you were speaking	**voi parlavate**
they were speaking	**loro parlavano**

Here are some example sentences.

I was speaking in Italian every day.	**Parlavo in italiano ogni giorno.**
They used to speak constantly.	**Parlavano in continuazione.**

Now let's try an *-ere* verb: *vivere* "to live."

I was living	**io vivevo**
you were living	**tu vivevi**
she was living	**lei viveva**
we were living	**noi vivevamo**
you were living	**voi vivevate**
they were living	**loro vivevano**

Repeat the following example sentences.

You used to live in Italy.	**Vivevi in Italia.**
We were living alone.	**Vivevamo da soli.**

Finally let's do an *-ire* verb: *dormire.*

I was sleeping	**io dormivo**
you were sleeping	**tu dormivi**
you were sleeping	**Lei dormiva**
we were sleeping	**noi dormivamo**
you were sleeping	**voi dormivate**
they were sleeping	**loro dormivano**

Here are some more example sentences.

On Mondays you used to sleep until seven.	**Il lunedì dormivate fino alle sette.**
Marta was sleeping on the beach.	**Marta dormiva sulla spiaggia.**

Many of the irregular verbs we studied in previous lessons are regular in the imperfect. For example:

We used to go to Florence by train every month.	**Andavamo a Firenze in treno ogni mese.**
They were staying in that hotel.	**Stavano in quell'hotel.**
I could not go to the post office.	**Non potevo andare all'ufficio postale.**

Now let's turn to verbs that are irregular in the imperfect. They have irregular imperfect stems but take regular imperfect endings. We'll demonstrate with *bere* "to drink," whose imperfect stem is *beve-*.

I used to drink mineral water.	**Bevevo acqua minerale.**
We used to drink white wine at dinner.	**A cena bevevamo vino bianco.**

Fare has the imperfect stem *face-*.

I used to take many trips.　　**Facevo molti viaggi.**

Dire has the imperfect stem *dice-*.

They always told the truth.　　**Dicevano sempre la verità.**

22.B.

Listen to the following dialogue.

LA NONNA: *Da bambina venivi spesso a casa mia di sabato. . . . Dormivi fino a tardi.*

LA NIPOTE: *Mi ricordo . . . e tu preparavi delle ottime colazioni. . . .*

LA NONNA: *E tu non ti potevi fermare la domenica perché dovevi studiare.*

LA NIPOTE: *È vero, ma molte volte invece andavo in piscina a nuotare.*

Listen and repeat.

As a little girl, you used to come to my house on Saturday. . . . 　　**Da bambina venivi spesso a casa mia di sabato. . . .**

You used to sleep late.　　**Dormivi fino a tardi.**

I remember . . . and you used to make wonderful breakfasts.　　**Mi ricordo . . . e tu preparavi delle ottime colazioni.**

And you couldn't stay on Sunday because you had to study.　　**E tu non ti potevi fermare la domenica perché dovevi studiare.**

It's true, but many times I would go to the pool to swim instead.　　**È vero, ma molte volte invece andavo in piscina a nuotare.**

22.C.

Answer the following questions.

Signore, di solito cosa beveva?
(spremuta d'arancia)

☞ *Di solito bevevo spremuta*
d'arancia.

Facevate molte vacanze da
ragazzi? (si)

☞ *Sì, facevamo molte vacanze*
da ragazzi.

Dove andavano Francesca
e Paolo al mare? (in
Sardegna)

☞ *Francesca e Paolo andavano*
al mare in Sardegna.

Lui viveva a Venezia da
bambino? (si)

☞ *Sì, lui viveva a Venezia da*
bambino.

LESSON 23: USAGE OF THE IMPERFECT

23.A.

The imperfect is a much used tense in Italian. It has three main uses.

It indicates a habitual or repeated action in the past.

We used to go to the movies every Saturday.	**Andavamo al cinema ogni sabato.**
We would come home at seven every night.	**Tornavamo a casa alle sette ogni sera.**

It describes ongoing actions in the past.

He was talking and laughing.	**Parlava e rideva.**
While I was watching TV, the children were sleeping.	**Mentre io guardavo la TV, i bambini dormivano.**

It describes physical conditions and emotional states in the past. This includes weather, age, and time.

It was a silent, hot day in August.	**Era una silenziosa calda giornata d'agosto.**
It was around five in the afternoon.	**Erano circa le cinque di pomeriggio.**
When you were young, you were very happy.	**Quando eravate giovani eravate molto allegri.**
When you were ten years old, I was thirty.	**Quando tu avevi dieci anni io ne avevo trenta.**

The preposition *da* plus a time expression and a verb in the imperfect express the duration of an action in the past.

How long had you been working in Rome?	**Da quanto tempo lavoravi a Roma?**

274

| I had been going to the opera for ten years. | **Andavo all'opera da dieci anni.** |

In addition, the imperfect may be used instead of the present conditional to make a request more polite,

| I would like a kilo of peaches. | **Volevo un chilo di pesche.** |
| We would like to rent a car. | **Volevamo noleggiare una macchina.** |

and instead of the past conditional to express a desire or possibility in the past.

| I wanted to talk to you, but you were never at home. | **Volevo parlare con te, ma non eri mai a casa.** |
| You could have thought of it earlier. | **Potevi pensarci prima.** |

23.B.

Listen to the following dialogue.

GIOVANNA: *Ieri era una giornata molto bella.*

MARIO: *Sì, però faceva troppo caldo. Erano le sette di sera ed il sole scottava ancora.*

GIOVANNA: *È vero, ma dopo un inverno lungo, ero molto felice di vedere il sole.*

MARIO: *Amavi l'estate anche quando avevi dieci anni.*

GIOVANNA: *Certo. Andavamo alla spiaggia quasi ogni giorno.*

Now please repeat.

| Yesterday was a very beautiful day. | **Ieri era una giornata molto bella.** |

Yes, but it was too hot.	Sì, però faceva troppo caldo.
It was 7 P.M. and the sun was still burning.	Erano le sette di sera ed il sole scottava ancora.
That's true, but after a long winter, I was very happy to see the sun.	È vero, ma dopo un inverno lungo, ero molto felice di vedere il sole.
Even when you were ten years old, you loved the summer.	Amavi l'estate anche quando avevi dieci anni.
Of course.	Certo.
We would go to the beach almost every day.	Andavamo alla spiaggia quasi ogni giorno.

23.C.

Now answer the following questions.

L'estate scorsa faceva caldo a Roma? (sì, molto)	✍ Sì, l'estate scorsa faceva molto caldo a Roma.
Da quanto tempo abitava Massimo a Firenze? (due anni)	✍ Massimo abitava a Firenze da due anni.
Eravate contenti di essere in Italia? (sì)	✍ Sì, eravamo contenti di essere in Italia.
In che lingua parlava Marta di solito? (inglese)	✍ Di solito, Marta parlava in inglese.

LESSON 24: THE PAST PERFECT

24.A.

The past perfect indicates an action that took place prior to another action in the past. It also implies the idea of repetition in the distant past. It is a compound tense formed with the imperfect of *essere* or *avere* and the past participle of the main verb and translates into English as "I had spoken."

I had been	**io ero stato**
I had never been in Italy.	**Non ero mai stato in Italia.**
you had had	**tu avevi avuto**
You had had many problems.	**Avevi avuto molti problemi.**
you had left	**Lei era partito**
You had left before dinner.	**Era partito prima di cena.**
we had been	**noi eravamo stati**
We had never been so happy.	**Non eravamo mai stati così contenti.**
you had written	**voi avevate scritto**
You had written to him before leaving.	**Avevate scritto a lui prima di partire.**
they had spoken	**loro avevano parlato**
They had spoken for two hours.	**Avevano parlato per due ore.**

24.B.

Listen to the following dialogue.

SIGNORA GATTO: *Eravate stati altre volte in questa città?*

SIGNOR ROSSI: *Sì, eravamo venuti l'anno scorso. E voi?*

SIGNORA GATTO: *No, noi non eravamo mai stati qui prima d'ora.*

SIGNOR ROSSI: *Vi avevamo detto che era un posto da visitare.*

SIGNORA GATTO: *Avevamo sempre pensato di venire, prima o poi.*

And now repeat.

Had you ever been in this city before?	**Eravate stati altre volte in questa città?**
Yes, we had come last year.	**Sì, eravamo venuti l'anno scorso.**
And you?	**E voi?**
No, we had not been here before now.	**No, noi non eravamo mai stati qui prima d'ora.**
We had told you that it was a place to visit.	**Vi avevamo detto che era un posto da visitare.**
We had always thought about coming sooner or later.	**Avevamo sempre pensato di venire, prima o poi.**

24.C.

Answer the following questions.

Eravate andati anche voi al cinema? (sì)   ☞*Sì, eravamo andati anche noi al cinema.*

Chi aveva parlato per primo? (il professore)   ☞*Il professore aveva parlato per primo.*

Quante lettere avevi scritto? (due)   ☞*Avevo scritto due lettere.*

Erano usciti prima di voi? (no)   ☞*No, non erano usciti prima di noi.*

LESSON 25: THE ABSOLUTE PAST

25.A.

The absolute past expresses an action that happened and was completed in the past, with no relation to the present. It is a tense used primarily in written Italian. In spoken Italian, the present perfect takes its place, except in regions of southern Italy, where the absolute past is used in daily speech. Let's conjugate *parlare*.

I spoke	**io parlai**
you spoke	**tu parlasti**
he spoke	**lui parlò**
we spoke	**noi parlammo**
you spoke	**voi parlaste**
they spoke	**loro parlarono**

And now *credere*.

I believed	**io credetti**
you believed	**tu credesti**
she believed	**lei credette**
we believed	**noi credemmo**
you believed	**voi credeste**
they believed	**loro credettero**

And finally *dormire*.

I slept	**io dormii**
you slept	**tu dormisti**
she slept	**lei dormì**
we slept	**noi dormimmo**
you slept	**voi dormiste**
they slept	**loro dormirono**

279

The absolute past is, unfortunately, very rich in irregular forms. Here are the full conjugations of *essere* and *avere* and example sentences with the more important irregular verbs. For the full conjugations, please refer to the verb charts. Listen carefully and repeat.

I was	**io fui**
you were	**tu fosti**
he was	**lui fu**
we were	**noi fummo**
you were	**voi foste**
they were	**loro furono**

I had	**io ebbi**
you had	**tu avesti**
she had	**lei ebbe**
we had	**noi avemmo**
you had	**voi aveste**
they had	**loro ebbero**

Italo gave Livia his ticket.	**Italo diede il suo biglietto a Livia.**
We gave him good advice.	**Noi gli demmo un buon consiglio.**
He played the role of Othello.	**Lui fece la parte di Otello.**
You made great progress that year.	**Quell'anno faceste molti progressi.**
You were sick for a long time.	**Stesti male per molto tempo.**
I had to leave early.	**Io dovetti partire presto.**
Caravaggio was born in 1573.	**Caravaggio nacque nel mille cinquecento settantatré.**
You were born in the suburbs.	**Nasceste in periferia.**
You lost control.	**Tu perdesti il controllo.**
They lost the esteem of everyone.	**Persero la stima di tutti.**

I liked that idea a lot.

Mi piacque molto quella idea.

The poet lived in Venice.

Il poeta visse a Venezia.

We wanted to move.

Noi volemmo traslocare.

25.B.

Listen to the following dialogue.

> LUCIA: *Questo scrittore fu una mia grande passione giovanile!*
>
> MARCO: *Scrisse molti romanzi, vero?*
>
> LUCIA: *Sì! Ebbe un gran talento! Cercò di creare un nuovo stile.*
>
> MARCO: *Sì, ma non piacque molto ai suoi contemporanei.*
>
> LUCIA: *Naturalmente fu poi riconosciuto dai posteri.*
>
> MARCO: *Come al solito.*

Now repeat.

This writer was one of the great passions of my youth!

Questo scrittore fu una mia grande passione giovanile!

He wrote many novels, right?

Scrisse molti romanzi, vero?

Yes.

Sì!

He had great talent.

Ebbe un gran talento!

He tried to create a new style.

Cercò di creare un nuovo stile.

Yes, but he wasn't well liked by his contemporaries.

Sì, ma non piacque ai suoi contemporanei.

Of course, he was later recognized by posterity.

Naturalmente fu poi riconosciuto dai posteri.

As usual.

Come al solito.

25.C.

Respond using the cues provided.

Avesti molti problemi con lui? (sì)   ☞ *Sì, ebbi molti problemi con lui.*

Chi fu presente alla riunione? (tutti)   ☞ *Tutti furono presenti alla riunione.*

Dove dormiste quella notte? (a casa di amici)   ☞ *Quella notte dormimmo a casa di amici.*

Dove nacque Raffaello? (ad Urbino)   ☞ *Raffaello nacque ad Urbino.*

LESSON 26: THE SEQUENCE OF TENSES

26.A.

Many students of Italian find it difficult to choose the appropriate past tense. Here is a brief overview:

The imperfect expresses what was going on in the past over a period of time, without any specific reference to the beginning or end of the action. It generally expresses actions beginning but not finishing in the past, as well as past conditions.

The present perfect and the absolute past, on the other hand, both express what took place at a specific moment in time. However, actions expressed with the present perfect happened in the recent past and usually relate to the present, while actions expressed in the absolute past fully belong to the past: It is a historical tense predominantly used in writing. Compare:

My brother was born in 1960.	**Mio fratello è nato nel mille novecento sessanta.**
Dante was born in 1265.	**Dante nacque nel mille duecento sessantacinque.**

The past perfect expresses an action that occurred prior to another action in the past.

I had left when Laura came in.	**Ero partito quando Laura è entrata.**
He had already bought the book I gave him.	**Aveva già comprato il libro che gli ho dato.**

When two actions occur at the same time and both express an ongoing action or condition, both verbs should be in the imperfect.

I was reading and writing.	**Leggevo e scrivevo.**
They were singing and dancing.	**Cantavano e ballavano.**

When two actions occur at the same time, but one is interrupted by another, the ongoing, or background, action should be in the imperfect; the other, in the present perfect or absolute past.

I was reading when you arrived.	**Leggevo quando tu sei arrivato.**
It was raining when Dante was born.	**Pioveva quando Dante nacque.**
Giovanni left while we were having lunch.	**Giovanni è andato via mentre pranzavamo.**

26.B.

Listen to the dialogue.

MARIA:	*Cosa facevi quando è arrivato Paolo?*
FRANCESCO:	*Facevo colazione e leggevo il giornale.*
MARIA:	*Facevi colazione così tardi?*
FRANCESCO:	*Sì, ma mi ero già lavato quando è venuto.*

Now repeat.

What were you doing when Paolo arrived?	**Cosa facevi quando è arrivato Paolo?**
I was having breakfast and reading the paper.	**Facevo colazione e leggevo il giornale.**
You were having breakfast that late?	**Facevi colazione così tardi?**

| Yes, but I had already washed when he came. | **Sì, ma mi ero già lavato quando è venuto.** |

26.C.

Change the verb in the infinitive to the imperfect or the present perfect, according to the context. First listen to the example.

| *La domenica [NOI ANDARE] sempre al mare.* | *La domenica andavamo sempre al mare.* |

Now it's your turn.

Quando [TU ARRIVARE] ieri?	☞ *Quando sei arrivato ieri?*
[NOI ANDARE] al mare tutte le estati.	☞ *Andavamo al mare tutte le estati.*
[IO GUARDARE] la televisione quando Andrea [ENTRARE].	☞ *Guardavo la televisione quando Andrea è entrato.*
Anna [SCRIVERE] una lettera quando la madre la [CHIAMARE].	☞ *Anna scriveva una lettera quando la madre l'ha chiamata.*

PART III: TALKING ABOUT THE FUTURE

LESSON 27: THE FUTURE TENSE OF
REGULAR VERBS

27.A.

The future tense of all regular verbs is formed by dropping the final *-e* from the infinitive and replacing it with the appropriate future endings: *-ò, -ai, à, -emo, -ete, -anno*. *-Are* verbs also change the *-a* in the infinitive ending to an *-e*. Let's conjugate *parlare* in the future tense.

I will speak	**io parlerò**
I will speak Italian during the trip.	**Parlerò in italiano durante il viaggio.**
you will speak	**tu parlerai**
You will speak fluently within a year.	**Tu parlerai correntemente tra un anno.**
he will speak	**lui parlerà**
The professor will speak tomorrow.	**Il professore parlerà domani.**
we will speak	**noi parleremo**
We will speak about that topic.	**Parleremo di quell'argomento.**
you will talk	**voi parlerete**
You won't talk to them, right?	**Non parlerete con loro, vero?**
they will talk	**loro parleranno**
They will talk on the train.	**Loro parleranno in treno.**

Now let's do an *-ere* verb: *scrivere*.

I will write	**io scriverò**
I will write to my friend.	**Scriverò al mio amico.**
you will write	**tu scriverai**

Are you going to write the article?	**Scriverai tu l'articolo?**
she will write	**lei scriverà**
She will write a novel soon.	**Scriverà presto un romanzo.**
we will write	**noi scriveremo**
We will write some postcards.	**Noi scriveremo delle cartoline.**
you will write	**voi scriverete**
You will type the application.	**Voi scriverete la domanda a macchina.**
they will write	**loro scriveranno**
They are going to write a journal of their trip.	**Scriveranno un diario del loro viaggio.**

Finally, let's conjugate an *-ire* verb: *partire*.

I will leave	**io partirò**
I will leave tomorrow morning.	**Partirò domani mattina.**
you will leave	**tu partirai**
Will you leave with them?	**Partirai con loro?**
you will leave	**Lei partirà**
You are going to leave on a cruise in two days.	**Partirà per una crociera tra due giorni.**
we will leave	**noi partiremo**
We will leave within a few days.	**Partiremo tra pochi giorni.**
you will leave	**voi partirete**
You won't leave because of the weather.	**Voi non partirete a causa del tempo.**
they will leave	**loro partiranno**
They will leave on time.	**Partiranno in orario.**

27.B.

Now listen to the following dialogue.

FEDERICO: *Allora, quando partirete?*

MARTINA: *Partiremo domani mattina molto presto.*
FEDERICO: *E quando tornerete?*
MARTINA: *Torneremo tra due mesi.*
FEDERICO: *Scriverete qualche cartolina, vero?*
MARTINA: *Certo, invieremo almeno una cartolina a tutti.*

And now, please repeat.

So, when are you going to leave?	**Allora, quando partirete?**
We are going to leave tomorrow morning, very early.	**Partiremo domani mattina molto presto.**
And when are you going to come back?	**E quando tornerete?**
We will be back in two months.	**Torneremo tra due mesi.**
You will write some postcards, right?	**Scriverete qualche cartolina, vero?**
Yes, we'll send at least one postcard to everyone.	**Certo, invieremo almeno una cartolina a tutti.**

27.C.

Respond using the cues provided.

Quando partirete? (domani mattina)	☞*Partiremo domani mattina.*
Quale lingua parleranno alla conferenza? (francese)	☞*Parleranno francese alla conferenza.*
Signora, quando vedrà suo figlio? (fra due mesi)	☞*Vedrò mio figlio fra due mesi.*
Chi crederà a questa storia? (nessuno)	☞*Nessuno crederà a questa storia.*

LESSON 28: THE FUTURE TENSE OF IRREGULAR VERBS

28.A.

Irregular verbs in the future tense have irregular stems but take the regular future endings. Let's begin with *essere*.

I will be	**io sarò**
you will be	**tu sarai**
she will be	**lei sarà**
we will be	**noi saremo**
you will be	**voi sarete**
they will be	**loro saranno**

And now let's conjugate *avere*.

I will have	**io avrò**
you will have	**tu avrai**
he will have	**lui avrà**
we will have	**noi avremo**
you will have	**voi avrete**
they will have	**loro avranno**

And now let's try a few more example sentences with common irregular verbs.

I will go to the country next week.	**Andrò in campagna la settimana prossima.**
You'll have to renew the visa next month.	**Il mese prossimo dovrà rinnovare il visto.**
We will only be able to see you tomorrow.	**Noi potremo vederti solo domani.**
Tomorrow you will know the departure time.	**Domani saprete l'ora della partenza.**
I will see the play tomorrow night.	**Vedrò la commedia domani sera.**

She will keep the keys in her purse.	**Lei terrà le chiavi in borsa.**
They will come tomorrow.	**Loro verranno domani.**
Luigi will always want to see you.	**Luigi vorrà sempre vederti.**
Will you always live in Italy?	**Vivrete sempre in Italia?**

28.B.

Listen to the dialogue.

> TOMASINA: *Andrete al cinema domani sera?*
> SALVATORE: *No, andremo dopodomani sera, venerdì.*
> TOMASINA: *Avete già i biglietti?*
> SALVATORE: *No, compreremo i biglietti domani, quando avremo i soldi.*
> TOMASINA: *Ci sarà molta gente, dovrete fare la fila.*
> SALVATORE: *Verrai anche tu?*
> TOMASINA: *Verrò se mi terrete un posto a sedere vicino a voi.*

Now repeat.

Are you going to the movies tomorrow night?	**Andrete al cinema domani sera?**
No, we'll go the day after tomorrow, on Friday.	**No, andremo dopodomani sera, venerdì.**
Do you have the tickets already?	**Avete già i biglietti?**
No, we're going to buy the tickets tomorrow, when we have the money.	**No, compreremo i biglietti domani, quando avremo i soldi.**
There will be a lot of people, you will have to wait in line.	**Ci sarà molta gente, dovrete fare la fila.**
Are you going to come, too?	**Verrai anche tu?**
I'll come if you save me a seat near you.	**Verrò se mi terrete un posto a sedere vicino a voi.**

28.C.

Answer the following questions.

Dove andrai la settimana prossima? (al mare)
☞ *La settimana prossima andrò al mare.*

Quando dovrò rinnovare il visto? (fra una settimana)
☞ *Dovrà rinnovare il visto fra una settimana.*

Mi terrete un posto a sedere alla conferenza? (sì)
☞ *Sì, ti terremo un posto a sedere alla conferenza.*

Vivranno sempre in Italia? (sì)
☞ *Sì, vivranno sempre in Italia.*

PART IV: THE SUBJUNCTIVE AND THE CONDITIONAL

LESSON 29: THE PRESENT SUBJUNCTIVE OF REGULAR VERBS

29.A.

While the indicative mood expresses objectivity and certainty, the subjunctive mood expresses possibility, doubt, and uncertainty. It refers to an event that may be possible, desirable, or feared.

In independent clauses it is used to express:

doubt,

Do you think that it might rain?	**Che stia per piovere?**

a polite request,

Please, be nice.	**Per favore, sia gentile.**

or a command.

Go out immediately.	**Esca immediatamente.**

The subjunctive is most often used in dependent clauses that are governed by a main clause expressing doubt, uncertainty, hope, desire, the opinion of the subject, or an absolute superlative.

I believe that Alberto is happy.	**Credo che Alberto sia felice.**
It seems to me that Laura is leaving tomorrow.	**Mi sembra che Laura parta domani.**

The present subjunctive of regular verbs is formed by dropping the infinitive endings, *-are*, *-ere*, and *-ire*, and replacing them with the appropriate subjunctive endings. The endings for all three singular forms in each group are identical. *-Ire* verbs that insert an *-isc-* in the present indicative do so in the subjunctive as well, in all but the first and second persons plural. Let's first conjugate an *-are* verb: *parlare*. The subjunctive endings are: *-i* for the singular forms, *-iamo*, *-iate*, and *-ino* for the plural.

that I speak	**che io parli**
that you speak	**che tu parli**
that you speak	**che Lei parli**
that we speak	**che noi parliamo**
that you speak	**che voi parliate**
that they speak	**che loro parlino**

Let's do an *-ere* verb: *vivere*. The singular ending is: *-a*, and the plural endings are: *-iamo*, *-iate*, *-ano*.

that I live	**che io viva**
that you live	**che tu viva**
that he live	**che lui viva**
that we live	**che noi viviamo**
that you live	**che voi viviate**
that they live	**che loro vivano**

Finally let's conjugate *partire*, an *-ire* verb. The endings are the same as for *-ere* verbs.

that I leave	**che io parta**
that you leave	**che tu parta**
that she leave	**che lei parta**
that we leave	**che noi partiamo**
that you leave	**che voi partiate**
that they leave	**che loro partano**

29.B.

Listen to the following dialogue.

> MARTA: *Credi che parlino l'italiano?*
> RICARDO: *Non credo.*
> MARTA: *Che peccato! Sembra che siano molto simpatici.*
> RICARDO: *Sì, è anche un peccato che noi parliamo male l'inglese.*
> MARTA: *È possibile che vivano qui in Italia?*
> RICARDO: *No. Sono turisti. Credo che partano tra due settimane.*

Now it's your turn. Listen and repeat.

Do you think that they speak Italian?	**Credi che parlino l'italiano?**
I don't think so.	**Non credo.**
What a pity!	**Che peccato!**
It seems they're very nice.	**Sembra che siano molto simpatici.**
Yes, it's also a pity that we speak English poorly.	**Sì, è anche un peccato che noi parliamo male l'inglese.**
Is it possible that they live here, in Italy?	**È possibile che vivano qui, in Italia?**
No. They're tourists.	**No. Sono turisti.**
I believe they're leaving in two weeks.	**Credo che partano tra due settimane.**

29.C.

Answer the following questions.

Credi che vivano in Italia? (sì)   ☞ *Sì, credo che vivano in Italia.*

È meglio che lei telefoni più
tardi? (sì)

Desiderate che noi restiamo
qui? (sì)

Credi che Anna capisca quando
parlo? (no)

↳ Sì, è meglio che lei telefoni
più tardi.

↳ Sì, desideriamo che voi
restiate qui.

↳ No, non credo che Anna
capisca quando parli.

LESSON 30: THE PRESENT SUBJUNCTIVE OF
ESSERE AND *AVERE*

30.A.

Now let's conjugate *essere*, which is irregular in the present subjunctive.

that I be	che io sia
Do you think that I am the only one who knows Gianni?	Credi che io sia l'unica a conoscere Gianni?
that you be	che tu sia
It's essential that you be stronger.	Bisogna che tu sia più forte.
that he be	che lui sia
Do you think that he's Italian?	Pensi che lui sia italiano?
that we be	che noi siamo
It's essential that we not be late.	È essenziale che noi non siamo in ritardo.
that you be	che voi siate
It's important that you be sincere.	È importante che voi siate sinceri.
that they be	che loro siano
We want them to be happy.	Desideriamo che loro siano contenti.

Now let's do *avere*, which is also irregular.

that I have	che io abbia
He believes that I am twenty-three.	Lui crede che io abbia ventitrè anni.
that you have	che tu abbia
It's important that you have patience.	È importante che tu abbia pazienza.
that she have	che lei abbia
It's essential that she take more care of herself.	Bisogna che lei abbia più cura di sé.

that we have	che noi abbiamo
It's impossible that we don't have the keys.	È impossibile che noi non abbiamo le chiavi.
that you have	che voi abbiate
It's important that you have a map of the city.	È importante che voi abbiate una pianta della città.
that they have	che loro abbiano
Do you think that they need help?	Pensi che abbiano bisogno di aiuto?

30.B.

Now listen to the dialogue.

> PIETRO: *Credi che Massimo abbia molta fretta?*
> ANNA: *Sì, credo che sia in ritardo. Penso che abbia un appuntamento tra un'ora.*
> PIETRO: *Spero che sia al corrente di tutti i problemi!*
> ANNA: *Lo spero anch'io, ma penso che sia bene informato.*

And now repeat.

Do you think Massimo is in a hurry?	Credi che Massimo abbia molta fretta?
Yes, I think he is late.	Sì, credo che sia in ritardo.
I think he has an appointment within one hour.	Penso che abbia un appuntamento tra un'ora.
I hope he's up to date on all the problems!	Spero che sia al corrente di tutti i problemi!
I hope so, too, but I think he's well informed.	Lo spero anch'io, ma penso che sia bene informato.

30.C.

Respond using the cues provided.

Pensi che abbiano fretta? (sì)   ↳ *Sì, penso che abbiano fretta.*

Quanti anni credi che abbia   ↳ *Credo che Alberto abbia*
Alberto? (trenta)   *trent'anni.*

È importante che Marina sia al   ↳ *No, non è importante che*
corrente di questo problema?   *Marina sia al corrente di*
(no, non)   *questo problema.*

Bisogna che noi siamo in   ↳ *Sì, bisogna che voi siate in*
orario? (sì, voi)   *orario.*

LESSON 31: THE PRESENT SUBJUNCTIVE
OF IRREGULAR VERBS

31.A.

Many common verbs are irregular in the present subjunctive. Let's begin with *andare*.

that I go	che io vada
It's better that I go.	È meglio che io vada.
that we go	che noi andiamo
They think that we are going away.	Credono che noi andiamo via.
that you go	che voi andiate
I hope that you are going to see that movie.	Spero che voi andiate a vedere quel film.
that they go	che loro vadano
I don't think that they are going to Italy.	Non credo che loro vadano in Italia.

Here are examples of other common irregular verbs.

It's necessary for you to give an example.	Bisogna che tu dia un esempio.
It seems that he does everything.	Sembra che faccia tutto lui.
I hope you are well.	Spero che stiate bene.
I think that they say interesting things.	Penso che loro dicano cose interessanti.
She believes that I have to leave now.	Crede che io debba partire ora.
I think we have to go on foot.	Penso che dobbiamo andare a piedi.
Do you think that he can leave at 8:00?	Credi che lui possa partire alle otto?
I think that they are going out, too.	Penso che escano anche loro.

It's necessary for me to come, too.	**Bisogna che venga anch'io.**
I hope that you are coming for dinner.	**Spero che veniate a cena.**
I think they want something to drink.	**Credo che vogliano qualcosa da bere.**

31.B.

Listen to the dialogue.

> NICOLA: *Pensi che Alberto vada in Italia?*
> ALFREDO: *Sì, credo che voglia seguire un corso all'Università di Bologna.*
> NICOLA: *Per quanto tempo?*
> ALFREDO: *Penso che stia in Italia per un anno.*

Repeat after the native speakers.

Do you think that Alberto is going to Italy?	**Pensi che Alberto vada in Italia?**
Yes, I think he wants to take a course at the University of Bologna.	**Sì, credo che voglia seguire un corso all'Università di Bologna.**
For how long?	**Per quanto tempo?**
I think he is going to stay in Italy for one year.	**Penso che stia in Italia per un anno.**

31.C.

Answer the following questions.

| *Credi che Maria dica la verità? (sì)* | ☞ *Sì, credo che Maria dica la verità.* |
| *Bisogna proprio che tu vada via stasera? (sì)* | ☞ *Sì, bisogna proprio che io vada via stasera.* |

È necessario che loro escano
con noi domani? (no)
Pensi che vengano a cena? (sì)

☞ No, non è necessario che loro
escano con noi domani.
☞ Sì, penso che vengano a
cena.

LESSON 32: THE PAST SUBJUNCTIVE

32.A.

The past subjunctive is formed with the present subjunctive of *essere* or *avere* and the past participle of the main verb. Use of the past versus the present subjunctive is determined by the sequence of events in a given sentence. If the action in the dependent clause occurred prior to the action in the main clause, the past subjunctive should be used.

I believe that you have already been to this restaurant.	**Credo che tu sia già stato in questo ristorante.**
Anna will think that you didn't want to talk to her.	**Anna penserà che tu non abbia voluto parlarle.**

Let's now conjugate *essere* in the past subjunctive.

that I was	**che io sia stato**
that you were	**che tu sia stato**
that you were	**che Lei sia stato**
that we were	**che noi siamo stati**
that you were	**che voi siate stati**
that they were	**che loro siano stati**

Now let's try *avere*.

that I had	**che io abbia avuto**
that you had	**che tu abbia avuto**
that he had	**che lui abbia avuto**
that we had	**che noi abbiamo avuto**
that you had	**che voi abbiate avuto**
that they had	**che loro abbiano avuto**

If the subject of both clauses is the same, the past infinitive is used in place of the past subjunctive. The past infinitive is formed with the infinitive of *essere* or *avere* and the past participle of the main verb. Here's how it works:

I think I talked too much.	**Credo di aver parlato troppo.**
They don't think they made many mistakes.	**Non pensano di aver fatto molti errori.**

The past infinitive can also be used instead of the present perfect and the simple past. It then often follows expressions such as *dopo,* and *dopo di.*

After having written the letter, he went to the post office.	**Dopo aver scritto la lettera, è andato all'ufficio postale.**
Having told the story, he left.	**Dopo aver raccontato la storia, andò via.**
After getting up, he had breakfast.	**Dopo essersi alzato, ha fatto colazione.**

32.B.

Listen to the dialogue.

> MASSIMO: *Sembra che Paolo non sia mai stato molto onesto.*
> ROSANNA: *Davvero?*
> MASSIMO: *Sì, e sembra che abbia avuto anche molti debiti.*
> ROSANNA: *Ah, sì: dicono che sia andato all'estero per quella ragione.*
> MASSIMO: *Credo di essermi sbagliato sul suo conto.*

Now please repeat.

It seems that Paolo never was very honest.	**Sembra che Paolo non sia mai stato molto onesto.**

303

Really?	**Davvero?**
Yes, and it seems that he also had many debts.	**Sì, e sembra che abbia avuto anche molti debiti.**
Oh, yes: They say that he went abroad for that reason.	**Ah, sì: dicono che sia andato all'estero per quella ragione.**
I think I was wrong in my opinion of him.	**Credo di essermi sbagliato sul suo conto.**

32.C.

Now answer the following questions.

Pensi che Maria abbia scritto la lettera? (sì)	☞ *Sì, penso che Maria abbia scritto la lettera.*
Quando credi che siano stati a Venezia? (un mese fa)	☞ *Credo che siano stati a Venezia un mese fa.*
Pensano che siamo partiti per Roma? (sì)	☞ *Sì, pensano che siamo partiti per Roma.*
Credi di aver parlato troppo? (sì)	☞ *Sì, credo di aver parlato troppo.*

LESSON 33: THE IMPERFECT SUBJUNCTIVE
OF REGULAR VERBS

33.A.

In an independent clause, the imperfect subjunctive expresses an impossible wish or an unlikely event.

If Emanuela would only ask me to go out with her!	**Se Emanuela mi chiedesse di uscire con lei!**
If only we would win the game!	**Magari vincessimo la partita!**

In a dependent clause, it expresses an action that occurs simultaneously with or precedes the action in the main clause. Usually the verb in the main clause is either in the present or imperfect indicative.

I thought she was still living in Paris.	**Credevo che abitasse ancora a Parigi.**
I think that she was living in Paris then.	**Credo che allora abitasse a Parigi.**

To form the imperfect subjunctive of regular verbs, drop the final *-re* from the infinitive in all three verb groups, and replace it with the appropriate endings: *-ssi, -ssi, -sse, -ssimo, -ste, -ssero.*

Let's begin with an *-are* verb: *parlare.*

that I was speaking	**che io parlassi**
that you were speaking	**che tu parlassi**
that he was speaking	**che lui parlasse**
that we were speaking	**che noi parlassimo**
that you were speaking	**che voi parlaste**
that they were speaking	**che loro parlassero**

| I thought that they were talking about literature. | **Credevo che parlassero di letteratura.** |
| He thought that I was speaking Italian. | **Credeva che io parlassi l'italiano.** |

And an *-ere* verb: *scrivere*.

that I was writing	**che io scrivessi**
that you were writing	**che tu scrivessi**
that you were writing	**che Lei scrivesse**
that we were writing	**che noi scrivessimo**
that you were writing	**che voi scriveste**
that they were writing	**che loro scrivessero**

| He thought that I was going to write more often. | **Pensava che io scrivessi più spesso.** |
| She believed that you were writing in Italian. | **Credeva che voi scriveste in italiano.** |

And finally an *-ire* verb: *partire*.

that I was leaving	**che io partissi**
that you were leaving	**che tu partissi**
that she was leaving	**che lei partisse**
that we were leaving	**che noi partissimo**
that you were leaving	**che voi partiste**
that they were leaving	**che loro partissero**

| I didn't know that you were leaving, too. | **Non sapevo che partissi anche tu.** |
| He thought we were leaving together. | **Pensava che partissimo insieme.** |

33.B.

Listen to the following dialogue.

TOMMASO: *Non sapevo che Andrew parlasse l'italiano.*

ELIZABETH: *Io non credevo che lo scrivesse così bene.*

TOMMASO: *E pure Margaret, non sapevo che anche lei studiasse l'italiano.*

ELIZABETH: *Ah, se io parlassi l'italiano un po' di più . . .*

Now please repeat.

I didn't know that Andrew spoke Italian.	**Non sapevo che Andrew parlasse l'italiano.**
I didn't realize that he wrote it so well.	**Io non credevo che lo scrivesse così bene.**
Margaret, too, but I didn't know she was also studying Italian.	**È pure Margaret, non sapevo che anche lei studiasse l'italiano.**
Ah, if I only spoke Italian a little more. . .	**Ah, se io parlassi l'italiano un po' di più . . .**

33.C.

Respond using the cues provided.

Speravi che ti scrivesse? (sì)	☞ *Sì, speravo che mi scrivesse.*
Maria pensava che parlassimo di te? (no)	☞ *No, Maria non pensava che parlaste di me.*
Sapevi che lui scrivesse così bene? (no)	☞ *No, non sapevo che scrivesse così bene.*
Pensavate che Gabriele ed io partissimo insieme? (sì, voi)	☞ *Sì, pensavamo che voi partiste insieme.*

LESSON 34: THE IMPERFECT SUBJUNCTIVE
OF IRREGULAR VERBS

34.A.

Now let's conjugate some irregular verbs in the imperfect subjunctive. These verbs have irregular stems but use the regular endings. Let's begin with *essere*.

that I was	**che io fossi**
that you were	**che tu fossi**
that he was	**che lui fosse**
that we were	**che noi fossimo**
that you were	**che voi foste**
that they were	**che loro fossero**

I thought you were American.	**Pensavo che fossi americano.**
We seemed to be tired.	**Sembrava che fossimo stanchi.**

Now let's do *avere*.

that I had	**che io avessi**
that you had	**che tu avessi**
that you had	**che Lei avesse**
that we had	**che noi avessimo**
that you had	**che voi aveste**
that they had	**che loro avessero**

He thought that I was twenty-five.	**Credeva che io avessi venticinque anni.**
I think that they didn't have their passports.	**Penso che non avessero il passaporto.**

308

Here are some more examples of irregular verbs.

He thought that I would give him a kiss.	**Pensava che io gli dessi un bacio.**
They thought we were going to take pictures.	**Pensava che noi facessimo le fotografie.**
He thought that I was drinking water.	**Pensava che io bevessi l'acqua.**
He believed that I was staying at your house.	**Pensava che io stessi a casa vostra.**
I thought they were telling the truth.	**Pensavo che loro dicessero la verità.**

Some verbs that are usually irregular are regular in the imperfect subjunctive.

If only I could leave now!	**Ah, se potessi partire ora!**
I thought that he knew the truth.	**Pensavo che lui sapesse la verità.**
He hoped that you wanted to come, too.	**Sperava che volessi venire anche tu.**

34.B.

Listen to the following conversation.

> MANUELA: *Se tu sapessi quante volte ti ho pensato . . .*
> MICHELE: *Davvero?*
> MANUELA: *Speravo che tu stessi qualche giorno con me.*
> MICHELE: *Purtroppo ho molti impegni.*
> MANUELA: *Credevo che facessi un po' di vacanza.*
> MICHELE: *Magari potessi stare qui in vacanza con te!*

Now repeat.

If you knew how many times I thought of you . . .	**Se tu sapessi quante volte ti ho pensato . . .**

Really?	**Davvero?**
I was hoping you'd stay with me for a few days.	**Speravo che tu stessi qualche giorno con me.**
Unfortunately I have a lot of engagements.	**Purtroppo ho molti impegni.**
I thought you would take a little vacation.	**Credevo che facessi un po' di vacanza.**
I wish I could be here on vacation with you!	**Magari potessi stare qui in vacanza con te!**

34.C.

Respond using the cues provided.

Pensavi che io dessi ragione a lui? (sì) ☞ *Sì, pensavo che tu dessi ragione a lui.*

Credeva che tu dicessi la verità? (sì) ☞ *Sì, credeva che io dicessi la verità.*

Speravate che noi stessimo più a lungo? (sì) ☞ *Sì, speravamo che voi steste più a lungo.*

Pensavi che fossero americani? (no) ☞ *No, non pensavo che fossero americani.*

LESSON 35: THE PAST PERFECT SUBJUNCTIVE

35.A.

In an independent clause, the past perfect subjunctive expresses an unfulfilled possibility or a wish referring to the past.

If I had only been more careful!	**Fossi stato più attento!**

In a dependent clause, the past perfect subjunctive expresses an action that might have occurred before the action in the main clause, but probably didn't.

I thought that you had eaten already.	**Credevo che tu avessi già mangiato.**

The past perfect subjunctive is formed with the imperfect subjunctive of *essere* or *avere* and the past participle of the main verb. Let's see how it works with both regular and irregular verbs.

I thought you were at the beach.	**Pensavo che voi foste stati alla spiaggia.**
I thought he was in a hurry.	**Pensavo che lui avesse avuto fretta.**
He thought that I had already spoken with them.	**Pensava che avessi già parlato con loro.**
I thought that you had written the letter.	**Pensavo che tu avessi scritto la lettera.**
I thought that they would have left from the office.	**Pensavo che fossero partiti dall'ufficio.**
I was hoping they had read the newspaper.	**Speravo che avessero letto il giornale.**
I thought you had already gotten dressed.	**Credevo che tu ti fossi già vestita.**

35.B.

Listen to the dialogue.

> ANNA: *Non mi rendevo conto che avessimo ancora molta strada da percorrere.*
> FRANCESCO: *Credevi che fossimo quasi arrivati?*
> ANNA: *Sì, credevo che avessimo passato abbastanza tempo in macchina.*
> FRANCESCO: *Ah, se fossi uscito dall'autostrada un'ora fa . . .*

Now please repeat.

I didn't realize that we still had many miles to go.	**Non mi rendevo conto che avessimo ancora molta strada da percorrere.**
Did you think that we had almost arrived?	**Credevi che fossimo quasi arrivati?**
Yes, I thought that we had already spent enough time in the car.	**Sì, credevo che avessimo passato abbastanza tempo in macchina.**
Oh, if I only had exited the highway one hour ago . . .	**Ah, se fossi uscito dall'auto-strada un'ora fa . . .**

35.C.

Answer with *sì* or *no*, as indicated.

Credevi che lui fosse stato in vacanza con noi? (no, non)	☞ *No, non credevo che lui fosse stato in vacanza con voi.*
Pensavate che Alberto ed io avessimo avuto qualche problema? (sì)	☞ *Sì, pensavamo che voi aveste avuto qualche problema.*
Pensavate che fossero partiti? (no, non)	☞ *No, non pensavamo che fossero partiti.*
Credevi che io avessi letto quel romanzo? (no, non)	☞ *No, non credevo che tu avessi letto quel romanzo.*

312

LESSON 36: THE PRESENT CONDITIONAL

36.A.

The Italian present conditional corresponds to the English form "would" plus another verb. It is used in polite requests,

Would you give me a hand?	**Mi daresti una mano?**

or to express the consequences of a given situation.

I would go to the movies if I had money.	**Andrei al cinema se avessi soldi.**

The present conditional is formed using the future stems and conditional endings: *-ei, -esti, -ebbe, -emmo, -este, -ebbero*. Therefore, the verbs that are irregular in the future tense are also irregular in the present conditional. Let's begin with *essere*.

I would be	**io sarei**
you would be	**tu saresti**
he would be	**lui sarebbe**
we would be	**noi saremmo**
you would be	**voi sareste**
they would be	**loro sarebbero**

I would be sad without you at the party.	**Sarei triste senza di te alla festa.**
We would be more than happy to see you.	**Noi saremmo più che contenti di vederti.**

Now let's conjugate *avere*.

I would have	**io avrei**
you would have	**tu avresti**

she would have	lei avrebbe
we would have	noi avremmo
you would have	voi avreste
they would have	loro avrebbero

| Do you have a light? | Avrebbe da accendere? |
| Would you happen to have white wine? | Avreste del vino bianco? |

Now let's practice some more verbs, both regular and irregular.

I would gladly talk to him.	Parlerei volentieri con lui.
He would write all day long.	Scriverebbe tutto il giorno.
We would leave earlier, but it isn't possible.	Partiremmo più presto, ma non è possibile.
I would drink water if I had some.	Berrei un po' d'acqua se ne avessi.
What time would you leave?	A che ora andresti via?
He should leave earlier.	Dovrebbe partire prima.
Couldn't they go out?	Non potrebbero uscire?
Would you like to come?	Vorreste venire?
You would see much better with glasses.	Vedresti molto meglio con gli occhiali.
I would come, too.	Verrei anch'io.

36.B.

Listen to the dialogue.

> FEDERICO: *Verresti con me a fare benzina?*
> LIVIA: *Sì, certo.*
> FEDERICO: *Sapresti dove si trova un distributore di benzina?*
> LIVIA: *Dovrebbe essere a cinque minuti da qui.*

Now repeat.

Would you come with me to get gas?	**Verresti con me a fare benzina?**
Yes, of course.	**Sì, certo.**
Would you know where a gas station is?	**Sapresti dove si trova un distributore di benzina?**
It should be five minutes from here.	**Dovrebbe essere a cinque minuti da qui.**

36.C.

Answer the following questions.

A che ora partirebbe Anna? (alle otto di sera)	☞ *Partirebbe alle otto di sera.*
Verresti anche tu? (sì)	☞ *Sì, verrei anch'io.*
Andreste in vacanza con loro? (no, non)	☞ *No, non andremmo in vacanza con loro.*

LESSON 37: THE PAST CONDITIONAL

37.A.

In an independent clause, the past conditional expresses an opinion or doubt about the past.

You shouldn't have done it.	**Non avresti dovuto farlo.**

In a dependent clause, it expresses an action that could or should have occurred in the past, simultaneously or prior to the event in the main clause.

He said he would have left.	**Ha detto che sarebbe partito.**

The past conditional is formed with the present conditional of *essere* or *avere* and the past participle of the main verb. Let's practice with some example sentences containing various verb forms.

I would have been happier with Livia.	**Sarei stato più contento con Livia.**
With them we would have had many problems.	**Con loro avremmo avuto molti problemi.**
Would you have talked about that topic?	**Avreste parlato voi di quell'argomento?**
We would have left this morning, but it was raining.	**Saremmo partiti questa mattina, ma pioveva.**
They would gladly have drunk a cup of tea.	**Avrebbero bevuto volentieri una tazza di tè.**
I would have read that book, but I lost it.	**Avrei letto quel libro, ma l'ho perso.**
You wouldn't have done anything without their help.	**Non avresti fatto nulla senza il loro aiuto.**

37.B.

Listen to the dialogue.

CARLO: *Avrei dovuto domandare se questa era la direzione giusta per il museo.*

VINCENZO: *Se tu avessi domandato, saresti già arrivato da mezz'ora.*

CARLO: *Lo so, ma non parlo bene l'italiano.*

VINCENZO: *Non sarebbe stato un problema.*

Now repeat.

I should have asked if this was the right way to the museum.	**Avrei dovuto domandare se questa era la direzione giusta per il museo.**
If you had asked, you would have been here half an hour ago.	**Se tu avessi domandato, saresti già arrivato da mezz'ora.**
I know, but I don't speak Italian well.	**Lo so, ma non parlo bene l'italiano.**
It wouldn't have been a problem.	**Non sarebbe stato un problema.**

37.C.

Answer the questions using the cues provided.

Avresti letto quel libro? (no)	☞ *No, non avrei letto quel libro.*
Sareste venuti anche voi? (sì)	☞ *Sì, saremmo venuti anche noi.*
Avrebbero parlato di quell'argomento? (no)	☞ *No, non avrebbero parlato di quell'argomento.*
Signor Ranieri, avrebbe bevuto un cappuccino? (no)	☞ *No, non avrei bevuto un cappuccino.*

LESSON 38: THE SUBJUNCTIVE AND THE CONDITIONAL WITH "IF" CLAUSES

38.A.

The subjunctive and the conditional often appear together. The conditional can be found in the main clause of a sentence, while the subjunctive appears in the "if" clause which expresses a highly improbable condition. When a sentence of this type refers to the present, use the present conditional in the main clause and the imperfect subjunctive in the dependent, or "if," clause.

If it were warm, I would go swimming.	**Se facesse caldo, andrei a nuotare.**

When, on the other hand, the sentence refers to the past, use the past conditional and the past perfect subjunctive instead.

If it had been warm, I would have gone swimming.	**Se fosse stato caldo, sarei andata a nuotare.**

Compare the usage in the following series of examples.

If it were snowing, I wouldn't go out.	**Se nevicasse, non uscirei.**
If it had snowed, I wouldn't have gone out.	**Se fosse nevicato, non sarei uscita.**
If you were to come, you would have fun.	**Se venissi, ti divertiresti.**
If you had come, you would have had fun.	**Se fossi venuto, ti saresti divertito.**
If I had more time, I would read that book.	**Se avessi più tempo, leggerei quel libro.**
If I had had more time, I would have read the book.	**Se avessi avuto più tempo, avrei letto il libro.**

38.B.

Listen to the following conversation.

> GRAZIANA: *Se fosse stato più caldo, sarei andata al mare.*
> ANTONIO: *Anch'io, se sapessi nuotare.*
> GRAZIANA: *Se fossi in te, imparerei a nuotare.*
> ANTONIO: *Se avessi più tempo, lo farei.*

And now repeat.

If it had been warmer, I would have gone to the shore.	**Se fosse stato più caldo, sarei andata al mare.**
Me too, if I knew how to swim.	**Anch'io, se sapessi nuotare.**
If I were you, I would learn how to swim.	**Se fossi in te, imparerei a nuotare.**
If I had more time, I would do it.	**Se avessi più tempo, lo farei.**

38.C.

In the following exercises, if a sentence refers to the present, change it to the past; if, on the other hand, it refers to the past, change it to the present. For example:

Se fosse piovuto, non sarebbero venuti.   *Se piovesse, non verrebbero.*

Now it's your turn.

Se tu partissi, sarebbe triste.   ▸ *Se tu fossi partito, sarebbe stato triste.*

Se avessero più tempo, verrebbero più spesso.   ▸ *Se avessero avuto più tempo, sarebbero venuti più spesso.*

Se veniste, vi divertireste.   ▸ *Se foste venuti, vi sareste divertiti.*

PART V: THE IMPERATIVE AND THE GERUND

LESSON 39: THE IMPERATIVE MOOD

39.A.

The imperative mood expresses commands, suggestions, invitations, or prohibitions. It exists in all but the first person singular form. The third persons singular and plural use their present subjunctive forms. The others use their present indicative forms. The only exception is the second person singular of *-are* verbs, which is formed by dropping the *-are* ending and replacing it with *-a*. Let's see how it works. First an *-are* verb: *parlare*.

the *tu* form:	**Parla!**	Speak!
the *Lei* form:	**Parli!**	Speak!
the *noi* form:	**Parliamo!**	Let's talk!
the *voi* form:	**Parlate!**	Speak!
and the *loro* form:	**Parlino!**	Let them speak! or Speak!

Now let's do an *-ere* verb: *scrivere* "to write." Only the Italian forms will be given, following the same order as above.

Scrivi!
Scriva!
Scriviamo!
Scrivete!
Scrivano!

And now an *-ire* verb: *sentire* "to listen."

Senti!
Senta!
Sentiamo!
Sentite!
Sentano!

Let's hear it in context.

Speak more loudly!	**Parla a voce più alta!**
Let's write a postcard!	**Scriviamo una cartolina!**
Listen, are you all ready?	**Sentite, siete pronti?**

Now let's try *essere*. The forms will again follow this order: *tu, Lei, noi, voi, loro.*

Sii!
Sia!
Siamo!
Siate!
Siano!

And now *avere.*

Abbi!
Abbia!
Abbiamo!
Abbiate!
Abbiano!

Here are a few more examples.

Be nice!	**Sii gentile!**
Have patience!	**Abbiate pazienza!**
Give your sister a hand!	**Da' una mano a tua sorella!**
Let's do all the exercises!	**Facciamo tutti gli esercizi!**
Stay quiet!	**State fermi!**

To form the negative imperative, simply add *non* before the verb.

Don't talk!	**Non parlate!**

The *tu* form changes to the infinitive in the negative.

Don't listen!	**Non ascoltare!**
Don't be afraid!	**Non avere paura!**

In order to be more polite when making a request, the conditional should be used instead of the imperative.

Would you give me the pen, please?	**Mi darebbe la penna, per favore?**

Object pronouns are attached as suffixes to the second person singular, and first and second persons plural, but they precede the third person singular and plural forms.

Write it!	**Scrivilo!**
Write it, Miss!	**Lo scriva, signorina!**
Let's write it!	**Scriviamolo!**
You all write it!	**Scrivetelo!**
Let them write it!	**Lo scrivano!**

39.B.

Listen to the following dialogue.

> GIANNI: *Per favore, portami il libro che è sul tavolo.*
> MARIANNA: *Sì, subito. Leggi attentamente.*
> GIANNI: *Mi spiegheresti, per favore, il secondo capitolo?*
> MARIANNA: *Volentieri, ma dammi un po' di tempo!*

Now it's your turn. Listen and repeat.

Please bring me the book that's on the table.	**Per favore, portami il libro che è sul tavolo.**
Yes, right away.	**Sì, subito.**
Read carefully.	**Leggi attentamente.**

322

| Would you please explain the second chapter to me? | **Mi spiegheresti, per favore, il secondo capitolo?** |
| Gladly, but give me a little time! | **Volentieri, ma dammi un po' di tempo!** |

39.C.

Change the following sentences from affirmative to negative, or from negative to affirmative.

For example:

Non parlare con loro.   *Parla con loro.*

Now it's your turn.

Scrivetelo subito.   ☞*Non scrivetelo subito.*
Vieni a casa stasera.   ☞*Non venire a casa stasera.*
Non andare a piedi.   ☞*Va' a piedi.*

323

LESSON 40: THE GERUND

40.A.

The gerund is an invariable verbal form. It always appears in dependent clauses and shares the subject of the main verb. The present gerund expresses an action that is or was going on simultaneously with the action of the main verb. Its English equivalent is the "-ing" form of a verb, often introduced by the prepositions "while" or "by." To form the present gerund, drop the infinitive ending of a verb, and replace it with the appropriate gerund ending: *-ando* for *-are* verbs, and *-endo* for *-ere* and *-ire* verbs. Here are a few examples:

He comes in running.	**Entra correndo.**
We met Nicola while walking in the park.	**Abbiamo incontrato Nicola camminando nel parco.**
She learned the verbs by repeating them.	**Ha imparato i verbi ripetendoli.**
By leaving at 5:00 we will arrive at 8:00.	**Partendo alle cinque arriveremo alle otto.**

The past gerund expresses an action that occurred prior to the one of the main verb. It is formed with the gerund of *essere* or *avere* and the past participle of the verb.

Anna having left, I remained alone.	**Essendo partita Anna, sono rimasta sola.**
Having had coffee, I couldn't sleep.	**Avendo bevuto un caffè, non ho potuto dormire.**

An important construction with the gerund is the Progressive Tense, which is formed with *stare* and the gerund of the main verb. To indicate an action in progress in the present, *stare* should be used in the present indicative.

I'm joking.	**Sto scherzando.**
Paola is reading.	**Paola sta leggendo.**

To indicate an action in progress in the past, *stare* should be in the imperfect.

| When Marco called, Paola was reading. | **Quando Marco ha telefonato, Paola stava leggendo.** |

40.B.

Listen to the following dialogue.

SIGNORA ANTONELLI: *Ti hanno salutato uscendo.*
SIGNOR ANTONELLI: *Ah, sì? Non ho sentito.*
SIGNORA ANTONELLI: *Andando via, hanno detto arrivederci.*
SIGNOR ANTONELLI: *Perché sono andati via così presto?*
SIGNORA ANTONELLI: *Perché partendo alle quattro, arriveranno a casa alle otto.*

Now, please repeat.

They said good-bye on their way out.	**Ti hanno salutato uscendo.**
Oh, yes?	**Ah, sì?**
I didn't hear.	**Non ho sentito.**
While leaving, they said "See you."	**Andando via, hanno detto arrivederci.**
Why did they leave so early?	**Perché sono andati via così presto?**
Because by leaving at four, they will arrive home at eight.	**Perché partendo alle quattro, arriveranno a casa alle otto.**

40.C.

Change the verb in the infinitive to the present or past gerund, as indicated. Listen first to the example.

[CAMMINARE] nel parco, ho incontrato Elisabetta. (presente)	*Camminando nel parco, ho incontrato Elisabetta.*

Now it's your turn.

[USCIRE] ho salutato tutti. (presente)	☞ *Uscendo ho salutato tutti.*
[CORRERE] per due ore, mi sono stancato. (passato)	☞ *Avendo corso per due ore, mi sono stancato.*
[PARTIRE] alle due, arriveremo alle otto. (presente)	☞ *Partendo alle due, arriveremo alle otto.*
[CAMMINARE] nel parco, hanno incontrato Nicola. (presente)	☞ *Camminando nel parco, hanno incontrato Nicola.*

Congratulations! You have mastered the treacherous essentials of Italian verbs! And more—you know how to use them in everyday conversations. Practice your Italian as often as possible. If you cannot manage a trip abroad, watch Italian movies, read Italian magazines, and talk to Italian-speaking friends as often as possible in order to reinforce what you have learned with *Living Language® Skill Builder: Italian Verbs*.

Index

abitare	*to inhabit, to reside*	C1 M3 M11 M23
accompagnare	*to accompany, to escort*	C2
aiutare	*to help, to aid*	C3 M7
allarmare	*to alarm*	C4
alzarsi	*to stand up, to get up*	C5 M15 M19 M33
amare	*to love*	C6 M2 M23
andare	*to go*	C7 M6 M7 M13 M17 M18 M19 M21 M22 M23 M24 M26 M27 M29 M32 M33 M37 M39 M40
aprire	*to open, to unlock*	C8
arrivare	*to arrive*	C9 M3 M19 M26 M27 M36 M38
ascoltare	*to listen*	C10 M7 M18
aspettare	*to wait (for)*	C11 M15
assistere	*to assist, to help*	C12
attaccare	*to attack, to stick*	C13
avere	*to have*	C14 M2 M20 M21 M24 M28 M29 M30 M33 M36 M37 M38 M39 M40
avvertire	*to warn*	C15
avviare	*to start, to begin*	C16
baciare	*to kiss*	C17 M3 M16
ballare	*to dance*	C18
bastare	*to suffice*	C19 M18
bere	*to drink*	C20 M4 M9 M20 M22 M27 M35 M38
cambiare	*to change, to exchange*	C21 M25
camminare	*to walk*	C22 M27
cantare	*to sing*	C23 M26
capire	*to understand*	C24 M7 M12 M16 M18 M20
cenare	*to have dinner*	C25 M3
cercare	*to look for, to seek*	C26
chiamare	*to name, to call*	C27 M26
chiarire	*to clarify*	C28 M12
chiedere	*to ask*	C29 M4 M20 M34
chiudere	*to close*	C30

cogliere	to gather, to pluck	C31 M11
colpire	to hit, to harm	C32
cominciare	to begin	C33 M3 M14
comprare	to buy	C34 M3 M18 M20 M26 M29
confondere	to confuse	C35
conoscere	to know	C36 M8 M31
contare	to count	C37
continuare	to continue	C38
copiare	to copy	C39
correre	to run	C40 M27
costare	to cost, to be worth	C41
costruire	to construct, to build	C42
credere	to believe	C43 M25 M28 M30 M31 M32 M33 M34 M35 M36
crescere	to grow	C44 M8
cucinare	to cook	C45
dare	to give	C46 M6 M37 M40 M26
denunciare	to denounce	C47
dimenticare	to forget	C48 M3 M9
dire	to say	C49 M13 M22 M32 M33 M35
discendere	to descend, to go down	C50
discutere	to discuss, to debate	C51
diventare	to become	C52 M19
divertirsi	to enjoy oneself	C53 M39
domandare	to ask for, to inquire	C54 M38
dormire	to sleep	C55 M5 M19 M22 M25 M26
dovere	must, to have to	C56 M7 M22 M25 M29 M37 M38
entrare	to enter	C57 M7 M19 M26 M27
essere	to be	C58 M1 M19 M21 M24 M29 M30 M33 M36 M37 M38 M39 M40
fare	to do, to make	C59 M6 M7 M11 M20 M22 M23 M25 M26 M29 M32 M33 M35 M37 M38 M39 M40
favorire	to favor	C60 M12
fermare	to stop, to hold	C61 M22
finire	to finish, to end	C62 M12
firmare	to sign	C63
fornire	to supply	C64
fumare	to smoke	C65
giocare	to play	C66

guardare	*to look at*	C67 M23 M26
guarire	*to cure, to heal, to recover*	C68 M12
guidare	*to guide, to lead; to drive*	C69
gustare	*to taste; to enjoy*	C70
imparare	*to learn*	C71 M3 M27 M39
incontrare	*to meet*	C72 M3 M16 M19 M27
insegnare	*to teach*	C73
insultare	*to insult*	C74
inviare	*to send*	C75 M3 M18 M20 M28
invidiare	*to envy*	C76
lasciare	*to leave*	C77 M3
laurearsi	*to graduate*	C78
lavarsi	*to wash oneself*	C79 M15 M26
lavorare	*to work*	C80 M3 M7 M10 M14 M23 M35
leggere	*to read*	C81 M4 M20 M26 M27 M39 M40
mancare	*to miss*	C82 M3
mandare	*to send*	C83
mangiare	*to eat*	C84 M3 M17 M36
mantenere	*to keep*	C85
mettere	*to put, to place*	C86 M15 M20
morire	*to die*	C87 M13
mostrare	*to show*	C88
nascere	*to originate, to be born*	C89 M19 M25 M20
nascondere	*to hide*	C90
nevicare	*to snow*	C91 M18 M19 M39
occorrere	*to be necessary*	C92 M18
offrire	*to offer*	C93 M5
organizzare	*to organize*	C94
pagare	*to pay*	C95 M3
parlare	*to speak*	C96 M3 M8 M10 M16 M19 M20 M22 M23 M24 M25 M28 M30 M33 M34 M36 M37 M38 M40
partire	*to leave, to depart*	C97 M5 M7 M10 M19 M20 M24 M25 M26 M27 M28 M30 M32 M34 M35 M36 M37 M38 M40
passare	*to pass, to elapse, to spend*	C98 M36
pensare	*to think*	C99 M23 M31 M32 M33 M34 M35 M36 M37
perdere	*to lose*	C100 M25
permettere	*to let, to permit*	C101

pettinarsi	to comb oneself	C102 M15
piacere	to like	C103 M8 M17 M21 M25
piangere	to cry, to weep	C104
piovere	to rain	C105 M18 M19 M26 M30 M38 M39
portare	to wear, to carry	C106 M20 M40
potere	can, to be able	C107 M7 M20 M22 M23 M27 M29 M35 M37
pranzare	to dine	C108 M3 M26
preferire	to prefer	C109 M12
pregare	to pray	C110
prendere	to take, to fetch, to catch	C111 M4 M7 M17 M18 M20
preparare	to prepare	C112 M22
presentare	to present, to introduce	C113 M25
prestare	to lend, to loan	C114
provare	to try, to test	C115
pulire	to clean	C116
raccontare	to tell, to narrate	C117 M33
regalare	to present	C118
restare	to stay, to remain	C119 M30
restituire	to return, to give back	C120
ricevere	to receive	C121 M4 M19
ricompensare	to compensate	C122
ricordare	to remember	C123 M11 M22
ridere	to laugh	C124 M23
rimanere	to remain	C125 M10
rispondere	to answer	C126 M4 M20
ritornare	to return, to come back	C127 M19
rivoltare	to turn inside out	C128
rompere	to break	C129
rubare	to steal	C130
salvare	to save	C131
sapere	to know	C132 M7 M8 M29 M34 M35 M37 M39
scegliere	to choose	C133 M11
scherzare	to mock, to joke	C134 M27
sciare	to ski	C135 M3
scoprire	to discover	C136
scrivere	to write	C137 M4 M8 M16 M20 M24 M25 M26 M28 M33 M34 M36 M37 M40
sedersi	to sit down	C138 M15 M16 M19 M29
sembrare	to seem, to appear	C139 M30 M32 M33 M35
sentire	to hear, to feel	C140 M5 M7 M16 M27 M40

servire	*to serve*	C141 M5
sgridare	*to scold, to chide*	C142
sognare	*to dream, to imagine*	C143
spegnere	*to extinguish, to turn off*	C144 M10
sporcare	*to dirty, to soil*	C145
sposarsi	*to get married*	C146
spostare	*to move, to shift*	C147
stare	*to stay, to be located, to be*	C148 M6 M7 M12 M13 M19 M22 M27 M32 M35 M40
studiare	*to study*	C149 M3 M6 M22 M34
succedere	*to happen, to follow*	C150
svegliarsi	*to wake up*	C151 M10 M15
telefonare	*to telephone, to call*	C152 M4 M27 M31
tenere	*to hold, to keep*	C153 M10
tornare	*to return, to go back*	C154 M19 M23 M28
tradurre	*to translate*	C155 M9
tremare	*to shake, to tremble, to quiver*	C156
trovare	*to find*	C157 M16 M37
usare	*to use*	C158
uscire	*to go out*	C159 M7 M14 M18 M19 M24 M27 M34 M36 M37 M39
vantarsi	*to brag, to boast*	C160
vedere	*to see*	C161 M4 M13 M16 M20 M21 M23 M28 M29 M32 M37
vendere	*to sell*	C162
venire	*to come*	C163 M7 M14 M19 M22 M24 M26 M32 M35 M37 M39 M40
vestirsi	*to dress oneself*	C164 M15
viaggiare	*to travel*	C165 M5 M6 M17
visitare	*to visit*	C166 M24
vivere	*to live*	C167 M22 M29 M30 M34
volere	*to want*	C168 M7 M20 M23 M25 M33 M35

NOTES

NOTES